공정한 교육을 향한 표준화 교육개혁

일본 능력주의의 탄생

다케히코 카리야 · 제러미 래플라이 공저
유성상 · 하승천 공역

Education, Equality, and Meritocracy in a Global Age:
The Japanese Approach

박영story

감사의 글

이 프로젝트의 초기 아이디어는 고이즈미 준이치로(Junichiro Koizumi) 총리 시절에 고안됐다. 고이즈미 총리는 2002년 전례 없는 지방분권 재정 개혁을 제안했다. 이 개혁은 3조 엔에 달하는 세금 징수 권한을 지방정부에 이양하고 지방교육 재정교부금을 같은 액수만큼 삭감하여 2004년 회계연도 세수 손실을 상쇄하는 것을 목표로 했다. 문제는 3조 엔 중 문부성이 지급하는 초중등 교원 급여 보조금 약 0.85조 엔이 지방 이양 대상이었다는 점이다. 문부성의 지방교육 재정교부금 지급이 중단되면 지역교육위원회에 대한 문부성의 통제력이 약화되어 지방교육 정책과 재정 운용에 대한 재량권이 확대될 것이라고 주장한 각 지역 교육 수장은 이 개혁을 대체로 환영했다. 이 책의 주저자인 다케히코 카리야(Takehiko Kariya)는 이러한 공식 발표에 대해 매우 의구심을 품었고, 상황에 대한 이해가 피상적이라고 생각했다. 이에 그는 개혁이 시행된 후 지방교육 재정에 어떤 변화가 일어날지 예측하는 연구 프로젝트를 진행했다. 초기 연구 결과, 공교육 재정의 불평등이 지역별로 확대될 것이라는 사실이 밝혀졌다.

그러나 얼마 지나지 않아 교육 재정 문제에 대한 피상적인 부분과 잘못된 정책을 이해하려면 역사적 관점이 중요하다는 것이 분명해졌다. 그렇게 해서 교육 재정의 역사와 평등의 역학을 탐구하는 긴 여정이 시작되었다. 그 결과 다케히코는 도쿄대학교에서 근무하는 동안 일본어로 된 여러 저서를 출간했으며, 마지막 몇 년 동안에는 세계화 시대의 일본 교육 정책 개혁에 관한 연구를 위해 도쿄에 온 이 책의 공동 저자인 제러미 래플라이(Jeremy Rappleye)와 공동 연구를 진행하기도 했다.

2008년 다케히코가 옥스퍼드 대학으로 자리를 옮기면서 국내 정책 문제에만 관심을 두던 것에서 벗어나 전 세계 사회과학 분야, 특히 사회학 분야에서 일본의 사례에 대한 중요성과 의의를 인식하는 방향으로 큰 변화가 시작되었다. 이러한 접근 방식은 주로 비교교육 분야에서 개념화된 제러미의 시도와 결합하여 고정 관념을 뛰어넘었다. 또한 일본의 정책과 관행을 일본 밖 사람들에게 더 쉽게 이해시키려는 시도가 점점 더 많아졌다. 특히 교육과 평등의 재정 문제를 지식사회학이 제공하는 틀 안에서 분석할 수 있고, 20세기에 걸친 일본 교육 개혁의 긴 안목은 능력주의, 교육, 평등에 대한 세계적 이해에 기여할 수 있는 중요한 사례 연구를 제공할 수 있다는 점이 분명해졌다. 이러한 초점은 이후 지면에서 볼 수 있는 공동 작업, 즉 일본의 경험을 더 넓은 글로벌 토론에 포함하려는 시도를 낳았다. 다시 말해, 일본의 접근 방식을 친숙하게 만들고 일반적인 영미식 설명을 뛰어넘어 토론의 조건 자체에 도전하고자 노력했다.

다케히코는 카켄히(Kakenhi) 프로젝트의 일환으로 초기 단계부터 연구를 진행할 수 있도록 좋은 기회를 제공한 야노 마사카즈(Yano Masakazu), 이 연구의 일부를 발표할 수 있도록 옥스퍼드에서 세미나를 마련해 준 이안 니어리(Ian Neary)와 로저 굿맨(Roger Goodman), 표와 그림 작업을 훌륭하게 해 준 연구 조교 다이치 히비(Daichi Hibi)에게 감사의 말을 전한다. 제러미는 옥스퍼드의 데이비드 필립스(David Phillips), 그리고 교토대학교의 동역자들, 특히 하쿠비(Hakubi) 프로젝트에 참여한 미즈노 히사요(Mizuno Hisayo), 호리 토시타카(Hori Toshitaka), 고마츠 히카루(Komatsu Hikaru), 그리고 나오코 사이토(Naoko Saito), 니시히라 타다시(Nishihira Tadashi), 교코 이나가키(Kyoko Inagaki)를 비롯한 교육대학원 구성원들의 아낌없는 지원에 감사를 표한다. 이 모든 것이 교토를 따뜻하고 지적으로 풍요로운 고향으로 만들어 주었다. 또한 일본에서 연구 경력을 쌓을 수 있었던 다케히코의 조언과 수년간의 지원에 감사를 표한다.

이 책이 출간될 수 있도록 재정적 지원을 아끼지 않은 산토리 재단(Suntory Foundation)에 진심으로 감사드린다. 또한 처음부터 "일본식 접근법"의 잠재력을 발견해 준 기타 슈타이너 캄시(Gita Steiner-Khamsi)에게도 감사를 표한다.

마지막으로 두 저자는 글로벌화된 생활패턴을 지지해 준 가족, 밥 래플라이(Bob Rappleye)와 캐리 누네스(Carrie Nunes), 그리고 다케히코의 아내 나츠코 카리야(Natsuko Kariya)에게 감사 인사를 전한다. 지구 반 바퀴 떨어진 곳에 살고 있음에도 불구하고 변함없는 지원을 보내준 점에 깊은 감사의 마음을 전한다.

역자 서문

누구나 포용적이고 균등한 양질의 교육을 받을 수 있어야 한다. 이 말은 누군가의 울분에 찬 주장이 아니라, 2015년 유엔 참여 국가들이 마음을 모아 앞으로 2030년까지 힘써 노력하겠다는 공동의 약속이다. 그다지 이해하기 힘든 말과 약속이 아니다.

이 문장의 의미를 좀 더 깊이 살펴보자. '누구나(all)', '포용적이고(inclusive)', '균등한(equitable)', '양질의(quality)', '교육(education)'을 '받을 수 있어야(to be provided)' 한다. 교육이 포용적이라는 말은, 개인의 특성(장애, 젠더, 계층, 인종, 민족, 언어, 기타)에 제한받지 않고 모두가 교육의 기회에 접근할 수 있어야 한다는 의미이다. 교육이 균등해야 한다는 말은, 교육이란 기본적인 재화가 공정하고 형평성 있게 분배되어야 한다는 의미이다. 두 말의 의미가 약간 달라 보이기는 하지만, 가장 포괄적인 의미를 택해 정의하자면 교육에서 이 두 개념의 차이는 거의 없지 않나 싶다. 즉, 개인 입장에서 원하는 만큼의 교육을 받을 수 있어야 하고, 사회는 개인의 필요에 따른 양질의 교육을 제공해야 한다. 즉, 누군가 이런저런 이유로 교육의 기회를 제한받거나 교육수준에 있어 차별적 대우를 받아서는 안 된다는 뜻이다. 전자의 경우를 들어 흔히 기회의 평등이라고, 후자의 경우를 (완벽하지는 않지만 이상적인 의미로) 결과의 평등으로 이해해 논쟁이 이뤄지곤 한다. 이렇게 교육평등(혹은 '평등한 교육')을 둘러싼 논의는 이론적으로든, 실천적으로든 우리 주변에서 늘 풀어내기 어려운 교육문제로 자리하고 있다. 비록 '포용'이니, '균등' 혹은 '공정'이란 표현으로 달리 표현되지만, 교육은 모두에게 '평등'해야 한다. 이 말에 이의를 달기 어렵고, 누구도 이 말에 반하는 화법을 내세우려 하지 않는다. 마치 '모두에게 평등한 교육'은 절대 깨뜨릴 수 없는 명제로 공고한 지위를 차지하고 있는 듯하다. 아마도 이 두 개념의 포괄적인 뜻을 담아 전달하는 표현이 '양질'의 교육으로 표현되고 있기 때문일 테다. 교육의 질적 수준이 양호하기 위해서는 물리적인 교육환경을 넘어 교육의 기회와 과정, 결과에 있어 포용적이어야 하고 균등해야 한다.

그런데 '모두에게 평등한 교육'은 구체적으로 어떤 모습일까? 이 질문에 난감한 표정을 짓지 않을 수 없다. 비록 하나의 명제로서 '모두에게 평등한 교육'을 부인할 수 없다고 하더라도, 그래서 그 명제의 현실적 모습을 구상하고 이를 실현해 온 현실적 모습은 그다지 분명하지 않다. 분명하지 않은 것은 둘째로 치고, 흐릿하다 못해 정말 그런 것이 있는가 싶을 정도이다. 무엇을 어떻게 가르치는 것이 가치롭고 또 효과적인지에 대해 각 사회는 서로 다른 방식의 사회문화적 체제를 형성해 왔다. 흥미롭게 이들 사회에서 '모두에게 평등한 교육'은 일종의 전 지구적인 이데올로기로서 수용되어 왔다. 하지만 이 이데올로기는 각 사회에서 수사적 표현으로 읊어지고 있을 뿐, 서로 다른 교육 체제 속에서 모두에게 평등한 교육은 요원한 목표로 남아 있다. 어쩌면 그 반대 모습인 교육의 불평등한 양상은 계속 생산, 재생산, 강화, 혹은 확산되고 있는 듯하다. 한마디로 교육 불평등의 전 지구화가 아닐 수 없다. 평등한 교육을 옹호하는 목소리는 점차 커지는데도 말이다. 대단한 역설이다.

마이클 샌델은 『공정하다는 착각』에서 미국 사회의 교육 공정성 담론과는 달리, 현실에서 교육을 파이프라인 삼아 계층 재생산을 이뤄내려는 사회의 어두운 모습을 잘 담아내고 있다. 로버트 프랭크는 『실력과 노력으로 성공했다는 당신에게: 행운, 그리고 실력주의라는 신화』에서 개인의 능력을 과대 포장하고 이를 정당화하는 교육을 통해 미국 사회의 불평등이 공고해진다고 했다. 사이먼 쿠퍼는 『옥스퍼드 초엘리트』

에서 영국 사회의 오랜 엘리트 교육의 전통이 현실 속 민중에 와닿지 못하고 오히려 사회의 불평등과 불안정을 확대, 재생산하는 모습을 선출된 고위 공직자의 교육 배경을 매개로 그려냈다. 그린과 카이너스톤은 『Engines of Privilege: Britain's Private School Problem』에서 평등에 위배되는 사회적 특권을 재생산하는 기제로서 사립학교의 사회적 기능을 탐색하고 있다. 이런 부류의 비판은 미국과 영국에 국한되지 않는다. 클라이브 해밀턴은 『특권계급론』에서 호주의 사례를 언급하면서 극단적 소수의 특권계급이 세상을 지배하고 있고, 이런 특권은 사회 질서에 구애받지 않고 특권을 행사하는 명문 사립학교를 통해 유지, 강화된다고 역설하고 있다. 한국도 예외는 아닌 듯하다. 김동춘의 『시험능력주의』와 박권일의 『한국의 능력주의』는 특정 능력이 사회적 지위를 배분하기 위한 주요 준거로 작동하면서 이 능력을 배양하고 측정, 평가하는 방식으로 한국 사회의 학교교육이 사회 불평등을 강화하는 기제로 작동함을 보여주고 있다. 중국(Liu, 2023),[1] 대만(Chen et al., 2021)[2] 등의 사례 또한 동아시아에서 능력주의에 기반한 교육 불평등에 주목하고 있으며, 이 지역의 불균등한 교육 결과는 곧 사람들의 삶의 질에 부정적인 영향을 주고 있음을 지적하고 있다(Kim, 2024).[3]

교육평등을 향한 각 사회의 구체적인 실천은 오히려 평등하지 못한 교육 모습을 더 분명하게 보여준다. 마치 각 사회의 교육이란 엔진은 '능력주의'라는 연료로 더욱 활활 불타올라 평등과는 반대 방향인 불평등하고 불공정한 사회로 내달리는 듯하다. 이렇듯 교육평등을 둘러싼 작금의 전 지구적 논의는 무엇이 교육평등을 저해하는지, 왜 그런지,

1) https://www.cambridge.org/core/journals/american-political-science-review/article/meritocracy-as-authoritarian-cooptation-political-selection-and-upward-mobility-in-china/AA20ACF9F66D28059E5ABDF7446101F4
2) https://journals.sagepub.com/doi/full/10.1177/00380407211055517
3) https://www.iias.asia/the-newsletter/article/meritocracy-asia-beliefs-its-ideals-and-reality-and-life-satisfaction

이를 바로 잡기 위한 사회정책적 방안은 무엇일지에 대해 논쟁의 장을 이어오고 있다. 예를 들어, 샌델이 제기한 '제비뽑기를 통한 대입 선발'이라든지, 김종영의 '서울대 10개 만들기', 김동춘의 '교육-노동연계를 통한 사회구조 개선' 등이 그렇다. 극단적으로는 한국의 '서울대 폐지론', 영국의 '사립학교 폐지론'도 일종의 고려할 수 있는 카드로 거론되곤 한다. 즉, 이런 주장들은, 특정한 사회정치적 정책과 개입이 사회적 평등을 훼손하는 교육의 구조적 문제를 해결할 수 있다는 점을 강조하고 있다. 과연 한 사회의 엘리트라 불리는 인재 양성 과정으로서의 교육은 특권계층의 계급 재생산 통로라는 비판을 넘어설 수 있는 토대역량(capabilities)을 갖고 있는 걸까?

그런데 여기 일본의 사례를 들어, 교육 평등과 능력주의의 상호 관련성을 독특하게 설명하고 있는 흥미로운 연구물이 있다. 다케히코 카리야와 제러미 래플라이, 두 저자는 일본이 능력주의를 기반으로 '모두에게 평등한 교육'을 양적으로, 또 질적으로 구현해 낸 유토피아라는 저간의 해석을 비판하면서 오히려 일본의 교육 평등은 제대로 논의조차 되지 않는 이념적 영역이 되었다고 본다. 특히 1980년대 발흥한 신자유주의는 개인의 능력에 기반한 교육적 성취가 사회적 지위 획득의 구체적인 메커니즘이 되어야 한다는 입장을 취하면서 일본의 사례를 능력주의에 따른 유토피아로 그려냈다. 그런 점에서 본서는 이미 형성된 능력주의가 어떤 방식으로 사회의 문제로 일탈하는지를 보여주기보다, 애초 일본은 능력주의가 왜 이토록 독특한 방식으로 자리 잡게 되었는지 역사사회학적인 설명에 천착한다. 두 저자는 능력주의라는 이데올로기의 기능이 아닌, 능력주의 이데올로기의 형성을 통해 현재 일본의 능력주의가 다른 국가의 능력주의 비판과 뒤섞이는 지점을 제대로 비판하고 있다.

본서의 원제는 『Education, Equality, and Meritocracy in a Global Age(글로벌 시대 교육, 형평성, 능력주의)』이다. 저자들은 지난 수십 년간 세계화가 진척되어 오면서 능력주의 이데올로기가 교육격차 및 불평등에 대한 비판뿐만 아니라 이런 격차와 불평등을 정당화하는 기제로 작동했음을 비판적으로 논의하고 있다. 일본도 다른 국가와 마찬가지로 근대화 과정을 거치며 '모두에게 평등한 교육'을 제공하려는 목표를 내세웠다. 이상으로서 제시된 '모두에게 평등한 교육'은 지금이야 "절대적인 것에 가까운 뿌리 깊은 평등주의"로 자리매김했지만, 하나의 이상을 구체적인 정책으로 구현하려는 상황은 도전적인 어려움에 봉착했다. 일본도 예외는 아니었다. 일본은 2차 세계대전 이후 1950년대를 거치며 교육재원의 부족 속에서 교육 평등을 향한 정책 구현에 제약을 받게 된다. 즉 전후 주요 일본 정책입안자들 사이의 개인적 차이에 뿌리를 둔 개인적 평등 모델에 대한 명확한 욕구에도 불구하고, 그 특정한 역사적 시점에서의 교육재정적 제약이 학생 개인을 교육의 기본 단위로 설정하는 것을 불가능하게 만들었다. 열악한 교육비 상황 때문에 학생 1인당 교육비를 교원 정원으로 대체한 교육 재정 접근법을 통해 일본만의 독특한 교육평등화가 만들어져 시행되게 되었는데, 저자들은 교육평등에 대한 서구적 관점인 '개인 평등'이 일본의 '공간 평등'으로 바뀌어 오늘날 의심되지 않는 교육평등의 공식으로 자리했음을 보여주고 있다. 본서에서는 이를 '미지의 혁명'이라 표현하며, '애초 의도하지 않은 역사적 제약의 모호한 결론' 혹은 '신중하게 계획된 정책 개입이라기보다는 의도하지 않은 정책적 파생물'이었고 강조한다.

이런 저자들의 교육평등에 대한 관심은 사회의 평등을 진작해야 하는 수단적 현상으로서의 교육에 대한 해석, 비판, 설명에 놓여 있지 않다. 앞서 이야기했듯 '모두에게 평등한 교육'을 구현하는 방식은 각 사회마다 다양하게 형성되어 왔다. 일본의 사례는 국제사회에서 신자유주의자들이 보고 싶어 하는 능력주의적 유토피아로 등장하지만, 저자들의 분석에 따르면 일본의 능력주의는 다른 사회의 능력주의와는 확연히 다른 역사적 계보와 형성과정을 거친 것으로 서구의 눈으로 판단되어서는 안 된다. 저자들은 교육 체제 내부의 고유한 논리로서 '모두에게 평등한 교육'을 구현하기 위한 선택 과정으로 좁히고, 이 과정에서의 의도('목표달성을 위해 고려된 효과적인 수단')와 비의도('어쩔 수 없이 선택될 수밖에 없는 대안적 수단') 사이의 경쟁을 흥미롭게 기술하고 있다. 서구(특히 미국)의 경우, 공정한 교육의 기회를 제공하기 위한 정책은 어떻게 공교육비를 학생당 배분할 것인가의 문제였지만, 일본의 경우에는 똑같은 화법을 실현하는 정책목표하에 다른 방법을 택하게 된다. 즉, 공교육비는 학생 수를 기준으로 하는 것이 아니라 교실 수(혹은 교실을 맡아 가르치는 교사 수)에 맞춰 적절하게 배분하는 문제로 자리매김하게 된다. 직접적인 원인이야 예산의 부족이기는 했지만, 교육을 구성하는 가르침과 배움의 기본적인 단위가 개인에게서 집단, 즉 가르치고 배우는 사람들의 집단으로 이해, 수용되어도 상관없는 사회문회적 맥락 때문이었다. 따라서 '모두를 위한 평등한 교육'의 화법이 동일하기는 하지만, 서구와 일본(이렇게 둘을 비교할 수 있는지는 잘 모르겠다)의 정책 기획과 실행은 다른 길을 걷게 되었다. 저자들은 같은 정책 목표하에서 서로 다른 길이 택해진 이후 일본의 역사사회학적 조건에서 의도되지 않은 선택이 연속적으로 이뤄졌고, 결국 교육평등을 구현하는 일본 나름의 이념이 사회 깊숙이 자리 잡게 되었다고 논증하고 있다. 교육시스템의 작동과 변화에 대한 서구화된 설명이 동아시아, 정확하게는 일본에는 그대로 적용되지 않음을 사료로 논증해 보여주는 교육연구의 탈식민적 접근의 일례라고 할 수 있다.

따라서 본서가 갖는 학술적 의미는 작지 않다. 본서의 학술적 의미와 강점, 저자들의 탁월한 통찰에 대해 다음과 같이 사유할 수 있다.

우선, '능력주의'라는 이념은 받아들일지, 말지를 이분법적으로 결정해야 하는 이념이 아니다. 본서에서 저자들은 전 지구적 차원에서 맹위를 떨치는 능력주의의 기능을 낙관적으로 보아 수용할 것인지, 혹 비관적으로 보아 피해야 할 것인지를 이분법적으로 대하지 말 것을 주문한다. 지난 10여 년간 전 세계를 휩쓸고 있는 '전 지구적 불평등', '격차사회', '특권계층', '엘리트지배', '출생, 연줄, 성공' 논쟁은 '능력주의'의 폭군적 만행을 되돌아보게 했다. 사회학자인 마이클 영이 냉소적으로 묘사한 능력주의는 다니엘 벨이 이를 경영학 분야에서 유능함의 지표로 급선회시키면서 구현해야 할 이념적 지향으로 황금기를 누려왔었다. 즉, 능력주의는 추구할 것인지, 아니면 사장시켜 없애야 할 것인지를 둘러싸고 시끄러운 전장의 논쟁이 이어졌었다. 특히 능력주의를 내면화하게 하는 교육제도의 틀과 내용을 둘러싼 쟁론은 여전히 팽팽한 긴장 상태에 놓여있다. 일본의 지식인들이 지속적으로 제기하는 격차사회 및 교육의 역할에 대한 비판이나, 문재인 정부에서 '기회는 평등하고, 과정은 공정하며, 결과는 정의로울 것'이라던 한국 사회의 공정성 논쟁에 대한 비판 또한 이런 긴장의 일부로 이해된다. 하지만 본서는 능력주의가 체화된 사회 현상을 이렇게 평가의 대상으로 삼아 '좋다'라거나 '나쁘다'고 해 추구, 혹은 비추구하는 것은 적절하지 않다고 주장한다. 오히려 한 사회에서 '능력주의'가 어떻게 구현되는지, 왜 그런지를 설명하는 것이 그 사회의 교육 이념과 실천 사이의 관계를 이해하는데 더 낫다고 본다. 누군가의 눈에 일본 사회는 능력주의가 긍정적으로 열매 맺은 유토피아, 즉 누군가의 출생 시 여건이 사회적 성공에 가장 덜 영향을 끼치는 것으로 보일 수 있다. 그러나 저자들은 능력주의를 이런 평면적인 기술로 이해할 것이 아니라, 지난 수십 년에 걸쳐 하나의 교육이념으로 자리 잡게 한 제도의 형성과정을 통해 '좋다' 혹은 '나쁘다'를 넘어선 일본 사회의 특징을 설명하고자 한다.

둘째, 정책 목표를 위한 화법은 정책이 실행되는 사회, 문화, 정치, 경제적 맥락에 따라 의도된 대로 구현되지 않는다. 정책 목표에 따라 기획된 구상은 의도되지 않은 다양한 요인에 따라 굴절되거나 조정되는 과정을 거친다. 일본의 사례를 다룬 본서에서 이런 과정이 잘 그려져 있다. 저자들은 서론을 비롯해 본문의 여러 곳에서 일본의 능력주의가 평등한 교육제도로 구현되는 과정은 의도된 것과 의도되지 않은 것 사이의 긴장과 조정 속에서 만들어진 것임을 강조하고 있다. 특히 본서에서 핵심 키워드로 등장하는 '공간평등'은 기존의 '개별평등'에 대응하면서도 교육평등에 대해 새로운 시각을 갖도록 이끄는 놀라운 발견이 아닐 수 없다. 왜 일본은 서구의 다른 나라(특히 영미)와는 다른 교육재정 배분 논리를 유지하고 있는가? 어떻게 이런 체제가 일본에 자리 잡은 것이고, 교육평등과 관련해 이것이 의미하는 바는 무엇인가? 저자들의 질문은 똑같은 목표를 지향하는 교육체제의 서로 다른 제도적 접근을 통해 이를 포괄하는 이념의 구현방식이 맥락에 따라 달라졌음을 잘 보여주고 있다. 즉, 교육평등을 구현하려는 일본만의 독특함은 교육을 둘러싼 사회, 정치, 경제의 영향하에서 일방적으로 결정된 것도, 그렇다고 교육논리에 따른 것만도 아님을 보여준다. 아마도 방법론으로서 교육역사사회학의 특징과 역사사회학의 방법적 쓰임새를 잘 보여준 성과가 아닌가 싶다.

셋째, 본서는 교육이념에 대한 탈서구적 관점을 담고 있다. 각 사회에서 교육의 이상으로 제시된 화법과 정책 구상은 서구 사회의 근대성 틀 안에서 진전된 성과로 수용되어 왔다. 이유야 여러 가지겠지만, '우리' 주변의 사회현상을 '우리'의 시각으로 보고 설명할 수 있는 틀을 제대로 가져본 적도, 그래야 한다는 훈련도 제대로 받지 못했기 때문이리라. 좀 더 직설적으로 이야기하자면, 우리가 지닌 교육, 좀 더 거시적인 사회를 분석하는 틀이 '우리' 것인지 아닌지 볼 수 있는 안목이 부재했기 때문이다. 그런 점에서 아시아의 사회적 실천을 아시아적인 눈으로 보고 이해해야 한다는 Kwan-Sheng Chen의 『asia as method』는 아시아권 사회과학자들의 눈을 새롭게 할 걸작임이 분명하다. 이런 점에 비추어, 동아시아에서의 교육 실천은 서구 사회의 실천과는 다르게 이해, 설명되어야 한다. 본서는 '일본의 경험이 글로벌 문제에 대해 무엇을 보여줄 수 있는지, 그리고 앞서 언급했듯이 이미 늦은 이 시점에 능력주의, 평등, 교육에 대한 보다 엄격한 논의를 다시 시작'하도록 하는 데 궁극적인 목적이 있음을 명시하고 있다. 서문의 첫 부분에서 던진 교육 구상, '누구나 포용적이고 균등한 양질의 교육'은 마치 객관적이고 누구나 추구해야 할 마땅하고 당연한 개념으로 다가온다. 하지만 이를 이해하고, 또 구현해야 하는 사회에서의 개념은 동일하지 않으며, 이를 구현해 내는 사회, 정치, 문화, 경제 체제는 모양도, 수준도, 심지어 지향도 동일하지 않다. 어떤 것을 우선하고 또 왜 그래야 하는지에 대한 정당화 또한 동일하지 않다. 그런 점에서 두 저자가, 일본의 능력주의가 탄생하고 일종의 강력한 교육 이념으로 자리 잡은 교육평등의 토대가 작동하는 상황을 일본 고유의 특징으로 제시한 것은 서구 중심적 시각을 넘어선 교육적 특성을 이해하도록 하는 좋은 길잡이가 될 수 있다.

넷째, 본서는 물적 기반 없는 교육평등은 허구에 지나지 않는다는 점을 역사사회학적 분석으로 밝히고 있다. 일본의 사례는 교육이 평등해야 하며 공정하게 주어져야 한다는, 일종의 종교적 신념에 가까운 이념이 연속적인 정책 결정의 산물임을 보여준다. 다시 말해, 강력한 신념으로서의 교육평등은 물적 조건에 기반한 정책이 사회에 실현된 결과물인 셈이다. 즉, (기회의 평등이든, 결과의 평등이든) 평등을 내세운 교육 이념은 물적 기반 없이는 등장할 수 없으며, 구체적인 이행 수단으로서의 자원이 동반되지 않고는 교육평등은 늘 불완전한 정책 목표일 수밖에 없다. 저자들은 이 과정을 '미지의 혁명'이라고 부르면서 일본의 교육평등이 '자원배분의 논리에 따른 결과로써 공간적 평등' 형태로 출현하게 되었음을 추적하고 있다. 흥미롭게도 한번 '절대적인 것에 가까운 뿌리 깊은 평등주의'로 자리 잡은 교육이념은 '개인적 차이에 뿌리를 둔 개별 평등' 모델을 선호하는 전후 정책결정자들의 분명한 의도에도 불구하고, '특정한 역사적 시점에서의 교육재정상 제약으로 인해 학생 개인을 교육의 기본 단위로 설정하지 못하도록' 했다. 본서에서 교육평등의 구현을 교육재정 상황에 따른 자원 배분논리로 파악하는 것은 그다지 새롭다 할 것이 없다. 하지만 교육평등을 비롯한 교육의 이념을 구현하기 위한 논의에서 종종 자원 동원을 제외한 사회문화적 설명, 혹은 대중의 인식 고양 및 참여 증진에 지나치게 초점이 맞춰지는 경우가 있다. 흥미롭게도 이런 이야기는 곧, 교육체제를 보완하고 혁신하고 또 개혁하는 데 굳이 '많은 돈'을 써야 하는지 반문한다. 단적으로 말해, 국가는 사회정책에 많은 돈을 쓰려는 데 소극적이다. 말할 필요 없이, 사회정책의 하나로서 교육체제를 형성하고 또 증진하는 일에 국가는 소극적이다. 교육이야 각 개인의 일이고, 교육의 성과가 각 개인의 이해관계로 취급받는 사회에서 굳이 국가가 각 개인의 이익에 관여된 체제에 돈을 쓸 이유를 찾겠는가? 안타깝지만, 교육은 개인의 사회경제문화적 자본을 개별적으로 취득하고 활용하는 독립적 활동이 아니다. 그런 점에서 국가를 본위로 하는 사회는 교육에 투자하고, 교육을 통해 사회적 응집성 및 사회구성원들의 인간다운 삶을 위해 물질적 토대를 증진시켜야 한다. 즉, 자원동원은 교육에 있어 필수불가결하고, 그 정도에 따라 한 사회의 교육이 사회적 이해관계를 반영할 수 있는 정도가 달라진다는 이야기이다. 이런 점에 있어, 본서는 자원 동원 없는 교육가치 구현이란 불가능하다는 점을 다시 한번 역사사회학적 사료를 통해 강조하고 있다.

다섯째, 교육의 이념은 좀 더 거시적인 사회정치경제 이념과 깊은 상관성을 갖고 있다. 1980년대 이후 우리는 글로벌 경쟁과 수월성을 핵심가치로 내세운 교육개혁의 시대를 살아가고 있다. 한마디로 쓸모 있는 교육을 위한 개혁의 토대로서 신자유적인 이데올로기가 튼튼하게 자리 잡고 있다. 흥미롭게도 일련의 교육개혁 어젠다에서 빠지지 않는 것이 형평성을 내세운 교육평등이란 이념이다. 그런데 교육이 평등해야 한다는 작금의 화법은 교육 접근성의 강화, 즉 교육기회의 평등으로 이해되는 수준을 넘어서지 못하고 있다. '누구나 제도로서 제공되는 교육에 접근하는 기회가 공평하게 분배되면 곧 교육이 평등하다'라는 생각을 넘어서지 못하고 있는 것이다. 그래서인지, 현대 국가의 교육개혁은 '개별화'와 '국제화', '수월성'의 기치 아래 제도의 '표준화', '분권화', '민영화'를 향해 빠르게 발걸음을 내딛고 있다. 저자들은 '교육이 근대성에 내재된 긴장을 해소할 수 있다는 유토피아적 희망에 집착하는 것은 근본적인 양면성을 인정하지 않고 신자유주의가 글로벌 능력주의의 형태로 "초대"되는 상황으로 이어진다'고 주장하면서, '개별화된 학습, 국제화, 재정 및 행정 분권화를 목표로 한 교육과정 및 교육 개혁이 어떻게 지탱'되었는지 비판적으로 탐색하고 있다. 즉, 세 가지 정책 개혁은 전후 체제가 일본을 새로운 글로벌 세계에서 정체되게 했다는 병리 현상인 획일화와 표준화를 낳았다는 믿음에 그 기반을 두고 있는데, 이러한 정책 해석의 문제점은 후속 개혁이 "표준화된 세계"의 표면적인 현상만을 다루었을 뿐, 더 심층적인 메커니즘을 인식하지 못한다고 저자들은 비판한다. 결국 저자들의 눈에 이런 신자유주의적 교육개혁은 개혁을 앞세운 교육정책의 실패와 의도하지 않은 결과를 초래했다. 교육개혁의 이념으로 작동하는 기존 신자유주의적 지향의 토대가 상당히 약하다는 점, 결국 교육은 정치경제적 이해관계를 반영하는 좀 더 큰 담론체계에 휘둘리는 상황임을 본서에서 또다시 확인하게 된다. 결론적으로 본서는, '교육평등'이라는 이념이 교육 체제의 논리 내에서 투입-산출의 격차로만 설명될 것이 아니라, 교육과 직간접적으로 연계된 거시적 사회체계와의 관련성을 통해 비판, 평가, 재해석되어야 함을 보여주고 있다.

이런 저자들의 논점들은 사회적 현상으로서의 교육을 더 깊게 사유하고 비판적으로 접근할 수 있는 통찰을 갖게 해준다. 그런데 이들의 비판적 논점을 보면서 다음과 같은 질문을 이어가지 않을 수 없다. 교육 평등 이념을 창출해 낸 일본식 능력주의가 일본 사회를 유토피아도, 그렇다고 디스토피아도 아니게 조형해 냈다면, 현재 일본 교육의 문제는 능력주의와 별 상관이 없는 것일까? 일본 사회가 지향하겠다고 품어온 평등한 교육을 위해 풀어가야 할 일본 교육의 다음 단계는 어떻게 될까? 이는 사실 우리 주변의 교육에 내면화된 능력주의를 어떻게 이해해야 할지를 묻는 질문과 다르지 않다. 저자들은 일본의 사례를 들어 능력주의에 기반한 사회적 성공으로의 교육평등 이념이 자리 잡게 된 상황을 기술하면서 능력주의가 긍정적으로도, 그렇다고 부정적으로도 비칠 수 없는 중간적 형태를 취하고 있다고 결론짓고 있다. 이들의 이런 입장은 '능력주의를 수용하거나 거부하는 것이 아니라 개인의 자유와 평등을 동시에 달성할 수 있다는 믿음에 내재된 위험'을 지적하는 것으로 설명된다. 즉, 저자들은 일본이 능력주의 사회로 개인의 자유와 평등을 나름 조화롭게 달성한 사회라는 세간의 평가를 비판하고 있다. 그렇다면 일본의 교육에 있어서 능력주의는 어떤 기능을 담당하고 있는 것일까? 능력주의에 기반해 교육체제를 형성해 왔으면서도 서구의 능력주의가 생산해 온 계층 간 불평등을 강화, 확대, 재생산하고 있지 않은가? 전후 지속되는 정치적 보수주의, 대기업에 의존하는 경제체제, 격차사회로 비판되는 사회 다방면의 불평등 증대, 취약한 개인에 대한 혐오와 차별이 점증하는 집단주의, 더 공고해지는 학벌과 교육엘리트들의 특권집단화, 특권 계층의 재생산과 이를 반영하는 교육의 기능 등. 마이클 영이 냉소적으로 내세웠던 개념으로 등장한 '능력주의'가 현재 일본에서 능력의 다원성을 저해할 뿐만 아니라, 기존 특권적 계층의 재생산과 사회구성원들 사이의 격차를 증대시키고 있음을 부인할 수 있을까? 안타깝지만 본서에서 능력주의에 대한 저자들의 접근은 특정 능력에 기반한 교육의 수행과 이를 반영한 제도의 변화를 어떻게 이해하고 혹 변화해야 할지에 대해 별 함의를 주지 못한다.

더욱이 저자들은 본서에서 일본 내에서의 '교육 불평등'에 대한 비판적 논의를 거의 찾아볼 수 없다고 염려하며, 이를 재개하는 데 일본 능력주의에 대한 역사사회학적 논의가 의미 있을 것으로 기대하고 있다. 이런 저자들의 기대와 함께 본서는 일본의 교육 연구가 서구의 교육 연구 전통 속에 있지 않을 수 있음을 탐색하는 시도로도 읽힌다. 즉, 동아시아의 탈식민주의적 교육연구가 어떤 내용을, 어떻게 수행할 수 있는지에 대한 사례로 비춰지기를 기대하는 듯하다. 이는 교육이 한 사회의 오랜 체제적 변화 속에서 역사사회학적으로 설명되어야 할 특수성임을, 그래서 보편적 이론의 적용, 혹은 보편적 이론의 탐색과는 다른 축으로 이해, 설명되는 것임을 강조하는 것이다. 역자들은 이런 저자들의 문제의식과 본서의 학술적 기여를 통한 서구 중심의 탈식민성에 대해 박수를 보내면서도, 이런 일본의 특수한 사례와 분석이 또 다른 의미의 보편적 이론화를 추구하는, 다른 말로, 또 다른 의미의 이론화와 무엇이 다른지 의문을 갖고 있다. 교육평등에 대한 서구적 접근이 개인의 교육기회에 초점을 맞춘 것과 달리 일본의 한 공간 내 소속된 구성을 묶은 집단적 교육기회로의 전환이 주는 의미가 지역 및 시대적 맥락을 넘어 어떤 의미를 갖는지 과도하게 이야기하기 어렵다고 역자들은 판단한다. 여전히 서구 주류 이론에 바탕해 아시아적, 동아시아적, 혹 특정 국가(한국, 일본, 중국, 대만, 싱가포르 등)의 교육을 어떻게 이해하는 것이 적절한지, 이를 위한 방법론이 어떤 모습일지에 대해 깊은 사유가 필요하다. 본서는 이를 위한 하나의 중요한 연구이기는 하지만,

일본 교육의 고유성을 강조하는 것을 넘어 서구의 약탈적 식민성을 탈피할 수 있는 탈식민지적 담론을 대표하거나 혹 대체할 수 있는 방식으로 읽히는 것은 조심스럽지만 경계되어야 할 부분이다. 지구상의 다른 지역에 비추어 동아시아, 특히 동북아시아의 문화적 유사성이 큰 지역 내 공동체의 유사한 사회적 문제, 교육적 문제(인구감소, 격차사회, 낮은 포용성 등)를 어떻게 사유하고 또 연구할 것인지, 진전된 민주주의 사회를 만들 수 있도록 어떤 방식으로 교육의 변화를 일궈갈 것인지 지속적인 논의의 장이 필요한 이유이기도 하다.

본서의 번역이 마무리되는 시점에 감사한 분들이 많다. 특히 번역된 원고를 다듬는 과정에 꼼꼼한 조언과 도움을 준 분들에게 감사를 드린다. 한 분 한 분 주신 의견과 제안은 본서가 좀 더 가독성 있게 읽힐 수 있도록 하는 데 꼭 필요했던 채찍이었다. 무엇보다 본서를 출판하는 박영스토리의 편집진에게 감사드린다. 그나마 좋지 않은 출판시장 상황에서도 학술서적을 발간하는 것은 적잖은 부담일 것인데, 선뜻 학술적 의미에 공감하고 출간을 승인해 주어서 감사할 따름이다. 짧지 않은 시간 동안 꽤 여러 번의 윤독과 검토, 수정을 거친 글이지만 여전히 부족한 문장과 건조한 문체가 눈에 띈다. 혹 있을지 모르는 오역, 오기, 혹 오타는 오롯이 우리 공역자들의 것으로, 서둘러 학술서의 번역에 나선 오만함의 결과가 아닐 수 없다. 너그러이 양해해 주시고 읽어주시면 감사하겠다. 일본의 사례로 보는 능력주의와 교육평등의 근현대 역사를 다룬 본서를 통해 한국의 지난 100년, 교육의 형성과 변화를 이해하고, 그리고 앞으로의 좀 더 민주적이고, 좀 더 변혁적인 교육을 만들어갈 수 있는 공론의 장이 많이 생기를 공역자들의 두 손 모아 염원한다.

2025년 11월
유성상, 하승천

차 례

감사의 글 • i
역자 서문 • iv

제1장 | 도입: 불평등 시대에서의 교육과 평등의 재고찰 • 1

글로벌 능력주의? 능력주의 이상(理想) 형성의 간략한 역사 / 능력주의 유토피아? 논의에서 일본 맥락의 중요성 / 책의 목적 / 세부 목표 / 각 장의 개요

제2장 | 이야기의 시작: 왜 1958년부터인가? • 33

왜 1950년대 후반인가? / "중앙 집권 중심 교육과정"의 의미 – 의견 차이 / 문부성 대 일본교직원조합(일교조) / 국가 통제 / 문부성 설명 / 왼쪽에서 오른쪽으로 / 위대한 6–3 실험 – 지역 간 교육 불평등 / 교육 제공의 불평등: 교육 자원, 교원, 학업 성취도 / 교육과정 실행의 차이 / 문제 파헤치기: 좌파/우파 대립을 넘어서는 것 – 새교육과 학습으로부터의 이탈 / 교육 불평등을 줄이는 방법?

제3장 | 부정적인 전전(戰前) 유산과 미국 모델의 뿌리 • 71

전쟁 전 교육 자원 배분 – 빈곤 지역의 공공재정 / 교육기회균등과 교육 재정시스템 / 교사 간 불평등한 조건 / 문제 해결 방법 – 교사 단위 / 1872년 이래 가장 중요한 문제 / 미국의 뿌리: 과학적 관리 혁명 – 세기의 전환 / 교육 시설의 균일성 보장 / 교육 재정 불평등 해소 / 단위 비용의 기술 / 학생 시간 기준 / 학습 개별화와 교육 재정의 논리 – 학교 중심에서 아동 중심으로의 전환 / 개인으로서의 학습자

제4장 | **전후의 교육 청사진 초안 • 107**

전후, 다시 시작 – 의무교육의 제도화 / 문부성의 인식 / 전후의 요구 – 교육 재정의 독립성 / 교육 환경의 질적·양적 평등 보장 / 학교 최소 기준 / 평등에 대한 접근법으로서 표준화의 세계 – 숨겨진 가정 / 계산 공식의 세 가지 핵심 요소 / 학생 1인당 세계 / 또 다른 요인: 인구통계학적 변화 / 차선책

제5장 | **미지의 혁명 • 139**

공간적 평등 / 교육 재정 동향과 지역 간 불평등 / 공공 투입 확대 / 교육비 지출 배분의 구조적 변화 / 미지의 혁명–교육 여건의 균질화 – 교사당 학생 수 / 교사 정원 개선 / 예기치 않은 결과 / 공간적 평등성: 더욱 큰 균등화를 향해 – 도서 벽지의 현실 / 할당 기준 / 교사를 위한 광범위한 지역 인적 자원 확보 / 기후 현 사례 / 후쿠시마 현 사례 / 지방 분권의 공동화(空洞化) 현상 / 아래로부터의 강력한 의지

제6장 | **표준화의 양면성 • 189**

전국 학업 성취도 조사: 재분석 – 시험 시행 / 업적 조사 논쟁의 의의 / 교원 성과 평가와의 연결 / 표준화는 어떻게 진행되었나? / 공통 잣대 / 교육 자료 표준 설정 / 성과와 연결– 성과 순위 뒤집기 / 경제적 지표와 성과 / 수월성과 평등성 달성 / 공간 평등과 양면성: 학급, 집단적 질서, 시험 경쟁 – 학급: 평준화 기술 / 집단 질서 / 고교 입시 경쟁

제7장 | **현대 일본의 공간적 평등의 행방 • 231**

너무 쉬운 비평 대상 / 표준화 세계 해체? 정책 개혁 1995–2020 / 교육과정 및 교육방법(1992–현재) / 글로벌 인재 양성(2011–현재) / 탈중앙화(2004–현재) / 공간적 평등과 개별화된 학습을 위한 개혁의 대립 / 일방 지식 주입 교육에 대한 이미지 구축 / 중앙

통제식 교육에 대한 고정 관념: 교육 행정의 획일성 / 굴절된 관점: 개별화와 개인주의의 착시 효과

제8장 | 결론 • 261

글로벌 시대에서의 시사점 / 디스토피아도 유토피아도 아닌 것: 마이클 영의 비전 다시 돌아보기 / 표준화의 역설 / 불평등 감소에 기여한 능력주의적 차별과 업적 / 세계적인 대화 속의 일본: 여전히 능력주의의 경계에 있는 일본? / 불평등의 변화 / 개인의 상태 / 글로벌 담론 내의 일본 / 신자유주의 30년, 교육과 평등

찾아보기 • 291
참고문헌 • 298

제 1 장

도입:
불평등 시대에서의
교육과 평등의 재고찰

제1장

도입:
불평등 시대에서의 교육과 평등의 재고찰

글로벌 능력주의?
능력주의 이상(理想) 형성의 간략한 역사

> 새로운 사회 환경에서 부유한 자와 권력자들은 자신들의 이익을 위해 고군분투해 왔다. 이러한 결과, 이들은 오랫동안 지속된 여러 유형의 비판으로부터 자유로워졌다... 더 많은 능력주의자가 점점 더 자신의 성공이 본인 능력에서 비롯되었다고 믿게 된다면, 그들은 자신이 얻을 수 있는 무엇이든 얻을 자격이 있다고 느낄 것이다. 엘리트들은 그들에 대한 보상을 스스로 정당화했다... (그 결과) 그들에게 지급된 급여와 수수료가 급등했다. 부유한 자에게 관대한 스톡옵션 제도가 확산하였다. 또한 그들에게 돌아가는 추가적인 보상도 배가 되었다. 그 결과, 해가 갈수록 전반적인 불평등은 더욱 심각해지고 있다... 이 양극화된 능력주의 사회에서 우리는 무엇을 할 수 있을까?
>
> - 마이클 영(Michael Young), 2001년 6월

어떤 이들은 현재 우리가 "글로벌 능력주의" 사회의 정점에 서 있다고 주장한다. 인류 역사상 처음으로, 출생이라는 우연적 조건에 얽매이지 않는 완전히 새로운 세상을 건설할 수 있을 것으로 보인다. 과거에

는 상상할 수 없었던 기술 발전으로 “수많은 사람이 어디서나 접속할 수 있는”, “평탄해진” 세상에서 새로운 비전이 탄생했다. 이러한 비전은 “타고난 재능이 지리적 경계를 능가하기 시작했다”라는 생각에 기반을 두고 있다(Friedman, 2005, p.194). 이제 개인은 어디에서 태어났든 재능만 있다면 글로벌 규모로 경쟁하고 협력할 수 있다. 또한, 글로벌 표준에 따라 합당한 보상을 받을 수 있다. 출생과 배경에 얽매이지 않고 마침내 모든 개인은 자신이 성취한 지위에 따라 평가받게 될 것이다.

“인재가 새로운 자원”이라는 개념으로 기업과 국가는 이제 가장 뛰어난 인재, 즉 자신이 세계 최고임을 입증한 “능력주의자”를 확보하고 활용하기 위해 노력하고 있다. 예를 들어, 브리티쉬 페트롤리움(British Petroleum)은 최근 “우리의 목표는 남녀노소, 인종, 국적, 신체적 능력, 종교, 성적 지향 및 정체성 등 모든 배경을 가진 사람들을 환영하는 글로벌 능력주의를 구축하는 것이다”(Brown & Tannock, 2009에서 인용)라고 설명한 바 있다. 이제 빅 오일(Big Oil)의 미래 근간은 주로 인재 영입에 달려 있다. 2009년 글로벌 교육 경쟁력 정상회의(Global Education Competitiveness Summit)에서 달튼 맥긴티(Dalton McGuinty) 전 온타리오(Ontario) 총리는 놀랍도록 유사한 어조로 공공 정책의 우선순위를 설명했다:

> 오늘날 우리가 사는 세상은 자본을 대여하고, 기술을 모방하고 천연자원을 구매할 수 있는 장이다. 강력한 경제와 사회를 구축하고 우위를 점할 수 있는 것은 오직 하나, 바로 인재뿐이다. 인재만이 오늘날 유일한 경쟁 우위에 있는 것이다(McGuinty, 2009).

이민 장벽, 엘리트와 그들이 벌어들이는 수입 관계에 대한 시장 왜곡, 불완전한 신원 확인 및 채용 제도 등 인재의 자유로운 이동을 가로

막는 장애물을 제거하는 데 수십 년이 걸리겠지만, 가까운 미래에는 '최고 인재'가 전 세계적으로 리더의 자리에 오르게 될 것이다. 그러면 역사상 처음으로 특권적인 출생이나 연고주의로 지위를 얻은 사람들이 리더 자리에 오르지 못할 것이다. 대신 진정한 능력을 갖춘 사람들이 새로운 세상을 이끌 것이다. 그리고 우리는 모두 그 덕분에 더 나은 세상에 살게 될 것이다.

비전도 마찬가지이다. 실제로 마이클 영은 2002년 사망하기 불과 6개월 전에 현재 이 사회를 지배하는 능력주의 폐해에 대해 앞서 인용한 긴급 성명을 발표했다. 이 경고는 특히 이슈가 되었는데, 1958년 그의 가장 유명한 저서인 『능력주의의 부상, 1870-2033』(The Rise of the Meritocracy, 1870-2033)을 출간하면서 '메리토크라시(meritocracy)'라는 용어를 처음 사용한 사람이 바로 영 자신이었기 때문이다. 대부분 엄밀한 역사에 관한 기술이지만 미래를 예견한 소설로 구성된 이 책에서 영은 독자들에게 영국 사회학자가 160년 동안의 영국 교육을 되돌아보며 IQ 테스트 기술로 가능해진 사회적 능력주의가 결국 2033년에 어떻게 무너졌는지를 상상하도록 이끈다.

영이 2001년에 제기한 비판은 1958년에 처음 제기한 비판과 마찬가지로 두 가지였다. 첫째, 그는 능력을 교육(정규교육)에서의 성공과 동일시하고 있다고 지적했다. 둘째, 이러한 능력을 갖춘 것으로 인정받은 사람들은 "다른 사람들이 끼어들 공간이 없는 새로운 사회 계급으로 빠르게 굳어지고 있다"고 주장했다. 그의 말을 빌리자면

> 계층 간에 어느 정도 무작위로 분배되던 기존의 능력은 교육이라는 엔진에 의해 훨씬 더 고도로 집중되었다. 교육이라는 좁은 가치관에 따라 사람들을 선별하는 작업에 학교와 대학을 활용함으로써 사회 혁명이 이루어졌다. 수많은 자격증과 학위가 쏟아져 나오면서 교육은 소수에게만 인정되는 수단으로 활용

되었다… 새로운 계급은 자신을 스스로 재생산할 수 있는 수단을 손에 쥐고 있으며, 대부분 그들의 통제하에 있다(Young, 2001).

영의 2001년 비판은 시대적 상황을 정확하게 예측했음을 강조하는 것뿐만 아닌, 토니 블레어(Tony Blair) 전 영국 총리가 자주 언급한 "최우선 순위는 교육, 교육, 교육"(Blair, 2001)이라는 진정한 능력주의를 만들기 위해 노력해야 한다는 긍정적 취지의 주장에 대해 보다 즉각적인 비판 목소리를 낼 기회이기도 했다. 한때 국내 정치에서 활용되었던 이 요구는 이제 "글로벌화"된 것처럼 보인다. 약 20년이 지난 오늘날, 이러한 외침은 이제 거의 모든 곳에서 들을 수 있으며, 이는 임박한 글로벌 능력주의에 대한 전 세계적 비전 출현을 뒷받침하고 있다.

그런데 영이 풍자적이고 부정적인 의미로 사용했던 "능력주의"라는 용어가 어떻게 긍정적으로 재조명되고 전 세계적으로 대중화될 수 있었을까? 어떻게 디스토피아로 보는 교육을 통한 능력주의가 대중 담론뿐만 아니라 많은 교육학자 사이에서도 유토피아적 암시를 내포하게 되었을까? 이러한 질문은 이 책에서 우리가 이바지하고자 하는바, 즉 능력주의, 교육, 평등 사이의 복잡한 관계에 대한 깊이 있는 역사적, 초국가적 재고에 대한 이해를 위한 출발점을 제공할 것이다.

영이 "능력주의"라는 용어를 사용하기 4년 전, 미국 대법원은 1954년 획기적인 브라운 대 교육위원회(Brown v. Board of Education) 판결을 선고했다. 이 판결은 모든 학교가 "신중한 속도"로 인종차별을 철폐하라고 명령했으며, 이는 오랫동안 아프리카계 미국인에게 평등한 교육 기회를 제공하고자 노력해 온 민권 운동에 큰 승리를 가져다주었다. 이 결정으로 미국 연방정부는 1964년 민권법(Civil Rights Act)에 명문화된 공립 학교 교육의 평등화를 위한 새로운 임무를 수행할 수 있게 되었다. 이러한 입법 추진력은 린든 존슨(Lyndon B. Johnson) 대통령의 위대한 사회(Great Society)의 일환으로 시행된 헤드 스타트(Head Start), 팔로우 스루(Follow Through), 부모–자녀 센터(Parent–Child Centers), 업워드 바운드(Upward Bound), 그리고 노동 시장에서의 우대 조치 정책을 비롯한 다양한 보상 교육 프로그램으로 이어졌다. 이러한 미국 정치 환경 속에서 '능력주의'라는 단어는 거의 하룻밤 사이에 대중의 상상력을 사로잡았다.

그러나 이러한 능력주의 이상은 영의 풍자적이고 부정적인 의미가 사라지고 전형적인 미국식 낙관주의, 즉 다시는 인종이 아닌 개인의 "능력(merit)"에 따라 선발이 이루어질 것이라는 낙관주의로 재탄생하였다. 물론 이러한 긍정적 의미로의 반전은 능력주의, 교육, 불평등 사이의 연관성에 대한 영의 경고를 잊어버린 데서 비롯되었다. 블레어가 교육을 통한 능력주의를 통해 사회 구원(救援)이 이루어질 것이라고 낙관적으로 주장했을 때, 그때 분명해진 것은 능력주의 담론이 영국에 재순환되었다는 사실뿐만 아니라 새로운 의미로 돌아왔다는 사실이다:

> 미국에서 이 용어를 받아들인 결과 능력주의에 대한 긍정적인 개념이 유럽으로 돌아왔고, 최근에는 영국에서 신노동당이 주도한 이후 다양한 중도 좌파 정당 이념의 핵심 요소로 자리 잡고 있다. 능력주의, 더 정확하게는 교육에 기반한 능력주의는 매우 매력적인 "진보적" 목표로 등장한다...(Goldthorpe & Jackson, 2006, Themelis, 2008, p.430에서 인용).

당시 사회학적인 경고로 시작된 능력주의 담론이 설득력 있는 이데올로기가 되어 국가 정책의 특권을 형성할 만큼 강력해졌고, 영은 2001년 공개적으로 "슬프고 실망했다"라고 한탄했다.

능력주의 이상에 대한 호소는 정치 및 대중 담론에만 국한되지 않았다. 오랫동안 불평등을 경계하고 평등주의를 강력하게 옹호해 온 사회학자들 사이에서도 이 용어는 곧 긍정적인 의미로 받아들여졌다. 콜먼 보고서(Coleman, 1966)의 발표에 힘입어 많은 사회학자는 "계급, 소득, 종교, 인종 또는 초기 장애와 관계없이 각 아동이 자신의 타고난 잠재력을 실현할 동등한 기회를 제공하는 방식으로 교육 시스템과 더 넓은 사회 시스템을 설계"하는 방법을 고민하게 되었다(Evetts, 1970, p.425). 사회학자들은 개인의 능력에 따라 노동 시장에서 자리를 부여받는 진정한 능력주의가 실현되기 위한 전제 조건으로 교육 제공의 기회균등이 보장되어야 한다는 데 동의했다. 교육 제공이 평등하지 않은 상태에서 능력주의 경쟁은 사회적으로 불공정하고 경제적으로 낭비적일 수밖에 없는 거짓 능력주의에 지나지 않는다고 그들은 주장했다. 교육학자 사이에서의 실증적 연구 의제는 역사적, 문화적 또는 지적(즉 유전적) 장애물이 교육 제공의 평등화를 방해하는 요인을 파악한 다음, 어떤 사회 프로그램이 이러한 격차를 완화할 수 있는지 실험하는 것이었다. 특히 영미권에서 관찰된 불평등이 환경적 요인의 결과인지(따라서 보상 프로그램의 대상이 될 수 있는 것인지), 아니면 타고난 지적 능력의 결과인지를(예: IQ 분포, 따라서 정책 개입의 대상이 될 수 없는 것인지) 중심으로 논쟁이 이어졌다. 이러한 논쟁은 종종 열띤 토론을 벌였지만(예: 벨 곡선(Bell Curve)논쟁, Herrnstein & Murray, 1994; Fraser, 1995 참조), 일부에서는 능력주의가 현실적으로 실현 불가능한 것으로 간주하였다. 하지만 이상으로서의 능력주의는 중요한 기반으로서 존재했다. 즉 많은 교육학자 사이에서 능력주의가 지배적인 이데올로기로서 작동했다.

1970년대 중반에 능력주의라는 용어가 사실상 유토피아적인 개념으로 바뀐 것은 미국 사회학자 다니엘 벨(Daniel Bell, 1973)의 영향이 가장 컸다. 벨은 기회균등에 대한 미국의 뿌리 깊은 의지를 보여주는 증거로 토크빌(Tocqueville)의 말을 인용하며 기술이 직업 구조의 변화를 주도하고 있다고 주장했다. 서비스 기반 노동으로 전환하면서 고학력 자격증의 가치가 상승했다. 벨은 전후 경제 성장의 원동력이 시스템에 의해 선발된 테크노크라트 출현이라고 믿었다. 이 집단은 무력으로 뒷받침되는 권력이 아닌 권위를 소유했다. "권위는 기술, 학습, 재능, 예술성 또는 이와 유사한 속성에 기반한 역량이다. 권위를 통해 필연적으로 우월한 사람과 그렇지 않은 사람을 구분하게 된다. 능력주의는 권위를 획득한 사람들로 구성된다"(Bell, 1978, p.627). 벨은 계속해서 이렇게 주장했다.

> 내가 사용하는 맥락에서 능력주의는 개인의 성취와 동료들이 인정한 지위를 강조하는 것이다... 가장 좋은 의미에서 능력주의는 칭송받을 만한 사람들로 구성된다. 그들은 자신의 분야에서 최고이다... 최고의 인재를 주요 기관의 수장으로 두지 않는 사회는 사회학적으로 도덕적으로 부조리하다(p.628).

이러한 주장에는 능력이 무작위로 분배되고 엘리트 가치관이 "최고"와 같은 구분을 결정한다는 것과 학교 교육이 재능에 따라 그 등급을 분류하는 것이 아니라 "좁은 범위의 가치관"에 따라 정당화한다는 영의 깊은 우려는 빠져 있다. 이 용어가 긍정적 의미로 교육의 중요성이 재조명되면서 "교육에 기반한 능력주의"라는 이론이 탄생했다. 이러한 반전에도 불구하고 "이 이론은 학계, 정책 전문가, 정치인들 사이에서 폭넓은 수용과 영향력을 얻었으며", "대부분의 현대 사회에서는 이제 통념으로 간주할 수 있을 정도로"(Goldthorpe, 2003, p.234) 널리 퍼졌다.

그러던 중 1980년대부터 시작된 신자유주의적 국가 재구조화라는 다소 예상치 못한 일이 일어났다. 잘 알려진 바와 같이 대처 교육 개혁법(Thatcher's Education Reform Act, 1988)을 시작으로 신자유주의는 국가 개입을 통한 능력주의의 적극적 구축에서 개인의 책임과 집단적 경쟁으로 강조점을 급격하게 전환했다. 작은 국가를 선호하고 시장에 대한 간섭을 최소화하는 신자유주의적 구조조정은 기회균등을 보장하는 정책의 전제 조건인 국가를 적극적으로 해체하고, 이상적인 능력주의로 나아가기 위해 노력했다. 이러한 변화된 기조 속에서 기회균등과 능력주의를 실현하는 방법을 오랫동안 논의해 온 교육사회학자들은 거의 하룻밤 사이에 기회균등이 왜 중요한지 호소해야만 했다. 그들은 새로운 국가 정책 방향에 대한 비판자로 전락했다.

1990년대 후반에는 신자유주의가 전 세계적으로 확산하였을 뿐만 아니라 평등과 교육에 대한 정치적, 대중적, 학문적 담론이 재편되었다. 교육과 형평성에 대한 논의는 주로 불평등의 심화에 집중되었다. 교육학자들은 신자유주의의 영향으로 인한 그 결과적 측면을 이해하는 데 너무 몰두한 나머지 정치적, 정책적 측면에서 능력주의가 무엇을 요구할지에 대한 논의에 많은 시간을 할애하지 못했다.

이러한 시대적 변화로부터 30년이 지난 지금, 우리는 능력주의 이데올로기가 대중적 담론에서 지속적으로 유지되고 있다고 본다. 하지만 한때 평등과 교육의 관계를 이해하려는 엄격한 학문적 관심은 더욱이 정치적 비평으로 대체되었다고 주장하고자 한다. 그 결과 오늘날 많은 학술 연구에서 평등과 교육 관계에 대한 이해의 깊이가 부족하거나 얕아진 것이 분명하다. 우리는 이를 우려스러운 추세로 보고 있으며, 본 저서를 통해 이를 부분적으로 수정하고자 한다.

능력주의 신화의 대중적 매력이 지속되면서 최근 리처드 라이히(Richard Reich, 2015)의 연구가 주목받고 있다. 클린턴(Clinton) 행정부에서 노동부 장관을 역임한 라이히는 영향력 있는 그의 저서인 『국가의 일: 21세기 자본주의에 대비하기』(The Work of Nations: Preparing Ourselves for 21st Century Capitalism)(1991)에서 도발적인 주장을 펼쳤다. 즉 고임금 제조업은 필연적으로 해외로 이전하겠지만, 부유한 세계의 중산층은 고임금 전문직에 종사하여 "고숙련, 고임금"이 될 수 있다고 주장했다. 그의 낙관적인 비전은 재능과 수입 사이의 선형적 관계, 즉 능력주의 이상에 기초한 것으로, 교육 수준, 특히 고등 교육에 대한 접근성이 좋아지면 숙련도가 높아진다는 가정에 기반을 두고 있다.

이를 그의 최근 저서인 『자본주의 구하기: 소수가 아닌 대중을 위하여』(Saving Capitalism: For the Many, Not the Few)(2015)와 대비해 볼 수 있다. 이 저서에서는 라이히의 낙관주의가 분명히 사라졌다. 라이히는 저서 한 장 전체를 할애하여 "능력주의 신화"를 비판적으로 조명하면서, 이 신화가 현재 급격히 증가하는 사회적 불평등의 기원을 가리고 있는 핵심 이데올로기라고 강조한다.

> 하지만 이제는 일한 만큼 정당한 대가를 받는다는 개념이 대중의 의식 속에 깊숙이 자리 잡았기 때문에 수입이 거의 없는 대중은 그 결과가 본인의 과오라 생각한다. 그들은 지적 부족, 인성 결핍과 같은 개인적인 실패를 부끄럽게 여긴다. 유사한 맥락에서, 많은 부(富)를 축적한 사람들은 자신 스스로가 매우 똑똑하고 대담하며 우월하다고 믿고 있으며, 만약 자신들이 그렇지 못했다면 이러한 부를 축적하지 못했을 것으로 생각한다. 이러한 확신을 기반으로 그들의 막대한 재산뿐 아니라 사회적으로 높은 지위를 정당화하는 것처럼 보인다 (Reich, 2015, pp.89-90).

마이클 영의 예측과 경고가 있었던 1958년의 울림은 아직도 생생하다. 그러나 교육학자들, 특히 교육사회학자들이 능력주의 이데올로기, 평등, 교육의 상호 작용을 심도 있고 엄격하게 탐구한 저작을 발표하던 시대는 이미 지나간 듯하다. 현재 침묵의 결과 중 하나는 능력주의 이데올로기가 "글로벌" 차원으로 전이될 수 있다는 점, 즉 글로벌 능력주의의 출현을 큰 저항없이 낙관적으로 전망할 수 있다는 점이다.

여러 가지 지나친 단순화를 피할 수는 없지만, 능력주의 개념에 대한 간략한 역사적 스케치를 통해 이 책이 나가야 할 더 넓은 지대를 설정할 수 있다. 영의 글 이후 많은 변화가 있었으며, 그의 예측 중 일부는 현실과 다른 것으로 보인다(Allen, 2011). 그럼에도 불구하고 능력주의의 이상이 여전히 유효하지 않은 것은 아니다. 능력주의 이상이 정책과 연구 모두에서 계속 영향을 미치고 있다는 사실은 부정할 수 없다. 우리도 이에 동의하는 바이다:

> 벨이 개념화한 능력주의 정신은 경쟁적이면서 양극화를 유발하는 속성을 내포하고 있다. 벨의 능력주의 정신은 본질적으로 불평등한 보상과 함께 그에 걸맞은 사회적 지위 시스템 형성에 그 목적이 맞춰져 있다. 이 용어의 실제 의미가 근본적으로 왜곡되었음에도 이 용어의 용례가 본래의 의미와 견주어 전용된 것처럼 보인다. 이것이 바로 영이 경고했던 바로 그 위험, 즉 교육 시스템의 재생산 메커니즘과 불공정하고 불평등한 사회 구조의 경직성을 통해 엘리트가 자신들과 그 자손을 위해 통제권을 장악할 수 있는 사회를 만드는 것이다 (Themelis, 2008, p.437).

여기서 우리의 요점은 인재를 위한 글로벌 전쟁이라는 매혹적인 아이디어가 “다른 이름의 글로벌 능력주의”이며, 이는 “제2차 세계대전 이후 OECD 국가의 국가 교육 정책을 형성한 설립 기저와 목표를 약화할 위험이 있다. 그리고 이러한 능력주의 이상으로 인해 교육을 통한 평등, 포용, 공정성을 어떻게 생각하고 추구해야 하는지에 대한 심각한 우려가 제기된다”(Brown & Tannock, 2009, p.377)는 것이다.

이 저서의 차별성은 신자유주의 자체를 비판하거나 ‘미래’에 대해 예언하는 대신, 신자유주의에서 능력주의로 전환하기 이전에 존재했던 풍부한 사회학적 연구와 오늘날의 고민을 다시 연결하는 데 있다. 많은 사람이 능력주의, 교육, 평등이라는 서로 얽힌 개념이 최근 수십 년 동안 큰 변화를 겪었다고 지적했지만, 주요 쟁점에 대해 한때 활기차고 엄격하며 풍부한 학문적 대화가 주로 독창적인 분석보다는 비판에 머물렀다는 점을 강조하는 사람은 거의 없었다. 교육사회학의 잠재력을 되살리기 위해 우리는 과거를 더 깊이 파고들어 현재의 문제를 고찰하고자 한다. 영이 경고했고 라이히를 비롯한 많은 학자가 현재 점점 더 많은 반향을 일으키고 있는 것처럼, 능력주의의 정의 자체나 "평등" 또는 "기회의 평등"과 같은 핵심 구성 용어에서, 능력주의 이데올로기는 큰 승리를 거두었다. 이 책에서 살펴본 바와 같이, 이제 이러한 핵심 정의조차도 역사를 잊게 하는 신화로 작용하고 있다. 그 결과 가장 위급한 시기에 그 비판적 동력이 약화되고 있다.

능력주의 유토피아?
논의에서 일본 맥락의 중요성

1980년대까지 능력주의에 대한 논의에서 독특한 현상 중 하나는 일본의 사례였다. 일본 학생들은 학업 성취도 비교에서 미국과 영국의 또래 학생들을 지속해서 앞섰을 뿐만 아니라(지금도 마찬가지이다), 일본 학생들은 거의 전적으로 학교 성적에 따라 노동 시장에 할당되었다. 또한 일본 전체 시스템은 서구 세계의 어떤 주요 시스템보다 더 공평한 것으로 널리 인정받았다. 영국에 만연한 계급적, 문화적, 세대 간 고착화나 미국에서 발견되는 인종적, 지리적으로 발생한 격차는 존재하지 않았다. 일본은 학력을 바탕으로 사회적 권력, 명성, 부를 연결하고 이를 학력 취득에 대한 높은 수준의 공식적인 기회균등과 결합하는 데 있어 두각을 나타냈다(Kariya & Dore, 2006). 일본의 제도는 능력주의 제도의 실제 모습에 가장 근접한 것처럼 보였다.

흥미롭게도, 영이 가상의 미래라며 상상했던 것처럼 능력의 유일한 결정 요인이 IQ가 아니라, 일본에서는 열심히 일할수록 능력주의 사다리에서 더 높이 올라갈 수 있다는 노력을 강조하는 연구 결과가 반복적으로 제시되었다(예: Stevenson & Stigler, 1992; Rohlen, 1983; Kariya, 2013a). 이런 식으로 출생 환경보다 성취한 지위가 훨씬 더 중요해졌다. 어떤 가정에서 태어났든 "최고로 똑똑한" 아이라면 정규 학교교육을 통해 일본 사회에서 정상에 오를 수 있었다. 이러한 새로운 능력주의적 사회 조직 방식이 긍정적인 결과를 낳는 선순환 구조를 만들어 냈다는 생각은 1980년대 일본 경제 호황에서 더욱 확고히 되는 듯했다. 즉 노력을 장려하고, 성취를 강화하며, 교육에 대한 문화적 우위를 유지하고, 경제 성장에 기여하고, 전반적으로 더 정의로운 사회가 구현되었다고 믿었다. 따라서 일본은 1980년대에 전 세계 정치인과 학자, 그리고 정치 스펙트럼 전반에 걸쳐 일본 시스템을 칭찬하는 데 한 목소리를 냈다. 일본에 칭찬이 쏟아진 주요한 요인 중 하나는 '능력주의 선두주자'로 인정받았던 것이다(Kariya & Dore, 2006).

물론 비판적인 시각도 존재했다. 비판의 한 측면은 일본이 성공했다는 생각 자체를 의심하는 것이었다. 또 다른 측면은 일본에서 능력주의 이상이 부분적으로 실현된 것은 인정하지만 다른 국가들이 일본의 경험에서 무엇인가 배울 수 있을지에 대한 의문 제기였다. 전자를 따르면 교육을 통한 일본의 능력주의는 가혹한 대가를 치렀다. 사실 너무 가혹했기 때문에 성공적이라고 보기 어려웠다. 유명한 로널드 도어(Ronald Dore)의 비평(1976년)은 가장 먼저 나온 비평 중 하나였다. 이 비평에서는 단 한 번의 "일제고사"로 제한되는 명확한 능력주의 교육 구조와 이로 인한 경쟁 과열이 필연적으로 초래하는 엄청난 스트레스를 강조했다. 도어는 일본 시스템 전체에 대해 이렇게 썼다.

> (일본 교육 시스템이) 교육적 파생 효과를 창출하는 높은 수준의 정교성을 지니면서도 엄청난 지불 대가를 필요로 하는 지능 테스트 시스템이라고 생각하는 한편... 보수적인 일본 지도자들은 자신들의 교육 시스템을 개탄하는 사람들의 입장에 나름 찬성하는 입장을 보이지만, 그 이면에는 일본 교육 시스템을 나름대로 만족하고 있다는 의구심을 떨쳐 버릴 수 없다. 시험 지옥은 양과 염소를 가려내는 것으로서, 심리적 긴장을 견디지 못하는 학생들에게는 아무런 유용성이 없는 시스템이다(Dore, 1976, p.50).

이러한 의구심은 계층화의 지속성을 강조한 학력주의에 대한 후기 연구와 결합되어(Collins, 1979), 학력을 높이 평가하는 일본의 학력사회(学歴社会)가 실제로 긍정적인 능력주의를 대표했는지에 대한 의문을 제기할 수밖에 없게 되었다. 이에 대한 비판도 있었다. 이 제도는 지식을 단순 반복하고 암기하는 것을 조장함으로써 창의성을 죽이고, 학생들의 타고난 재능을 계발하는 데 시간을 할애하지 못하게 한다. 또한 현상 유지에 대한 순응을 강요하고, 과도한 스트레스를 유발하여 1980년대의 많은 "학교 문제"를 초래했다. 잘못된 기술 및 무의미한 정보를 평가하고, 경쟁과 순위 매기기 연습을 전제로 하며, 민간 부문에서 막대한 수익을 창출하는 정교하고 비싼 학원 산업을 육성하였다(Kariya, 2018a, 2018b, Rappleye & Komatsu, 2018).

다른 평론가들은 일본이 실제로 크게 성공했다는 점은 인정했지만, 일본 사회의 특수한 역사적 맥락을 고려할 때 외부인이 배우거나 모방할 수 있는 것이 거의 없다고 판단했다. 많은 외국 관찰자들은 일본이 서유럽이나 미국과 같은 수준의 인종적 또는 민족적 다양성을 지니고 있지 않다는 점에서 일본이 독특하다고 주장했다. 또한 역사적으로 뿌리 깊은 불평등을 먼저 소거한 다음 적극적 우대 조치와 같은 진보적 사회 정책을 통해 적극적으로 뒤집어야 하는 상황도 아니었다고 주장한다. 이런 배경적 맥락으로 인해 일본이 '넘버원(Number 1)'이 되는 것은 더 수월했다(Vogel, 1979).[1] 또 다른 관찰자들은 일본의 능력주의가 전권을 가진 문부성에 의해 발생하고 감독 되었으며, 이는 민주적 지방 통치에 전념하는 국가에 적합하지 않다고 가정했다.

이 마지막 가설은 일본의 사례에서 배우지 못하는 가장 주요한 이유인 문화라는 개념을 암시한다. 즉 일본에는 집단주의에 대한 문화적 선호가 있으며, 이는 교육 정책으로 번역될 때 기회균등에 대한 뿌리 깊은 문화적 약속과 같은 것으로 나타났다는 주장이다. 일본 교육 시설의 획일성은 강력한 문부성 의지에 의해 설명될 수 있지만, 능력에 따라 학생을 추적하거나 줄 세우는 것에 대한 집단적 혐오감, 교실에서 개인의 재능 발휘를 허용하지 않는 것, 전체 수업, 집단 화합을 촉진하는 활동에 대한 선호는 문화 외에 다른 무엇으로 설명할 수 있을까? 이는 개인보다 집단에 대한 뿌리 깊은 선호로만 설명할 수 있다고 주장했다. 이 관찰자들에 따르면 이는 "수입(輸入)"할 수 있는 것이 아니며 그렇게 하는 것 또한 바람직하지도 않았다. 다시 말해, 일본의 집단주의는 서구의 개인주의와 정반대 개념이다.

이는 일본이 능력주의 최전선에 선다는 공감대가 형성된 후 나타난 주요 단층선들이었다. 그 후 1990년대 초, 일본의 자산 거품 붕괴와 미국과 영국의 신자유주의 급부상의 복합적 효과는 일본을 더 깊이 이해하는 촉매제가 아니라 외부 세계에 일본 사례를 입막음하는 역할을 했다. 일본 경제가 이제는 세계를 장악할 기미가 보이지 않자, 일본은 정치적 및 대중적 담론에서 사라졌다. 일본 기업들이 휘청거릴 때, 일본의 성공은 더는 서구 정치인들이 자국 정치에 활용할 본보기로 이용할 수 없게 되었다(Rapplye, 2007). 일본에 대한 더 넓은 정치적 담론이 사라지자, 교육학자들 역시 관심이 줄어든 것 같았고, 한편으로는 연구 자금과 출판 기회가 감소했다. 그러나 이러한 "일본 패싱"에서 결국 가장 결정적인 것은 일본이 신자유주의를 진지하게 실험하지 않았다는 사실이다(적어도 앞으로 10년은 더). 이것은 1990년대 내내 일본이 세계적 흐름과 괴리되어 보인다는 것을 의미했다(Willis & Rapplye, 2011, pp.20－25).

오늘날 일본 사례를 정의한다는 것은 무엇인가 본보기로서 정의 내릴 수 없다는 것을 의미한다. 즉 능력주의, 형평성 및 교육에 대한 새로운 글로벌 논의에 대해서 일본은 더이상 참여하지 못한다. 한때 능력주의 전선의 최전선에서 위치하였고, 따라서 평등 및 교육에 대한 세계적 논의에서 중요한 지점을 차지했음에도 불구하고, 일본은 약 30년 후 전문가의 영역 내에서 거의 완전히 잊혔다. "일본"에 대한 주된 기억은 보통 1980년대에 처음 등장한 고정 관념과 진부한 이미지를 끌어낸다. 두드러진 것은 과거의 문화적 고정 관념이 오늘날 일본의 외부 이미지와 매우 일치할 수 있다는 것이다. 강한 학문적 성취와 건실한 기술 능력, 그러나 혁신과 창조성의 결여, 봉건적 충성을 통한 전권적인 정부 통치, 그리고 집단 내의 순응과 평등에 대한 깊이 뿌리 박힌 보수적 문화 선호(Park, 2013; Finkelstein et al., 1991)가 그 대표적인 예이다. 능력주의 유토피아에 대한 고정 관념 역시 계속해서 살아있는 또 다른 강력한 이미지이다.

책의 목적

> 국제 비교에 따르면 일본의 학교 시스템은 학습 결과의 질, 학습 기회 분배의 형평성, 그리고 교육 재정에 대한 가치와 관련하여 세계에서 가장 높은 성과를 보이는 시스템 중 하나이다... 그러나 PISA에서 나타난 고등학교 간 성과 편차의 현저한 증가는 이러한 높은 수준의 형평성이 도전을 받기 시작했다는 것을 시사한다...
>
> 오랜 역사는 일본 문화에 지대한 영향을 미쳤다. 사람들은 집단 생존 메커니즘으로서 매우 강한 협력 관계를 발전시켰다. 사회는 일찍이 자연 자원의 부족으로 인해, 성공을 위한 최선의 방법은 인적 자본을 개발하는 것이라는 점을 인식했다. 그 결과는 한편으로는 교육과 기술에, 다른 한편으로는 집단과 사회적 관계에 큰 가치를 두는 문화이다. 만약 개인이 집단을 위해 끊임없이 노력한다면, 집단이 보답할 것이라는 공통된 믿음이 있었다. 그러나 그 집단을 앞세운다면, 사회에 기대할 수 있는 것은 거의 없을 것이다...
>
> – OECD, Strong Performers and Successful Reformers: Lessons from PISA for Japan, 2012.

이 저서의 가장 주요한 목적은 능력주의, 교육, 형평성이라는 주제에 대해 한때 엄격하고 학술적이었던 토론을 다시 시작하려는 것이다. 앞서 영과 라이히가 한탄했듯이, 이 프로젝트는 능력주의 이념이 이제는 '세계화' 과정에 있고, 현대 세계에서 벌어지고 있는 거대한 양극화를 가릴 정도로 능력주의가 확고하게 자리 잡고 있기에 시급한 과제이다. 이를 달성하려는 방편으로, 우리는 일본의 사례를 되살리려고 노력한다. 한때는 서구의 능력주의 가정에 대한 강력한 반박과 수정이 있었지만, 우리가 이미 언급했듯이, 일본에 관한 연구는 최근 몇 년 동안 급속히 감소하고 있다. 오늘날은 가상적으로 구축된 글로벌 연구 기반이 주를 이룬다는 말이 많지만, 그럼에도 불구하고 일본에 관한 연구 기반이 크게 위축되었다. 또한 국제적인 능력주의의 부상과 맞물려 "전지구적 논쟁"이 잘 형성된 서구의 논쟁이 세계화되고 있다.

그러나 우리의 목적은 일본의 우월성을 옹호하는 것도 아니고, 어떻게든 정책과 관행을 차용할 수 있다고 주장하는 것도 아니다. 이러한 일본의 통상적인 이미지는 새로운 길을 개척하는 것을 방해하는 요소가 되어 버렸다. 그 대신, 우리는 1980년대부터 남아 있는 강력한 이미지인 일본이 모범적인 능력주의 국가였다는 바로 그 생각을 보다 엄격하고 비판적으로 재고찰하고자 한다. 또한 우리는 일본이 여전히 능력주의의 변방에 머물러 있고, 영미권 국가들은 그저 신자유주의에 굴복했다는 고정 관념에 도전하고자 한다.

이 연구의 핵심에는 일본에 대한 가장 강력하고 고착화된 두 가지 신화에 도전하려는 시도가 자리 잡고 있다. 그 한 가지는 일본이 "평등한" 사회를 재현한다는 것과 다른 한 가지는 이러한 평등은 구체적이고 독특한 문화적 구조에서 발생한다는 것이다. 여기 인용된 OECD 연구에도 다시 삽입된 집단주의에 대한 오랜 문화적 진부함과는 대조적으로, 우리의 첫걸음은 일본에 만연한 평등에 대한 정의가 그 처음부터 서로 다른 특징을 형성하고 있다는 것을 보여주는 것이다. 우리는 이 개념을 "공간 평등(spatial equality)"이라고 부르는데, 이는 미국과 같은 서구 환경에 만연한 "개별 평등(individual equality)"과는 대조적이다. 이 두 용어는 이 연구의 중심 개념이다. 후술하겠지만, 이 평등에 대한 일본의 정의, 즉 공간 평등은 개인의 차이와 집단 내 불평등을 수동적으로 숨길 뿐만 아니라 적극적으로 은폐하는 방식으로 기능해 왔다.

그러나 우리는 여기서 그치지 않고, 결정적인 개념적 차이를 지적함으로써 독자들이 문화적 차이로 이어지는 단순한 사고를 형성할 것을 우려하여, 이 책에서 더 중요하게 접근하고자 하는 것은 그 개념적 차이의 기원을 모색하면서, 더 깊이 파고드는 것이다. 우리는 일본에 만연한 공간적 평등의 개념화가 문화에서 비롯된 것이 아니라, 매우 구체적이고 비교적 최근의 역사적 환경과 교육적 재정 배분 제도에서 비롯되어, 그로부터 등장한 의무교육에서 비롯되었다고 주장한다. 간단히 말하면, 집단문화적 관점(collective–cultural lens)에서 일본을 이해하는 것이 아니라, 이 저서에서는 일본을 역사–재정적 관점(historical–finance perspective)을 통해 더 잘 이해할 수 있다는 사례를 보여줄 것이다. 이러한 새로운 관점에서 일본은 더이상 교육을 통한 기회균등의 유토피아로 형상화되지 않으며, 고착화된 문화가 이 모든 현상을 이끈 주동자로 보이지도 않는다.

이처럼 우리의 주된 초점은 교육 재정 할당 계획 구조로부터 의무교육으로의 변화를 추적하는 것이다. 보다 구체적으로, 우리는 할당 계획의 형성으로 이어지는 더 깊은 일련의 규칙 또는 원칙에 초점을 맞추고 있다. 우리는 이 책에서 공간적 평등에 이어 두 번째로 중요한 개념을 "교육 자원 배분의 논리"라고 부른다. 이는 공공 지출(세금 지출)을 우리가 일반적으로 개념화하는 것처럼 실제 교육 운영의 무수한 범위와 교육을 형성하기 위해 연합하는 형태(시설, 장비, 교원, 교재 등)로 바꾸는 구체적인 메커니즘 또는 공식을 의미한다.

이 메커니즘이 의무교육의 다른 모든 측면을 구축하고 실행하는 기반임에도 불구하고, 현실은 교육사회학자들이 그것에 대해 거의 고려하고 있지 않다는 것이다. 이것은 일본 내의 학문적 분위기일 뿐 아니라, 외국에서도 마찬가지이다. 의무교육의 거의 모든 "규칙"을 형성하는 것이 바로 이 교육 자원 배분의 논리를 뒷받침하는 것이다. 우리는 이 책에서 제안하는 질문 중에서 답을 찾고자 한다. 이 교육 자원 배분의 논리는 어떤 구체적인 규칙을 만들어내는가? 이 논리로 전환된 규칙 체계를 뒷받침하는 더 높은 이상 체계나 첫 번째 원칙은 무엇인가? 특정한 체계가 교육 조건에 어떤 형태로 영향을 미치는가? 이 체계는 자원 배분 자체에 대한 우리의 사고방식을 어떠한 형태로 형성할 수 있었는가?

우리가 다음 장의 서두에서 개관하겠지만, 지난 30년간 일본에서 있었던 교육 논쟁은 이러한 역사적 차원 논의가 결여되었을 뿐만 아니라 교육 자원 배분의 논리도 거의 배제된 형국이었다. 이런 의미에서 우리가 시도한 이 프로젝트는 두 가지 측면으로 접근한다. 그것은 일본 밖 학자들을 위해 일본의 사례를 되살리려는 것이자, 전후 일본 교육사 전반에 대한 국내외의 이해에 근본적으로 도전하는 방식이다.

그렇다면 우리의 주된 목표는 교육 자원 배분 논리의 형성, 변화, 개혁을 반복해 온 역사를 고찰하는 것이며, 그것이 어떻게 공간 평등의 개념을 만들어 냈는지(즉 평등에 대한 일본의 독특한 문화적 약속을 만들어 냈는지)와 다양한 결과를 초래했는지를 밝히는 것이다. 실제로 이 책에서 우리가 주장하는 가장 놀라운, 도전적인 주장 중 하나는 일본의 교육 평등화가 신중하게 계획된 정책 개입이라기보다는 의도하지 않은 정책적 파생물이었다는 것이다. 대규모의, 인정받지 못한, 그리고 침묵의 혁명은 학생 1인당 교육비를 교원 정원으로 대체한 교육 재정 접근법의 예상치 못한 결과였다. 1970년대 중반에 정점을 찍고 1980년대까지 잘 정착된 일본 교육의 급진적인 평등화가 능력주의 전선의 최일선 사례로서 국제적인 찬사와 정확히 일치한다는 것은 이 책에서 맞닥뜨리는 도전과제와 같은 것이다.

그렇다면 의도하지 않은 정책적 파생이었다는 우리의 주장은 오늘날에도 "평등의 신화" 속에 살고 있는 일본 사회 내의 이미지에 도전할 뿐만 아니라, 1970년대와 1980년대 일본에 대한 관심을 불러일으킨 국제적 이미지에도 도전하는 것이다. 우리는 의도된 정책적 주장과 상투적인 문화적 태도를 논의의 대상에서 제외하고, 독자가 역사적 우연성과 근본적인 교육 재정 논리라는 가장 깊은 기초에 있는 능력주의의 개념을 다시 고찰하도록 촉구하는 방법으로 접근할 것이다. 결론적으로 우리는 더욱 깊이 들어가 독자들이 일본뿐만 아니라 전 세계에 걸쳐 근대성의 이상적 개념으로 받아들이고 있는 능력주의가 양가적인 규범적 토대인 평등성과 개별성에 그 뿌리를 두고 있음을 확인하도록 이끌 것이다. 우리는 독자들이 이러한 주제를 다시 검토하도록 함으로써 글로벌 능력주의에 경종을 울리는 학술적 대응을 만들 수 있다고 생각한다.

세부 목표

저자들이 제시한 더 넓은 목표를 추구함으로써, 이 연구는 일본의 교육에 제시된 몇 가지 공개된 "풀리지 않는 과제"와 교육사회학의 방법론적 접근에 관한 주요 문제에 대해 새로운 관점을 열어준다. 여기서 우리는 가장 두드러진 세 가지만 간략히 강조하고 주요 결론을 미리 제시하고자 한다. 이 세부 주제들은 글 전반에 걸쳐 전개되며, 주요 역사적 서술과 병치하여 제시된다.

첫째, 국내적으로 일본 교육에 관한 토론이 왜 축소되었고 특히 지극히 단순화된 이분법적 토론의 전개에 매몰되는지에 대한 이해이다. 예를 들어, 주입식 교육 대 여유 교육, 중앙 집권식 대 지방 자치적 운영, 정부 대 시민 구도로 보이는가에 대한 의문이 오랫동안 제기되어 왔다. 비록 전 세계와 인근 동아시아 국가들에서 유사한 단층선이 확인될 수 있지만, 일본의 교육 토론은 거의 틀림없이 급진적인 흑백 논리로 더 자주 대표되는 국가이다. 또한 새로운 정권 교체와 교육적 논쟁에 따라 겉보기에는 동일한 개혁 문제가 또다시 발생하는 구조를 띤다. 특히 일본어 교육에 대한 정치적이고 대중적인 담론을 따르는 경우 이러한 경향이 두드러진다(Kariya, 2019). 일본은 교육 논쟁에 관해서는 미국과 구별된다. 예를 들어 미국의 경우, 미래에 필요한 교육적인 요소에 관한 토론, 시험 점수를 어떻게 올릴 것인지에 관한 논쟁, 또는 과거 교육적 개입으로 인한 성공에 관한 논쟁에 더 중점을 두는 경향이 있다. 반면, 일본의 논쟁은 간단히 언급하면 이분법적 사고로 국한된 특징이 있다.

이 저서를 통해 드러난 새로운 관점은 이러한 이분법적인 대립이 대체로 평등에 대한 지배적인 신화에서 비롯된 것임을 보여준다. 즉 양측은 전후 일본 교육의 더 깊은 역사적-재정적 토대에 대한 이해를 놓쳤기 때문에 불행하게도 지금은 거의 새로운 사상이 형성되지 않는 피상적인 지형에 갇힌 형국이 되었다(Kariya, 2003). 이러한 연유로 인해, 예측 가능한 갈등과 고도로 제한적인 논쟁이 초래되었다고 우리는 주장한다. 그것은 또한 일본 교육 정책이 익숙한 진자 운동으로 이어져 제도의 핵심을 실질적으로 바꾸지 못하게 한다. 우리는 바로 이러한 논쟁의 구조가 전후 평등 정착-공간적 평등의 가장 깊은 토대와 불가분하게 얽혀 있는 깊은 양면성의 결과이며, 우리가 밝혀내고 분석하는 역사적-재정적 복합성으로 거슬러 올라갈 수 있음을 보여준다.

둘째, 우리의 분석은 현대 일본에서 영원히 논쟁적인 주제인 교육의 개별화 역할과 공간에 대한 새로운 관점을 열어준다. 전후 일본에서의 형평성 논쟁은 특히 교육 분야에서 개별화와 개인주의의 관계에 대한 논쟁과 불가분의 관계에 있었다(Cave, 2001, 2016). 일본의 영향력 있는 정치 지도자 그룹이 작성한 정부의 핵심 백서인 「21세기 일본의 목표」(Japan's Goals in the 21st Century)에 관한 총리 위원회를 예로 들면 다음과 같다.

> 불행하게도 일본 사회는 여전히 개인의 수월성에 눈살을 찌푸리는 경향이 있다. 이는 뿌리 깊은 평등주의와 밀접하게 결부되어 있다. 일본인들은 동등한 결과에 몰두하고 있다. 수직적으로는 분절되었지만, 수평적으로는 평등주의 사

회에서 눈에 띄는 못은 망치로 두들겨 맞고 있다. 동등한 결과에 대한 끊임없는 요구는 기회의 불평등을 초래했다(The Prime Minister's Commission on "Japan's Goals in the 21st Century", 2000, p.8).

자신이 속한 조직에서의 조화를 무엇보다 중요시하는 이러한 경향은 부(富)의 격차를 최소화하고 다른 선진국에 비해 안전도가 높은 국가를 만들 수 있었던 장점이 있지만, 이 제도는 개인의 능력과 창의력을 최대한 발휘할 수 있는 기반으로서 기능하지 못하고 발목을 잡는 실정이다(The Prime Minister's Commission on "Japan's Goals in the 21st Century", 2000, p.7).

여기에 제시된 지배적인 이미지는 전후 일본이 비교적 평등한 사회를 만들어내 어느 정도 긍정적인 결과를 얻었지만, 그러한 평등주의는 이제 극단적인 것으로 변모되어 개인의 독립성과 개인성의 완전한 실현을 가로막는 역할을 하고 있다는 것이다. 이른바 "강건한 개인(robust individuality)"의 결여는 전 세계적으로 일본의 경제 부흥에 큰 장애가 되는 것으로 해석되고 있다. 보고서는 계속해서 다음과 같이 제시하고 있다.

세계화와 정보화 혁명, 다양성이 두드러지는 21세기에서 일본인은 개인으로서 강력한 개성을 지니는 것이 근본적으로 필요하다. 무엇보다 이 시대에 필요한 개인은 자유로우면서 책임감을 느끼며 행동하고, 자신을 의지하면서 행동하는 사람이다. 강인하면서도 유연한 개인은 자신이 스스로 책임을 지면서 동시에 개인적인 목표를 달성하기 위한 선구자적 정신을 갖추는 것을 의미한다(The Prime Minister's Commission on "Japan's Goals in the 21st Century", 2000, p.7).

일본에서 개인의 경쟁력과 창의력을 창출하고자 하는 신자유주의적 개혁이 진전되어 온 것은 바로 이러한 관점을 통해서이며, 국가가 "잃어버린 10년"이라는 덫에 휩싸일 때마다 이러한 주장은 더욱 강력하게 제기된다.

언뜻 보기에 이러한 비판은 일본인이 보수적인 니혼진론(nihonjinron) 이론가들이 되기 위해서는 완전히 개인이 될 필요가 있다고 주장한 마루야마 마사오(Maruyama Masao, 1974)와 같은 저명한 좌파 정치 이론가들로부터 발견된 공통된 비판을 재탕하는 것처럼 보인다. 즉 개인주의가 만연한 서구 사회를 억누를 수 있는 것이 일본 고유의 미덕이며 일본의 사회경제적 강점의 주요 원천이라고 주장한 양측은, 개인주의가 일본의 문화적인 사회정치적 맥락에 이식되는 데 어려움을 겪고 있다는 것에 동의한다(Kariya, 2019).

그러나 이 책에서 이 오랜 논쟁에 대해 열어주는 새로운 관점은 1970년대와 1980년대의 마루야마와 니혼진론 이론가들이 논의했던 "절대적인 것에 가까운 뿌리 깊은 평등주의"는 대부분 전후 교육 제도를 형성하는 구체적이고 역사적인 제약의 결과였다는 것이다. 다음 장들에서 요약되는 우리의 도발적인 발견은 전후 주요 일본 정책입안자들 사이의 개인적 차이에 뿌리를 둔 개인적 평등 모델에 대한 명확한 욕구에도 불구하고, 그 특정한 역사적 시점에서의 교육 재정적 제약이 학생 개인을 교육의 기본 단위로 설정하는 것을 불가능하게 만들었다는 것이다. 대신 교원이 기본 단위로 채택되었고, 이는 공간적 용어로 이해되는 평등의 정의라는 결과를 낳았다는 점이다. 당시 개인주의에 대한 오랜 논쟁에 대응하여, 이 책은 구체적인 역사적 구성이 나중에 "문화"로 어떻게 전이되었는지를 보여준다. 역사를 고찰하기 위해 과거로 돌아가 탐구하는 것과 지식사회학으로부터의 통찰을 결합하면 현대 일본 사회에서 개인의 위치에 대한 복잡한 질문을 새로운 방식으로 제기할 수 있게 해준다.

그리고 이전의 요점과 밀접하게 관련된 이 책은 지식사회학적 관점에 기대어 오랫동안 제기된 사회학적 딜레마에 새로운 길을 열기 위해 도전한다. 이것은 이론적이고 방법론적인 혁신이며, 이어지는 장들에서 전개되는 경험적인 분석을 뒷받침한다. 그것의 기원은 칼 만하임(Karl Mannheim)의 『이데올로기와 유토피아』(Ideology and Utopia, 1936)로 거슬러 올라간다. 지식사회학은 자연계와 사회계의 객관적인 표현들이 어떻게 사회적으로 조건 지어지고, 그 후 사회적으로 "진짜"가 되는지 보여주기를 추구하는 사회학적 탐구의 하위 분야이다. 버거와 럭만(Berger and Luckmann)의 『현실의 사회적 구성』(The Social Construction of Reality, 1966)에서는 현실이 인식되고, 이해되고, 행동하는 방식에 영향을 미치는 추정, 개념, 그리고 설명 체계를 낳은 특정한 역사적-사회적 상황을 보여준다. 만하임의 기본적인 요점 중 하나는 지식사회학이 대중적 생활과 정치적인 의사 결정에 기능을 갖는 사고의 측면들을 발견하고 도전하는 데 도움을 줄 수 있다는 것이다. 『이데올로기와 유토피아』의 서문에서 그는 다음과 같이 언급한다.

> 이 연구의 목적은 사고의 탄생이 논리에 관한 교과서에서 어떻게 형성되는가를 고찰하는 것이 아니라, 사고가 집단행동의 도구로서 공공 생활과 정치에서 어떻게 실제로 기능하는지를 조사하는 것이다. 지식사회학의 기본적인 테제는 사회적 기원이 불분명할 경우, 적절하게 이해될 수 없는 사고방식이 존재한다는 것이다... [개인]은 이 상황에 적합하게 전이될 수 있는 사고방식에 있는 자신을 발견하고, 상황적 변화로부터 발생한 새로운 도전을 더 적절하게 다루기 위해 전수된 반응 방식을 더 많이 정교화하거나 다른 사람들의 것으로부터 대체하려고 시도한다(Mannheim, 1936, pp.1-3).

후기 작품에서 만하임은 이데올로기 개념에 큰 관심을 집중하면서 이데올로기가 결코 특정한 역사적, 사회적 형상과 분리되어 발생하지 않는다는 것을 강조했다. 브라이언 롱허스트(Brian Longhurst, 1989)는 만하임과 롤랑 바르트(Roland Barthes)의 작품 사이에 뚜렷한 공통점이 있음을 지적한다. 바르트(1957/1967)는 이데올로기보다 신화라는 용어를 선호했음에도 불구하고 신화가 "역사를 자연으로 바꾼다"(transforms history into nature, p.169)고 유용하게 지적했다. 신화는 이데올로기와 마찬가지로 우리가 역사를 망각하도록 부추기면서 과거를 명백한 것으로 변모시킨다. 따라서 과거는 질문의 범위를 넘어서는 자연스러운 것으로 변모한다. 신화와 이데올로기는 그 자체의 의미를 자명하게 만듦으로써, 이에 대한 비판적 의견을 비켜나가게 한다. 즉 신화와 이데올로기는 변화가 없는 것에 대한 모든 함의를 지닌다. 신화의 유용성은 바로 여기에 있다. 우리는 만하임과 바르트 모두 신화와 이데올로기가 반드시 상류층의 의식적인 사상이 아니라는 주장에 주목한다. 그 문제에 관해서는 안토니오 그람시(Antonio Gramsci)와 마이클 영과의 차별성이 드러난다.

논쟁의 여지는 있지만, 그러한 관점들은 포스트모던 사상의 부상과 사회학 내의 후기 실증주의적 움직임들과 함께 더는 참신하게 다가오지 않는다. 그러나 이 책에서 우리는 지식사회학을 계속 주장할 것이다. 그 이유는 점점 더 많은 신진 학자 사이에서 유행하는 포스트모더니즘이 궁극적으로는 우리를 잘못된 길로 인도할 수 있다는 우려 때문이다. 포스트모던 역사학과 대조적으로, 지식사회학은 어떤 의미에서 공공 생활, 정치, 그리고 집단행동의 중심인 제도에 초점을 맞추면서 어떤 의미에서 "정도를 걷게" 한다고 할 수 있다.

미셸 푸코(Michel Foucault)를 거쳐 프리드리히 니체(Friedrich Nietzsche)까지 거슬러 올라가는 포스트모더니즘은 주로, 형이상학적인 기존의 철학적 사고 문법을 전복하고 인식론적 관점주의(perspectivism)로 대체하는 것과 관련 있다. 푸코는 특정한 담론적 진리가 공공 영역의 가장 비정치적으로 보이는 영역까지 침투한다는 것을 보여주기 위해 감옥, 성(性), 정신 병원과 같은 일반적인 사회학적 사고의 "예외"가 되는 대상을 많이 다룬다. 이러한 연구를 무시하거나 폄하하려는 것은 아니지만, 우리는 그러한 연구가 자주 모호한 대상에 대한 담론적 분석으로 변질되고, 때로는 포스트모던 학자 특유의 전문 어휘로 인해 더 넓은 통찰력이 흐려진다고 느낀다. 우리가 걱정하는 것은 포스트모던의 전환이 어디로 가는지가 아니라 무엇을 남기는가 하는 점이다. 포스트모던적 전환은 이 책의 핵심인 능력주의, 평등, 교육과 같은 '주류' 사회 제도와 이슈에 대한 기존 이데올로기를 그대로 남겨둔다. 게다가 포스트모더니즘 역사학은 기껏해야 니체의 독창적인 장기적 문화 비평을 계속 확장하려는 시도이다. 그러나 그렇게 함으로써 역설적이게도 정태적인 것이 되고, 중-단기적인 범위에서 상대적으로 급격한 사회 변화를 설명하는 데 어려움을 겪는다.

좀 더 구체적으로, 이 책에서 우리는 전후 일본에서 발생한 평등을 정의하기 위해 그 구체적인 발생적 토대를 이해하고자 한다. 일본에서의 평등 개념은 앞으로 본서에서 주장할 것처럼 일본 사회와 일본의 교육 시스템이 직면한 새로운 도전을 인식하는 데 방해하는 요소로서 작동한다. 물질적인 요소, 공공 생활, 그리고 현재의 정치에 더 관심을 갖는 지식사회학에 기반한 분석적 접근법은 공간적 평등이라는 개념이 어떻게 생겨났고, 50년 후 비판적 의견과 변화의 가능성이 억제("굴절")하게 되었는지를 보여주는 그럴듯한 가설을 세울 수 있게 한다. 포스트모더니즘 관점 중 이와 유사한 가설을 제시할 수 있는 것은 드물다. 우리는 다시 한번 포스트모던 연구가 객관성의 환상에 관한 주장들을 하거나, 자아의 기술들을 해명하거나 '권력-지식-주체성'이라는 주된 3요소라는 식상한 비유를 통해 일본의 사례를 이해해야 한다고 주장하는 것을 상상할 수 있다. 그러나 예를 들어, 우리가 발견한 증거에 따르면 공간적 평등이 의도하지 않은 정책 선택의 결과로서 발생했다고 한다면 어떻게 될까? 포스트모던의 관점은 어떻게 담론적 연속성과 물질적 불연속성(즉 1990년대 일본에서 전개되기 시작한 불평등의 실질적 전환)을 모두 추적할 수 있을까? 담론적이고 상징적인 초점은 기껏해야 절반만 말해주지 않을까? 더 도전적인 질문은, 절반의 이야기만 가지고 어떻게 포스트모더니즘을 통해 대중과 정치의 삶을 (재)형성하는 데에 대한 피드백을 제공할 수 있는 통찰을 얻을 수 있을까?

하지만 눈치 빠른 독자라면 이미 알겠지만, 우리는 부분적으로 포스트모더니즘 사상에서 영감을 받았고(예를 들어, 푸코주의 철학 용어를 사용하는 것), 최근 몇 년간 훌륭한 포스트모더니즘 연구 중 일부를 기각하려고 하지 않는다. 그러나 지식사회학에 대한 선호는 우리가 확립한 더 넓은 목표, 즉 여러 의미에서 더 엄격하고 실제 정책에 영향을 미치려는 의도가 있었던 교육사회학의 초기 논쟁으로 돌아가고자 하는 의도적인 선택이다. 우리는 신자유주의가 지난 수십 년 동안 거의 견제받지 않고 진보할 수 있었던 이유 중 하나가 많은 학자들, 특히 젊은 학자들이 경험적 고된 노력과 맥락적 특수성을 거부하고 보다 쉬운 상징적 분석과 이론적 일반화를 추구하도록 설득되었기 때문은 아닌지 종종 의문을 갖는다. 우리는 이 책에서 지식사회학에 기반한 관점으로 돌아가면 무엇을 얻을 수 있는지 보여주기를 희망한다. 이러한 시도가 포스트모던적 대안보다 더 설득력 있는지는 독자들 각자가 스스로 판단할 문제이다.

각 장의 개요

이 책은 6개의 장으로 구성되어 있다. 이를 종합하여 자원 배분 논리의 특정 결과물로서 공간적 평등의 출현을 추적하려고 시도한다. 주요 전개 구조는 전후 공간 평등 개념의 태동부터 일본 전역으로 확산된 '미지의 혁명'을 통해 이념이 어떻게 만연한 이데올로기로 변모하여 현대 일본에 매우 실질적인 결과를 가져오는지를 추적하는 방식으로 구성된다. 다소 비극적인 결론을 내리자면, 1950년대에 특정 문제에 대한 열정적인 대응으로 시작된 것이 추후 이데올로기로 계승되어 교육-평등 관계의 역전을 모호하게 만들었을 뿐만 아니라 문제의 근원이 더는 보이지 않을 정도로 교육 문화를 변화시켰다는 것이다.

제2장에서는 전후 일본의 첫 10년간(대략 1945~1958년)의 정치, 사회, 교육적 맥락을 강조하면서 이야기를 시작한다. 전후 일본의 가장 중요한 정책 결정인 교육 제공의 평등화를 이끌어낸 거시적 차원의 경제적, 사회적, 정치적 맥락에 대해 자세히 설명한다.

제3장에서는 전후 교육적 자원이 본래 어떻게 배분되었는지를 추적함으로써 형평성과 교육에 관한 새로운 정책 합의에 대한 논쟁의 대조적인 배경을 제공한다. 이 장에서는 태평양을 건너 북미 학자들이 교육 자원 배분을 어떻게 개념화했는지, 즉 미국에서 어떤 자원 배분 논리가 지배적이었는지, 그리고 그것이 가져온 평등화 투쟁을 간략하게 살펴본다. 이는 훗날 일본에서 발생한 공간적 평등 정착이 미국에서 1964년 민권법 제정 이후 등장한 개인적 차원의 평등 정착과 어떻게 다른지를 밝혀줄 비교점을 설정하는 데 핵심적 역할을 할 수 있는 중요한 작업이다.

제4장에서는 1950년대 후반 일본에서 전후 교육정책의 청사진으로 이어진 주요 결정에 대한 논쟁과 세부 사항을 면밀히 관찰한다. 이 책은 정책 선택에 영향을 미친 정치적 세력, 상황적 과제, 근본적인 아이

디어를 포착할 수 있을 정도로 분석적 시선을 넓게 던진다. 당시 문부성이 직면했던 도전의 심각성을 구체적이면서 정량적으로 보여줌으로써 이후 정치적 수사의 왜곡으로 인해 오랫동안 가려져 있던 그림을 채운다.

제5장에서는 이 청사진이 어떻게 작동하게 되었는지, 처음에는 지역 간 불평등을 해소하고 교육 제공의 거의 모든 측면을 점진적으로 동질화하는 단계로 나아가는 과정을 보여준다. 이 장의 핵심 주장은 공간적 평등이라는 "미지의 혁명"은 정치적 힘(예를 들어 문부성 지침)의 발휘가 아니라, 1950년대에 만들어진 교원 할당 공식의 의도하지 않은 결과를 통해 이루어졌다는 것이다. 이 장에서는 이 미지의 혁명이 어떻게 전개되었는지 그 다양성을 적절히 표현하기 위해 대표적으로 기후현과 후쿠시마현의 사례 연구를 소개한다.

제6장에서는 이 미지의 혁명이 초래한 결과, 이른바 표준화의 양면성을 다루고 있다. 1961년 전국학업 성취도평가(일본 최초로 실시된 전국 단위의 학업 성취도 평가)를 둘러싸고 벌어진 격렬한 논쟁을 되짚어보고, 공간적 평등이라는 이상이 학생들 간의 "실제" 성취도 차이와 어떻게 상호 작용했는지를 보여준다. 이는 표준화의 양면성이 전후의 능력주의 정책을 통해 수월성과 평등이 모두 달성되었다는, 1980년대를 지배했던 국내외 관찰자들 사이의 오랜 착각에 어떻게 기여했는지를 보여준다.

제7장에서는 일본 교육의 현상 유지를 해체하기 위한 1990년대의 개혁에 대해 논의한다. 지난 30년간 가장 두드러진 세 가지 정책 개혁 경향인 개별화된 학습, 국제화, 재정 및 행정 분권화를 목표로 한 교육과정 및 교육 개혁이 어떻게 지속되었는지를 보여준다. 세 가지 정책 개혁은 전후 체제가 일본을 새로운 글로벌 세계에서 정체되게 만든 병리 현상인 획일화와 표준화를 낳았다는 믿음에 그 기반을 두고 있다.

그러나 이러한 정책 해석의 문제점은 후속 개혁이 "표준화 세계"의 표면적인 현상만을 다루었을 뿐, 더 심층적인 메커니즘을 인식하지 못함으로써 개혁 실패와 의도하지 않은 결과를 초래하는 충돌을 조장했다는 점이다.

제8장에서는 디스토피아/유토피아로서의 능력주의, 글로벌 담론에서 일본의 위치, 신자유주의 이후 교육과 평등의 관계 등 첫 장에서 제기한 세 가지 화두로 다시 시선을 돌려 이 책을 마무리한다. 여기서 가장 눈에 띄는 주장은 일본의 능력주의가 디스토피아도 유토피아도 아니라는 것이다. 그 대신 근대성 자체에 내재된 양면성이 부각되는 맥락을 나타낸다. 이 책이 지적하는 위험은 능력주의를 수용하거나 거부하는 것이 아니라 개인의 자유와 평등을 동시에 달성할 수 있다는 믿음에 내재된 위험이다. 근대성에 내재된 긴장을 해소할 수 있다는 유토피아적 희망에 집착하는 것은 근본적인 양면성을 인정하지 않고 신자유주의가 글로벌 능력주의의 형태로 "초대"되는 상황으로 이어진다고 주장한다. 이 책 전체에서 우리의 가장 중요한 목표는 사실 일본의 경험이 이러한 더 큰 글로벌 문제에 대해 무엇을 보여줄 수 있는지, 그리고 앞서 언급했듯이 이미 늦은 이 시점에 능력주의, 평등, 교육에 대한 보다 엄격한 논의를 다시 시작하는 것이다.

• Note •

1. 주목해야 할 점은 저자들이 'Number 1' 주장을 하는 것이 아니라, 다른 학자들이 주장하는 주요 흐름을 검토하는 것에서 도출된 것이다. 사실 1980년대 일본의 'Number 1' 논쟁의 상당 부분은 부라쿠민(Burakumin, 部落民)과 재일조선인(자이니치)의 절박한 문제를 간과한 측면이 있다.

제2장

이야기의 시작:
왜 1958년부터인가?

제2장

이야기의 시작: 왜 1958년부터인가?

1958년은 전후 일본 역사가 새로운 국면을 맞이한 해였다. 바로 1958년에 도쿄 타워가 완공된 것이다. 일본의 심장부인 수도 위에 우뚝 솟은 독특한 주황색 강철 격자 타워는 마치 전쟁의 잿더미에서 다시 일어서는 일본에게 "더 높이! 더 크게 생각하라!"고 외치는 것 같았다. 이는 고도 경제 성장의 상징이었다. 또한 1958년에는 일반 일본 가정에서 쉽게 구입할 수 있게 된 대량 생산 자동차의 상징인 소형차 '스바루 360'이 시장에 출시되었던 해이기도 하다. 하지만 이러한 것들은 전쟁 전과 달리 엘리트만이 아닌 일본 사회 전체가 주도하는 고도성장의 드라마의 막이 오르면서 일본이라는 무대를 장식할 수많은 소품 중 일부에 불과한 것들이었다.

교육 분야에서 1958년은 두 가지 중요한 정책이 출현한 해이기도 했다. 첫 번째는 문부성이 초중등학교 국가교육과정을 개정(Ministry of Education's revision of the Official Course of Study for Elementary and Middle Schools, 이하 개정안)한 것이다. 그 해에 발효된 이 개정안에는 종전 이후 매년 그랬던 것처럼 더는 "잠정"이라는 명칭이 붙지 않았다. 개정안에는 「교육법 시행에 관한 조례」(The Ordinance for the Enforcement of the School Education Act)가 첨부되었다. 이 개정안은 그 시점부터 전국 학교에서 제공될 교육 내용 표준을 수립하기 위한 토대를 마련했으며, 조례를 통해 법적 구속력을 갖게 되었다. 두 번째 정책은 「공립 의무교육에 있어서 학급 규모 및 학교 인원 비율 표준화에 관한 법률」(Law Concering Class Size and the Standardization of School Personnel Ratios in Public Compulsory Education, 이하 의무교육표준화법)이었다. 이 법은 학급 규모와 해당 학급을 가르치기 위한 교원 수를 계산하는 데 기초가 된 기준을 모두 명시했다. 이 두 정책의 상호 작용은 이후 장에서 자세히 설명하겠지만, 전후 표준화 세계가 날아오르는 데 있어 새의 두 날개와 같은 역할을 하는 시스템이 되었다.

이 두 날개로 구성된 제도의 확립은 이후 의무교육의 전체 틀을 형성함으로써 일본적인 특징을 지닌 제도를 만들어 냈다. 또한 고도 성장기의 도래와 함께 일본의 "대중교육사회"[1]의 출현을 위한 토대를 마련한 사건이기도 하다. 좀 더 넓게 생각하면 이 두 가지 개혁은 메이지 유신(1868년) 이후 유지되어 온 일본 사회 패턴의 기본 구조에 근본적인 변화를 가져왔다고 해도 과언은 아닐 것이다. 즉 전후 일본이 평등의 길로 나아갈 수 있는 교육 시스템을 구축했고 전국적으로 교육 환경과 여건을 균질화하기 위한 노력을 아끼지 않은 결과, 이 제도는 일본의 대중교육사회를 만드는 데 필수적인 토대가 되었다. 일본의 고도 성장기(1954~1973년)의 시작과 동시에 교육 표준화의 드라마는 이렇게 서막을 장식했다.

표준화란 가장 기본적인 의미에서 일종의 기준을 설정하여 지침으로 삼는 것을 의미한다. 또한 그 기준에 따라 차이를 제거하는 것을 의미하기도 한다. 표준화는 상호 교환이 가능한 용어이다. 전후 일본의 경우 표준화란 모든 것을 하나의 기준에 맞추는 기능을 하는 것이었다. 그러나 그 역사를 살펴보기 전에 먼저 표준화라는 문제 자체를 둘러싼 전후 일본의 대립을 살펴보는 것부터 시작해야 한다. 당시의 격렬한 대립을 살펴봐야만 교육 표준화가 추진된 역사적 맥락을 이해할 수 있을 것이다.

왜 1950년대 후반인가?

1950년대 후반에 교육 표준화 작업이 시작된 것은 우연이라 보기 어렵다. 그 이유는 첫째, 샌프란시스코 강화조약(Treaty of San Francisco, 1951년)에서 합의한 대로 전후 미군 점령기는 1953년에 막을 내렸고, 일본의 주권 회복은 교육 발전에 큰 영향을 미쳤다. 전쟁 직후 미국은 일본의 교육 정책을 (재)수립할 수 있는 권한을 지녔지만, 연합군 총사령부(Allied Armies General Headquarters, GHQ)의 특별 임명된 민간 정보교육국(Civil Information and Education Section, CIE)이 주도한 이러한 개혁은 본래의 구상에 따라 전개되지 않았다. 따라서 '독립'은 일본 측에서 정책적 해결책을 마련할 수 있는 문을 열어주는 것과 마찬가지였다. 이는 교육 영역에 대한 미군정의 다소 과감하고 대담한 개입의 결과로 나타난 무수한 문제를 해결하려는 시도였다. 1950년대 후반은 바로 이러한 시도가 구체화하기 시작한 시기였다.

두 번째 주요 요인은 인구 증가와 관련된 압박이었다. 제2차 세계대전이 끝난 직후에 태어난 이른바 첫 번째 베이비붐 세대가 점차 의무교육에 입학할 연령에 도달했다. 이 인구가 제도권으로 꾸준히 유입되면서 표준화 추세는 더욱 탄력을 받게 되었다. 구체적으로, 시간이 지남에 따라 학생 취학률 증가와 교원 증가를 일치시킬 필요가 생겼다. 이것은 학령인구 증가와 교육 여건 확장을 재정적으로 지원할 방법을 지속적으로 모색하는 가운데 교육 재정이라는 더욱 거시적인 차원의 문제와도 연결되었다. 사실 교원 수는 이미 1950년대 중반부터 베이비붐 세대의 첫 번째 물결이 임박할 것으로 예상되어 증가 추세에 있었다.

그러나 이러한 교원 증가는 취학생 입학 증가세가 꺾인 후 교원을 어떻게 해야 할지에 대한 고민을 남겼다. 이러한 고려는 1958년의 정책 변화를 촉진하는 데도 도움이 되었다.

당시의 맥락을 어떻게 바라보느냐에 따라 표준화, 중앙 정부의 통제, 실제 시행이라는 주요 주제에 부여된 의미가 다르게 보일 수 있다. 이런 의미에서 우리가 어떤 맥락에 역사를 포함하기로 선택하느냐에 따라 그 역사 자체 의미를 이해할 가능성이 새롭게 형성된다.

"중앙 집권 중심 교육과정"의 의미 의견 차이

1958년 개정은 그동안 잠정적인 성격으로 제시되었던 체계적 성격의 국가교육과정(Official Course of Study) 출발을 의미했다. 즉 이는 제도 자체 성격에 변화를 알리는 신호탄이자 변화를 향한 노력의 일환이었다. 바로 이러한 이유로 일본 교육사에 대한 가장 일반적인 통념에 따르면 1958년 개정은 전후 직후의 성과를 대체하고 교육에 대한 중앙 통제를 (재)강화하는 기나긴 '중앙 집권 중심 교육과정'의 중요한 첫 번째 행위로 간주됐다.

널리 받아들여지는 견해는 다음과 같다. 즉 1958년 개정 이전의 국가교육과정은 정부에 의해 공식화되었지만, '잠정적'이라는 명칭을 붙임으로써 실제로는 법적 권한이 거의 뒷받침되지 않았고, 이로 인해 학교 차원의 재량권 확대를 위해 세부 사항을 자유롭게 해석할 수 있었다. 그러나 현재 주류의 견해와는 달리, 문부성은 국가교육과정을 임시로 제정된 것으로 규정했다. 따라서 "아직 완성되지 않은" 의미에서 "잠정적"인 것으로 이해했다. 여기서 국가교육과정이 "아직 완성되지 않은" 이유는 그것이 전후 혼란스러운 시기에 만들어졌고, 구속력 있는 공통 기준을 마련하기 위한 첫 번째 조치에 불과했기 때문이었다. 흥미롭게도 이 뉘앙스는 "잠정적인 제안된 일반 학습 과정"(A Tentative Suggested Course of Study General, Kida, 1987, pp.398−399)이라는 모호한 일본어 번역보다 공식 영어 번역에서 훨씬 더 잘 표현되어 있다.

어쨌든 1958년은 "법령의 문구가 조정되고 이 기준이 명시된 시점"(Kimura, 1989, p.399)이었다. 「학교교육법」(School Education Law)(제22조)과 「학교교육시행령」(Ordinance for Implementation of School Education)(제25조)에서 교과 내용과 교과서의 구속력 있는 법적 근거는 문부성 초안인 '국가교육과정'임을 명확히 했다. 따라서 1958년 개정은 교육과정이 체계화되고 국가교육과정과 일치하게 된 결정적인 계기가 되었다.

"잠정적"이라는 용어를 어떻게 해석할 것인가에 대한 이러한 견해차는 국가교육과정을 중심으로 한 시스템을 어떻게 볼 것인가에 대한 훨씬 더 광범위한 의견 차이를 상징적으로 보여주는 것이었다. 이러한 차이는 결국 서로 다른 정치적 성향에 뿌리를 두고 있었다. 한쪽에서는 중앙 정부가 표준을 제정하는 것을 당연한 것으로 여겼다. 다른 한쪽은 표준을 중앙 정부의 제도 통제력 (재)강화로 간주하여 거부했다. 따라서 1958년 개정은 전후 일본 교육계에서 대립의 축, 즉 서로 다른 정치적 지향과 역사관에 뿌리를 둔 근본적인 관점의 차이를 가시화하고 명시적으로 드러낸 매우 중요한 정책 전환이었다. 이는 향후 몇 년 동안 전면적이고 노골적인 대립으로 분출될 수밖에 없었다. 이 책에서 전개할 논쟁의 출발점이 바로 이 지점에서 시작된다. 1958년 개정을 둘러싼 논쟁에서 교육과 평등에 대한 일본의 논쟁을 특징짓는 이분법적 대립, 즉 한편으로는 교육 표준화와 다른 한편으로는 기회의 평등 사이의 깊은 양면성에 놓인 대립을 쉽게 찾아볼 수 있다.

문부성 대 일본교직원조합(일교조)

양측을 구분하는 구체적인 차이점은 무엇이었을까? 먼저 1958년 개정에 비판적인 의견을 제시한 입장을 살펴보자.

비판 진영의 선두 주자는 1959년 일본 교원의 86%가 가입한 일본교직원조합(Japan Teachers' Union, 이하 일교조)이었다. 1958년 개정안이 발표된 지 1년 만에 일교조는 『신교육과정에 대한 비판』(A Critique of the New Education Curriculum)이라는 제목의 보고서를 발표했다(일교조, 1959). 이 보고서의 한 섹션에서는 1951년의 공식교육과정과 1958년 개정교육과정의 일부를 병치한 다음, 차이점을 바탕으로 신랄한 비판을 시작하였다. 여기에서 1958년 개정에 대해 일교조가 정확히 어떤 점을 문제 삼았는지 확인할 수 있다.

먼저 일교조의 발췌문을 살펴본 다음, 비평의 하위 내용을 분석해 보자. 이 보고서는 1951년 국가교육과정(그룹 A)의 다음 부분을 강조했다:

- 국가교육과정은 모든 측면에서 교원에게 유용한 제안을 제공하기 위한 시도이며, 교육을 획일화하기 위해 따라야 하는 것은 아니다.
- 국가교육과정 및 기타 관련 문서는 결국 지침일 뿐이며, 이후 이러한 아이디어를 어떻게 발전시킬 것인지는 실제 교실 수업에 참여하는 모든 교사의 책임이다.
- 문부성이 정리한 국가교육과정에 제시된 교육 내용은 지역적 차이를 반영하여 전국 학교별로 채택 정도가 다를 것으로 예상되므로 [...] 학교에서는 지역 여건을 반영하여 교육 내용을 선택할 것으로 예상된다.
- 개별 과목의 수업 시간을 표준화하기는 어려울 것이다.

일교조는 1958년 개정안(그룹 B)에서 어떤 측면에 주목하여 대척점을 설정했을까? 다음 사항이다:

- 초중등학교의 학교교육과정은 문부성 장관이 고시한 국가교육과정을 기본으로 한다(학교교육시행령 제25조, 1958년 11월 28일 개정).
- 제2장에 기술된 각 교과 영역별 내용은 특별히 지정된 경우를 제외하고는 모든 학교에서 의무적으로 다루어야 하는 내용이 되었다(1958년 10월 고시, 개정국가교육과정 개요, p.4).
- 다만, 1학년과 2학년 교육과정에서 개별 교과 내용의 특정 부분을 함께 가르치는 것은 허용되며, [...] [이 경우] 이러한 종류의 초등학교를 설치하는 자는 공립초등학교의 경우 해당 도도부현 교육위원회에 이 사실을 통보해야 한다(학교교육시행령 제25조 2항, 1958년 8월 28일 개정).
- 초등학교(및 중학교)의 각 학년 교과별 수업 시수 및 도덕교육의 수업 시수는 별표 1(학교교육시행령 제24조 제2항, 1958년 8월 28일 개정)에 규정된 수업 시수에 따라야 한다(JTU 1959, p.27).

이에 대해 일교조는 다음과 같은 비판을 내세웠다.

> 사전 지식이 없는 사람에게 이 두 발췌문을 제시한다면, 그 사람은 다음 두 가지 중 한 방식으로 반응할 것이다. 즉 A와 B가 완전히 다른 두 나라의 교육 시스템에서 나온 것으로 추측하거나, 같은 나라에서 나온 것이라고 처음 들었다면 B가 50년, 심지어 100년 전의 유물이라고 유추할 것이다. 이 두 문서에 제시된 교육 행정에 관한 생각과 입장이 이렇게 차이가 나는 것은 당연하다. 나중에 이 두 문서가 다른 나라에서 발췌한 것이 아니라 1951년부터 1957

년까지 7년이라는 짧은 기간의 변화를 보여주는 것이라고 설명한다면, 그들은 분명 눈을 의심하며 고개를 갸우뚱할 것이다. 그 차이는 실제로 "흑과 백"만큼이나 극명하다. 게다가 그 변화가 B에서 A로 이동한 것이 아니라 A에서 B로 이동했다는 점을 고려할 때, 우리가 내릴 수 있는 유일한 결론은 이것이 중대한 반전을 의미한다는 것이다(일교조, 1959, p.28).

국가 통제

국가교육과정에 대한 이 둘의 대조적인 입장은 교육 행정에 대한 서로 다른 입장, 즉 다른 맥락의 연구에서 일반적으로 "정책 통제의 위치"라고 부르는 입장이 달랐기 때문이었다. 즉 교육 내용에 대한 국가 통제의 문제를 중심으로 한 의견 차이였다. 앞서 인용한 일교조의 비평은 사실 당대 최고의 교육학자 중 한 명인 우메네 사토루(Umene Satoru)가 쓴 글이다. 이는 이러한 생각이 일교조만의 생각이 아니라 당시 교육학자와 연구자들이 널리 공유했던 것임을 상기시켜 준다.

이러한 관점에서 문부성의 갑작스러운 변화는 교원과 학교의 자율성과 독립성 존중에서 벗어나 교육의 획일성과 국가 정부의 통제 강화로 회귀한 것으로 볼 수 있다. 오늘날에도 대부분의 일본 학자는 전자의 경우(1951년)는 긍정적으로, 후자의 경우(1958년)는 부정적으로 보는 경향이 있다고 주장한다. 전자의 정서적 지지 이면에는 획일적 교육과 권력 집중에 대한 혐오가 깔려 있다. 이러한 혐오감은 단순히 많은 사람의 뇌리에 생생하게 남아 있는 전쟁에 대한 기억이 불러일으킨 반응일 뿐만 아니라, 더 오래되고 이데올로기적으로 뿌리 깊은 우려에서 비롯된 것이기도 했다. 1958년 개정은 그러한 감정이 점차 구체화하고, 명료화되고, 다시 확정되는 과정을 반복하면서 일본 교육에 대한 진부한 비판적 토대를 형성하는 순간이 되었다. 이런 의미에서 '잠정적'이라는 용어가 삭제된 1958년 개정은 이후 수십 년 동안 반향을 일으킨 훨씬 더 광범위한 투쟁의 시작이라고 보는 것이 가장 좋다.

그 후 몇 년 동안 문부성의 중앙 집권적 통제와 그로 인해 가능해진 획일성에 대한 비판적 시각이 교육을 이해하는 공통된 관점으로 자리 잡게 되었다. 그런 의미에서 이 연구는 중앙 통제 대 지방 자치, 획일적인 교육 대 학생 중심 교육 등 일본의 이분법적 교육 논쟁의 전선이 그려지는 대립 지형을 제시했다. 이 논쟁은 여러 가지 이분법적 양상을 띠고 있지만, 근본적으로 1958년 개정에 뿌리를 두고 있다.

그러나 역사를 거슬러 올라가 1958년의 실제 역사적 상황과 교육 현실 속에서 이러한 견해를 재구성해 보면, 이 간략한 스케치가 이야기의 절반만 말하고 있다는 것을 금방 알아 챌 수 있다. 1958년 개정안이 국가의 통제가 강화되고 교육의 획일화를 초래한 것은 의심의 여지가 없다. 그러나 새로운 관점을 열기 위해 우리는 한 걸음 더 나아가 질문하고자 한다. 왜 그 특정 시점에 이런 종류의 개정이 이루어졌는가? 1958년 개정을 둘러싼 역사적 순간을 조명하지 않으면 그 의미를 파악하기 어렵다. 복잡한 역사적 맥락에서 나온 하나의 현상에만 계속 초점을 맞춘다면, 우리의 이해는 지금까지의 일본 논쟁과 같은 단순하고 이분법적이며 피상적인 지형에 갇혀 있을 수밖에 없다.

문부성 설명

먼저 문부성이 개정 동기에 대해 설명하는 것을 살펴보자. 1958년 개정 목적을 설명하면서 문부성은 다음과 같은 주장을 펼쳤다.

- 우리나라가 아직 미군정 하에 있었을 때, 국가교육과정의 내용과 관련된 모든 결정은 총사령부의 지도와 승인을 받아야만 했다. 이

지침의 기초는 비교적 새로운 미국 고유의 교육 사상이었다. 따라서 구체적인 문제가 발생했을 때 미군정은 어떻게 진행해야 할지에 대한 합의에 도달하기 어려운 경우가 많았다. 교육에 대한 새로운 접근 방식에 관한 일본의 연구는 아직 미비했고, 일본의 특수한 현실을 간과한 채 교육적 문제를 검토하는 경우가 많았기 때문에 실상은 더욱 복잡한 형태로 변모해갔다.

- 당시에는 기초학력, 도덕교육, 지리/역사 등에 관한 관심이 집중되었다. 이는 널리 알려진 사실이다. 이러한 문제 영역은 교육과정, 교육방법 등에 대한 지속적인 논쟁과 연결되면서 효율성이라는 관점에서 바라보게 되었다. 하지만 우려의 목소리도 높아졌다. '미국에서 영감을 받은 새로운 모델에서 배운 내용 대부분이 쓸모없는 것은 아닌가? 좀 더 논리적인 방식으로 기본적인 토대를 마련하고 가르치는 것이 필요하지 않을까?' 이러한 지속적인 의구심은 현재 교육과정 내용이 체계화되지 않은 채 혼합되어 있다는 요즘의 우려를 강조한다. 교육 방법에 대해서도 비슷한 우려가 있다. 오늘날의 교육은 경험주의적 접근 방식에 매몰되어 있다고 생각한다. 더 구체적으로 말하자면, 아동의 삶을 구성하는 모든 경험에 실제로 교육적 가치가 있는지에 대한 논의조차 없이 미국식 경험주의적 접근 방식에 점점 더 깊이 빠져들고 있다는 우려가 널리 퍼져 있다. 이러한 비판은 교육과정 내용이 결정되는 방식에까지 확대되었다. 따라서 많은 사람이 체계화에 대한 전반적인 소홀함을 한탄하고 있다. 아이들의 경험은 당연히 존중되어야 하지만, 최근 논의에서는 경험뿐만 아니라 효율성과 체계화도 함께 고려해야 한다는 지적이 자주 제기되고 있다. 대다수 초중등학교에서 교육과정의 일관성이 부족하고, 교과 내용이 중복되며, 학년군에 따른 체계화된 내용과 기준이 명확하지 않은 경우가 많다. 이

> 전의 국가교육과정은 이러한 여러 가지 문제를 야기하는 주요 요인 중 하나로 지목되어 왔다(문부성, 1958, pp.255-256).

위의 설명을 통해 당시 문부성이 교육 상황을 어떻게 바라보았는지 알 수 있는 것은 무엇인가? 여기서 문부성은 전후 미군의 방향성을 고려할 때 "비교적 새로운 미국의 교육 사상"이 도입되었다는 견해를 가지고 있었음을 보여준다. 그러나 이러한 미군 주도의 개혁은 "일본의 특수한 현실을 간과한 것"이었다. 게다가 "경험주의적 접근에 매몰되어" 교육과정 체계화에 소홀한 면이 있었다. 이에 대해 문부성은 "보다 논리적인 방식으로 기본 토대를 마련하고 지도할 필요가 있지 않나?"라고 반문했다. 문부성은 "아동의 경험은 분명히 존중되어야 한다"는 점을 인정하면서도 이러한 이상을 실현하는 데 수반되는 어려움에 대해서도 우려했다. 1958년 개정안은 문부성이 보기에 이상에 대한 추구보다는 실행의 어려움에 초점을 맞추는 방향으로의 중요한 전환을 분명히 보였다. 즉 문부성의 관점은 주로 공유된 이상과 현장의 실제 현실 사이의 괴리를 관찰하는 데서 비롯된 것이었다.

왼쪽에서 오른쪽으로

이와는 대조적으로, 일교조는 1958년 개정의 원동력으로 훨씬 더 큰 정치적 변화를 상상했다. "교육과정 거버넌스가 일본의 정치 및 경제 상황의 광범위한 변화에 영향을 받고 있다"(일교조, 1959, p.17)는 견해를 출발점으로 삼은 일교조는 1958년 개정에 대한 나름의 이유를 제시했다. 고등학교교육과정에 복선형 도입, 교육위원회에 관한 새로운 법률 제정, 교원 성과 평가 강화, 성과급 지급 등의 사례를 중심으로 변화를 검토한 후, 일교조는 학교 교장들에게 다음과 같이 주장했다.

> 정치 권력을 가진 사람들이 오늘날의 주요 교육 이슈 대부분을 주도적으로 만들어냈다. 실험으로 포장된 이러한 변화는 자세히 들여다보면 반민주적이고 파시스트적인 체제를 강화하고 독점 자본주의의 지배를 더욱 확산시키려는 개혁이다. 이러한 강화와 확산은 외교 문제에서 미국에 대한 의존도가 심화되고 있다. 이런 관점에서 오늘날 교육과정 거버넌스의 핵심이 무엇인지 명시적으로 설명해야 할 때, 우리는 이번 개정안이 1953년경부터 점진적으로 진화해온 시스템의 무수한 측면을 지속하고 강화한 것임을 인식해야 한다. 즉 도덕교육의 심화, 기초능력의 강화, 과학기술 교육의 개선, 선행학습 교육, 국가 표준 강화 등 중심이 된 다양한 개혁 정책은 권력자들에게 봉사하고 반동적 체제를 발전시키는 것을 목표로 하는 현재의 총체적인 5개년 계획의 결과물이다(일교조, 1959, p.17).

일본 전후 교육 역사를 설명하는 것은 바로 이와 같이 정치적으로 연계돼 있다. 1950년대 후반부터 시작된 중앙 통제를 향한 움직임은 전전(戰前) 체제로의 회귀로 이해해야 하며, 이는 보수 정치 세력에 의한 전후 우파 성향의 재건이라는 더 큰 구조의 한 축으로 이해해야 한다는 것이다. 일교조는 독점 자본주의와 미국에 대한 의존과 같은 정치적, 경제적 동인이 전체 시스템을 다시 한번 오른쪽으로 기울이는 더 큰 힘이라고 주장했다. 이에 대응하기 위해 일교조는 정치-경제적 관점이 아닌 교육적 관점을 기반으로 이전 국가교육과정에 제시된 아이디어를 명시적으로 재확인한다. 일교조는 1958년 개정의 필요성에 대해 문부성이 제시한 바로 그 이유조차도 이러한 더 큰 정치적, 경제적 배경에서 해석되었고, 따라서 중앙 정부의 행정적 통제력 강화에 불과한 것으로 일축했다.

만약 우리가 통념적인 역사관을 따른다면, 전후 문부성과 일교조의 상반된 의견은 일본 교육을 정의하는 첨예한 대립을 드러낸다. 즉 전후 역사에 대한 통념에 따르면 우리는 전후 역사를 흑백 논리로만 바라보게 된다. 더욱이 일교조 보고서에서 구체화되고 1958년 개정에서 일관된 비판 유형은 역진, 즉 중앙 통제 강화, 아동 중심의 체험적 '새교육'에서 벼락치기 교육으로의 후퇴라는 다양한 명칭으로 반복해서 표현되고 재구성되었다. 시간이 지나면서 이러한 관점은 결국 일본 교육에 대한 국내 주류 담론으로 자리 잡게 되었다. 게다가 1958년 개정에 대한 이러한 이분법적 상상을 흑백 논쟁으로 설정하자, 1958년 이후의 모든 학습과정 및 기타 교육 과정 거버넌스 제도는 전후 민주 교육에 대한 즉각적인 약속에서 벗어난 것으로 간주될 수밖에 없었다. 따라서 더 큰 반동 전략을 위한 작은 전술적 움직임으로 치부되었다.

그러나 이러한 관점이 주류를 지배하게 되면서 다른 중요한 질문이 가려지게 되었다. 1958년 개정이 추진된 이유는 무엇일까? 1958년 개정은 교육 표준화의 발전에서 어떤 역할을 하게 된 것일까? 1958년 개정안에 의해 추진된 특정 형태의 교육 표준화가 그 특정 시점에 추진된 이유는 무엇인가?

언뜻 보기에 이 개정안은 전후 과거와의 깊은 결별과 중앙정부가 체제의 근간, 특히 교육과정 거버넌스를 장악하기 위한 것으로 보인다. 하지만 이것이 과연 민주적 교육과정으로부터의 일탈, 반동적 대응을 의미하는 것이었을까? 일본 교육 논쟁의 일반적인 정치적 대립의 지형 속에서 교육 표준화는 단순히 교육에 대한 중앙 통제의 결과로 간주된다. 그러나 이러한 관점은 더 깊은 역학 관계에 대한 개입 가능성을 배제하기 때문에 여전히 유효하다. 다시 말해, 오랫동안 일본 교육 논쟁을 규정해 온 익숙하고 낡은 흑백 논리는 더 깊은 곳으로 나아가는 것을 방해하는 경계로 봐야 한다.

여기서 우리의 목표는 문부성의 입장이 옳다고 주장하거나 문부성의 견해에 대한 대변자가 되려는 것이 아님을 분명히 밝힌다. 그렇게 하면 현재와 같은 이분법적 논쟁의 늪에 빠져 우리의 분석은 수렁에 빠질 뿐이다. 대신 우리가 여기서 드러내고자 하는 더 깊은 질문이 있다. 문부성 정책 전환 자체에는 어떤 시대와 상황에 대한 인식이 내재되어 있는가? 이렇게 내재된 인식이 실제 현실을 얼마나 반영하고 있는가? 다음으로, 이 내재된 인식을 통해 어떤 가치와 아이디어가 이후 제도에 녹아들게 되었는가? 그러한 가치와 아이디어가 문부성이 의도한 대로 뿌리내리게 되었는가? 역동적인 변화는 어떤 방식으로 이러한 가치의 실현을 방해하거나 촉진하는 기능을 했을까? 다음 장에서 이러한 질문에 대한 실증적 접근의 토대를 마련하기 위해, 이제 문부성 대 일교조 사이의 구체적인 대립 지점을 좀 더 구체적으로 찾아보도록 하겠다.

위대한 6-3 실험
지역 간 교육 불평등

전후 교육 개혁의 핵심은 이른바 6-3 체제로 불리는 새로운 중등학교(즉 중학교, 7~9학년) 학제였다. 6년 의무교육에 이어 의무교육 기간을 3년 연장했다는 점에서 과감한 개혁이었으며, 이를 통해 일본 대중교육사회의 기틀을 마련했다.

3년제 중학교를 의무교육으로 전환하는 것은 당시의 국제적 기준에 비추어 보더라도 매우 야심찬 실험이었다. 특히 전쟁으로 인한 막대한 물질적, 사회적 기반시설의 손실을 복구하기 위해 고군분투하고 있던 일본으로서는 의무교육 주기를 연장한 것이 여러 가지 측면에서 높은 기준을 세운 것이었다.

수많은 학교 건물이 파손된 상황에서 중학교를 새로 짓는 것만으로도 전후 교육은 험난한 시작을 맞이할 수밖에 없었다. 당시 열악한 상황과 그에 수반된 정책적 과제를 엿볼 수 있는 자료로 <문화사회 건설

은 6-3 체제의 인프라 개선에서 시작된다>는 제목의 보고서를 인용할 수 있다. 문부성 시설과 다나카 도쿠지(Tanaka Tokuji) 과장이 작성한 보고서이다.

> 재원이 부족한 상황에서 새로운 6-3 의무화 제도의 현실은 초기의 이상과는 많은 차이가 있었다. 그런데도 개혁을 통해 민주 교육을 제도화했고, 민주국가 건설의 초석을 다지고 미래를 위한 건전한 문화적 토대를 마련했다는 점에서 큰 의미가 있다. 그러나 제도의 완전한 실현을 위한 시설 구축에는 여전히 막대한 재정적, 물적 자원이 필요하므로 단기간에 그 성과를 기대하기는 어려우며, 이를 실현하기 위해서는 일반 시민들의 많은 희생이 요구될 것이 분명하다.
>
> 전쟁이 끝난 지 5년이 지났지만, 재건은 기껏해야 40% 정도만 완료된 상태이다. 6-3 체제에서 이부제 수업, 임시 교실, 대규모 학급, 안전하지 않은 학교 시설의 지속적 사용 등의 문제를 해소하는 것은 여전히 요원한 일이다. 이를 실현하기 위해, 필요한 시설을 구축하려면 막대한 자원이 투입되어야 한다(문부성 시설 연구단, 1950, p.3).

이것이 바로 불타는 이상주의로 무장한 새교육이 첫발을 내디뎌야 했던 물질적 토대였다. 특히 행정과 재정 등 제도적 형성은 전쟁 직후 수행된 지방 분권이라는 이상과는 거리가 멀었다. 수없는 시행착오를 거듭하는 과정을 거쳐야만 했다.

교육 제공의 불평등: 교육 자원, 교원, 학업 성취도

새교육은 일교조의 열렬한 지지에도 불구하고 고매한 이상과 상충되는 결과를 지속적으로 산출했다. 가장 큰 문제는 지역 간 교육 불평등이었다. 1958년 개정이 이루어지기 2년 전인 1956년에 전국적으로 대규모 학업 성취도 평가가 시행되었고, 그 결과는 이후 <1956년 전국 학업 성취도 조사 보고서>(이하 1956년 조사)라는 제목으로 발표되었다. 이 시험은 1961년에 시작된 모든 국가시험을 포함하여 그 이전이나 이후에 시행한 어떤 시험과도 다른 시험이었다. 이 조사는 교육 정책 수립 및 개혁 과정에 직접 피드백을 제공한다는 분명한 목적으로 설계된 최초의 연구 프로젝트였다.

1956년 문부성 조사의 목적은 다음과 같이 명확했다.

> 일본어와 수학(산수) 2개 교과에 대한 초-중-고등학교 학생들의 성취도를 전국적으로 조사하여 다양한 관점에서 학업 성취도의 실태를 파악하고, 학력 신장 및 교육력 제고에 필요한 기초 자료를 마련하여 계획을 수립하기 위한 목적으로 실시되었다(문부성, 1957, p.1).

후자의 목표를 더 자세히 설명하면, "교육 제공의 상대적인 차이와 관련된 학업 성취도의 차이를 조사하는 것이 목적이다. 즉 학교 규모, 지역적인 특성 등과 같은 여러 가지 기본적인 교육 조건을 포함하는 다양한 교육 환경에서 성취도가 어떻게 변하는지 파악하는 것이다"(문부성, 1957, p.1). 이 조사는 "교육 성취도와 교육 제공 모두를 창조/개선하는 데 필요한 기본적인 자원에 대한 계획"을 설계하는 데 매우 중요한 것으로 간주되었다. 1956년 조사는 나중에 1958년 개정에서 제시된 새로운 제도 설계에 관한 기초가 되었다.

그렇다면 이 조사에서 밝혀진 것은 무엇인가? 여기서는 교육 여건의 상대적 차이와 관련된 학업 성취도 차이에 관한 부분을 중심으로 1956년 조사 결과를 다시 살펴보고자 한다.

첫째, 조사 결과에서 교육 자원과 학업 성취도 간의 상관관계가 밝혀졌다. 문부성의 결과 분석은 <표 2.1>에 나타나 있다. 최종 보고서에서 이 표를 정리하면 다음과 같다.

> 소수 예외를 제외하고는 학교 규모와 관계없이 학생/학생당 반복 지출(주로 교사 급여)이 증가함에 따라 학업 성취도도 점진적으로 향상된다는 공통된 추세를 보인다. 또한 학교 규모가 클수록 이러한 전반적인 추세에 대한 예외가 적다는 것도 분명하다(문부성, 1957, p.355).

| 표 2.1 | 특정 규모 학교의 평균 시험 성적 및 학생당 교육비 지출(1956년 자료)

	학생당 교육비(엔)						
학교규모(학생수)	241-360	361-480	481-600	601-900	901-1200	1201-1500	1500 이상
			초등학교				
1001-2000	-	-	-	35.0	-	-	-
2001-3000	35.0	-	-	-	-	-	-
3001-4000	-	-	-	-	35.0	-	-
4001-5000	35.0	-	35.0	-	-	-	-
5001-6000	-	-	-	-	35.0	-	35.0
6001-7000	-	25.0	15.0	36.5	35.8	37.2	42.1
7001-8000	27.5	31.7	32.7	35.0	39.7	39.6	44.2
8001-9000	32.3	31.4	33.1	39.2	39.4	39.7	43.2
9001-10000	31.9	36.5	36.3	34.4	42.8	39.0	43.0
10001-11000	35.9	34.3	35.0	39.0	41.7	38.3	45.0
11001-12000	36.3	33.8	39.0	39.3	41.7	40.0	45.0
12001-13000	34.2	32.1	41.7	32.5	45.0	47.5	-
13001-14000	38.3	40.0	-	40.0	45.0	-	-
15001-16000	35.0	35.0	35.0	35.0	50.0	-	-
16001-17000	-	-	-	45.0	-	-	-
17001-18000	-	-	55.0	-	-	-	-
18001-19000	35.0	-	-	-	-	-	-
19001-20000	-	-	45.0	-	-	-	-

중학교							
7001-8000	35.0	-	-	45.0	-	45.0	40.0
8001-9000	35.0	35.0	-	45.0	45.0	35.0	51.3
9001-10000	38.3	39.4	42.5	39.0	49.0	50.0	51.7
10001-11000	36.8	39.8	39.0	42.7	47.5	50.7	52.0
11001-12000	40.0	38.6	42.5	45.9	45.0	51.7	55.0
12001-13000	39.7	43.3	43.0	45.0	51.7	45.0	45.0
13001-14000	42.5	42.5	40.0	45.0	50.0	65.0	55.0
14001-15000	37.7	41.7	45.0	-	-	-	45.0
15001-16000	43.3	35.0	-	45.0	-	-	-
16001-17000	35.0	40.0	-	-	-	-	55.0
17001-18000	40.0	-	-	45.0	-	-	-
18001-19000	45.0	-	-	-	-	-	-
19001-20000	-	-	-	55.0	-	-	-

최종 보고서는 학생 1인당 교육비 지출이 낮았음에도 불구하고 높은 성취도를 보이는 학교들과 지출이 높으나 낮은 성취도를 보이는 학교가 있다는 사실을 암시하며 다음과 같이 덧붙였다.

> 원칙적으로 교육비 지출은 학업 성취에 직접적인 영향을 미치지 않는 것으로 예상되나, 이들 자원을 개선된 교육 제공의 정착에 활용하기 위해서는 학업 성취와의 연계성을 드러내는 것이 필요하다[...]. 앞의 표에서 보듯이 전반적인 추세는 교육비 지출이 증가할수록 학업 성취도가 향상되는 것으로 나타났다. 이러한 사실은 많은 교육 자원의 배분이 학업 성취도 향상을 위한 효과적인 수단이 될 것임을 시사한다(문부성 1957, p.264).

1956년 조사가 실시될 당시에도 일본 전역의 지역 행정 단위 간 교육 자원은 여전히 현저한 불평등을 보였다.[2] 이러한 불평등은 각 지역의 재정적 능력의 차이와 직접적인 상관관계가 있었다. 표에서 볼 수 있듯이 의무교육 수준에서의 학업 성취도에도 영향을 미쳤다. 1956년 전국적으로 실시된 학업 성취도 조사는 학업 성취도 격차 해소가 교육 자원의 격차 해소 및 교육 여건 개선과 밀접한 관련이 있다는 인식 전환의 계기를 마련했다.

최종 보고서는 또한 "학업 성취도와 교원과의 관계"를 강조했다. 전후 교실을 이끌었던 교사 중 상당수가 정규 교사 자격증을 소지하지 않았으며, 이는 당시의 어려운 재정 상황으로 인한 문제의 또 다른 측면이라고 지적했다. 이 무자격 교사들은 보조 교사라는 직함을 가지고 있었으며, 최종 보고서는 분석을 확장하여 정규 교사와 보조 교사의 비율을 파악한 다음 이 관계를 학업 성취도 결과와 연결했다. 그 결과는 [그림 2.1]에 나와 있으며, 최종 보고서는 다음과 같이 언급하고 있다.

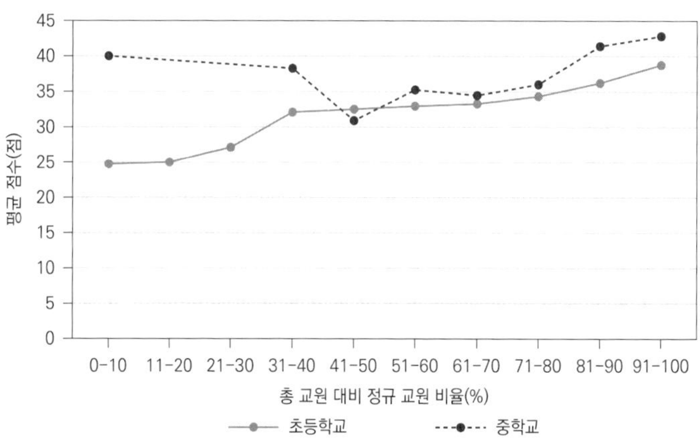

| 그림 2.1 | 총 교원 대비 정규 교원 수 비율에 따른 평균 시험 점수

이 표 [여기서는 생략]와 그림에 따르면, 정교사 비율(즉 전체 교원 대비 교사 자격증 소지자의 비율)이 높을수록 학생 성취도가 더 크게 향상되는 경향이 있다. 그러나 이는 전반적인 경향은 아니며 초등학교(0.34)와 중학교(0.24)

의 상관 계수에서 알 수 있듯이 두 요인 간의 상관관계는 다소 약하다(문부성 1957, pp.270-271).

상관관계는 실제로 약했음에도 최종 보고서를 통해 처음으로 교원 구성과 학업 성취도 간의 관계를 확인할 수 있었다. 이는 교육 제공의 또 다른 차원으로 고려해야 할 사항이 되었다.

그러나 당시 시선을 끌었던 교육 제공의 또 다른 측면은 도서 벽지의 교육 여건이었다. 최종 보고서에서는 도서 벽지 학교의 낮은 점수(<표 2.2>)에 주목하며 다음과 같이 언급하였다.

| 표 2.2 | 도서 벽지, 산간, 전국 평균 시험 점수 비교

	일본어 및 수학 평균	일본어	수학
초등학교			
도서 벽지	30.8	38.1	23.5
산간	31.9	-	-
전국 평균	35.3	42.1	27.8
중학교			
도서 벽지	33.7	40.2	27.1
산간	36.4	-	-
전국 평균	40.8	45.2	36.2

이 표와 그림 [여기서는 생략]에 따르면, 초등학교와 중학교 모두 일본어와 수학 두 과목에서 도서 벽지 학교의 평균 시험 점수가 전국 평균보다 훨씬 낮다. 초등학교의 경우 일본어 38점, 수학 24점으로 전국 평균은 각각 42점, 28점이다. 중학교의 경우, 전국 평균이 각각 45점과 37점인 것과 달리 도서 벽지 학교의 평균은 일본어 40점, 수학 27점이었다.

일본어와 수학 평균 점수에서 도서 벽지와 산간의 차이를 살펴보면, 산간 초등학교는 31.9점, 산간 중학교는 36.4점이었다. 반면 도서 벽지 초등학교와 중학교는 각각 30.8점, 33.7점을 기록했다. 이 수치에서 알 수 있듯이 도시벽지

> 학교의 평균 성취도는 모든 지리적 하위 범주 중 성취도가 가장 낮은 산간 지역과 비교했을 때도 뒤처져 있다. 이러한 결과는 외딴 지역의 열악한 교육 환경을 반영한다. 물론 이 수치는 도서 벽지에 있는 학교의 평균적인 모습만 보여주기 때문에 특정 학교를 간과할 수 있다. 우수한 능력과 헌신을 가진 교사가 열악한 교육 시설을 극복하고 높은 성취도를 달성할 수 있는 곳도 있다. 그러나 전반적인 추세는 도서 벽지 학교의 열악한 교육 제공이 학업 성취도에 부정적인 영향을 미치고 있다는 것이다. 이는 교육기회균등 실현을 위해 도서 벽지 학교 교육을 장려하는 정책의 필요성을 분명히 보여준다(문부성, 1957, p.277).

1958년 국가교육과정 개정 2년 전인 1956년 조사에서는 열악한 교육 제공과 이러한 불평등이 학업 성취 수준에 미치는 영향에 주목했다. 이러한 불평등은 주로 교육 재정과 인적 자원의 불균형에서 비롯되었지만, 교실에서 실제로 가르치는 내용과 형식에도 뚜렷한 차이가 존재했다.

교육과정 실행의 차이

개정 1년 후인 1959년, 문부성 백서 『일본 교육 표준』(Educational Standards of Japan)은 초등학교의 수업 일수에 관한 전국 조사(1953년 4월 1일~1954년 3월 31일 실시) 자료를 바탕으로 다음과 같은 주장을 펼쳤다.

> 1950년 이래로 일본은 연간 수업 일수에 관한 법적 구속력이 있는 규정이 없었다 [...]. 이 〈표 2.3〉에 따르면, [그 결과] 대부분 학교의 수업 일수는 연간 210~240일 사이에 분포되어 있지만, 어떤 학교의 수업 일수는 무려 100%나 차이가 나는 것으로 나타났다. 예컨대 개별 과목의 수업 시간을 더 자세히 살펴

보면 학교 간 차이가 실제로는 훨씬 더 크다는 것을 알 수 있다. 이러한 수업 일수의 큰 격차는 교육적 측면에서 바람직하지 않으며, 모든 국민이 공통의 학력을 취득하고 전국적으로 교육 수준을 향상시키는 것이 중요하다는 점에서 볼 때 반드시 개선되어야 한다(문부성, 1959, pp.32-33).

| 표 2.3 | 초등학교 연간 수업 일수

연간 수업 일수	학교수	비율(%)
131-140	3	0.8
141-150	1	0.2
151-160	9	2.3
161-170	4	1.0
171-180	9	2.3
181-190	12	3.0
191-200	38	9.6
201-210	43	10.6
211-220	47	11.9
221-230	57	14.4
231-240	92	23.3
241-250	41	10.4
251-260	7	1.8
261-270	-	-
271-280	-	-
281-290	-	-
정보없음	32	8.1
합계	395	100

여기서 경종을 울리는 교육과정 실행의 차이는 지역적 불평등의 맥락에서도 이해해야 한다. 1951년 국가교육과정에는 다음과 같이 명시되어 있다. "국가교육과정에 명시된 교육 내용은 전국의 학교가 지역적 차이를 반영하여 채택할 것을 예상하여 작성되었으므로 [...] 학교가 지역 상황을 반영하여 교육 내용을 선정할 것으로 예상된다." 다시 말해서, 1950년대 초만 해도 국가교육과정 도입이 지역적 여건과 제약에 따라 달라질 수 있다는 것은 이미 알려진 사실이었다. 그러나 초기에 받아들여진 이 관계는 불평등이 제도 안으로 들어오는 진입점이 될 수 있

는 잠재력을 지니고 있었다. 즉 이 관계는 너무 긴밀하거나 느슨하지 않을 수 있다. "지역적 조건을 반영"하는 교육은 동시에 불평등의 의미에서 "지역적 차이"를 단순히 반영하는 교육이 될 수도 있었다(국가교육과정, 1951).

지역과 학교의 자율성을 옹호하는 전후 교육적 이상은 교육과정을 실행할 때 교육 제공에 있어 지역 간 불평등이 큰 상황을 외면하게 할 가능성이 컸다. 당시 두드러진 지역 간 불평등의 맥락을 이해할 때, "지역의 여건을 반영한" 교육은 교육과정의 차이가 나는 것이 현실이지만, 이러한 다양성은 긍정적(지역적으로 반응하는) 차원과 부정적(불평등의 대상) 차원을 갖는 것으로 인식되어야 한다는 것을 의미했다. 사실 이러한 일반적인 인식은 이미 1951년 국가교육과정에서도 "개별 과목을 지도하기 위해 표준화된 시간을 정하는 것은 어려울 것"이라고 언급했을 때 이미 존재했던 문제이다.

이러한 격차와 불평등이 『일본 교육 표준』 백서에 제시된 정책 결정의 근거가 되었다.

> 이러한 상황을 바탕으로 「학교교육시행령」을 개정하여 〈표 2.4, 2.5〉의 각 과목별로 표시된 바와 같이, 각 교과 영역의 연간 최소 수업 시수와 도덕교육에 관한 규칙을 제정했다. 이 규정은 초등학교의 경우 1961년부터, 중학교의 경우 1962년부터 시행될 예정이었다(문부성, 1959, p.34).

ㅣ표 2.4ㅣ초등학교 최소 수업 시수

과목	학년					
	1	2	3	4	5	6
일본어	238(7)	315(9)	280(8)	280(8)	245(7)	245(7)
사회	68(2)	70(2)	105(3)	140(4)	140(4)	140(4)
수학	102(3)	140(4)	175(5)	210(6)	210(6)	210(6)
과학	68(2)	70(2)	105(3)	105(3)	140(4)	140(4)
음악	102(3)	70(2)	70(2)	70(2)	70(2)	70(2)
미술	102(3)	70(2)	70(2)	70(2)	70(2)	70(2)
실과	-	-	-	-	70(2)	70(2)
체육	102(3)	105(3)	105(3)	105(3)	105(3)	105(3)
도덕	34(1)	35(1)	35(1)	35(1)	35(1)	35(1)
총수업 시수	816(24)	875(25)	945(27)	1015(29)	1085(31)	1085(31)

참고: 이 표의 1시간 단위는 45분 수업에 해당하며, 괄호 안의 숫자는 연간 수업 주수가 2~5학년은 35주, 1학년은 34주라고 가정할 때 주당 평균 수업 시수를 나타낸다.

ㅣ표 2.5ㅣ중학교 최소 수업 시수

	학년		
	1	2	3
필수과목			
일본어	140(4)	140(4)	175(5)
사회	140(4)	140(4)	140(4)
수학	140(4)	140(4)	105(3)
과학	140(4)	140(4)	140(4)
음악	70(2)	70(2)	35(1)
미술	70(2)	35(1)	35(1)
체육	105(3)	105(3)	105(3)
실과	105(3)	105(3)	105(3)
선택과목			
외국어	105(3)	105(3)	105(3)
농업	70(2)	70(2)	70(2)
산업	70(2)	70(2)	70(2)
상업	70(2)	70(2)	70(2)
수산	70(2)	70(2)	70(2)
가정	70(2)	70(2)	70(2)
수학	-	-	70(2)
음악	35(1)	35(1)	35(1)
미술	35(1)	35(1)	35(1)
도덕	35(1)	35(1)	35(1)
특별활동	35(1)	35(1)	35(1)
총수업 시수	1540(44)	1505(43)	1505(43)

참고: 이 표의 1시간 단위는 50분 수업에 해당하며, 괄호 안의 숫자는 연간 수업 주수를 35주로 가정할 때 주당 평균 수업 시수를 나타낸다. 총 수업 시수는 1,120단위 시간 이상이어야 한다.

여기서 우리는 교육 표준화의 진전을 가져온 맥락을 찾을 수 있다. 우리의 시도는 1950년대 중반의 거시적 정치 발전에서 외부로 반향된 정치적 적대감이 주로 영향을 미쳤다는 일교조와 다른 사람들이 제기한 비판을 부정하려는 것이 아니다. 다만 1956년 설문 조사가 주목한 실제 교육 여건과 비교했을 때 상황을 그렇게 흑백으로만 묘사할 수 있는지 의문을 제기하는 것이다. 조사를 통해 드러난 교육 현실에 비추어 볼 때, 최종 보고서의 "교육기회균등 실현을 위해 도서 벽지 학교 교육 진흥 정책의 필요성을 뼈아프게 깨닫게 한다"라는 권고가 실제로 문부성의 민주 교육 이탈과 반동 세력의 전략이라고 말할 수 있는 정도는 어떠할까? 당시 교육 당국 스스로가 '교육기회균등 실현'이라는 이상을 민주 교육 실현의 핵심 토대라고 명시적으로 내세웠다는 사실을 깨닫게 되면 모든 것이 겉으로 드러난 것보다 훨씬 더 모호해진다. 여기서 우리는 전후 일본 평등 신화의 뿌리를 찾는 과정에서 일반적인 흑백 이분법에서 벗어나 더 깊이 들어갈 수 있는 출발점을 발견할 수 있다.

문제 파헤치기: 좌파/우파 대립을 넘어서는 것 새교육과 학습으로부터의 이탈

1958년 개정 이전 시기로 거슬러 올라가 보면 의외의 사실을 발견할 수 있다. 문부성과 일교조는 전후 교육 문제의 근원에 대해 놀라울 정도로 유사한 견해를 가지고 있었다. 즉 1955년 정치 체제의 결정화(여러 군소 보수 정당이 합당하고 새로 창당한 자민당이 집권한 해) 이전에는 문부성이 당시 교육 현실을 이해하는 방식에 대해 좌파 성향의 일교조에서도 뚜렷한 반대가 없었다.[3]

1950년, 일교조는 『일본 교육의 현주소』라는 제목의 보고서를 발표했다. 이 보고서가 이 장에서 논의하는 데 중요한 이유는 나중에 1958

년 개정안(본 장에서 이미 살펴본 내용)과 관련하여 표명한 새교육에 대한 견해와 상반되는 관점을 표명했다는 점이다.

이 보고서에는 일본어와 수학이라는 두 가지 핵심 과목에 대한 도쿄 수도권의 학업 성취도 조사 결과가 포함되어 있다. 읽기, 쓰기, 산수 과목의 성취도는 학생들이 공부하는 시간이 줄어들고 점수가 낮아진다는 것을 의미하는 학습 이탈 현상에 대한 더 큰 고민을 말해준다. 『일본 교육의 현주소』는 일교조의 조사 결과를 다음과 같이 요약하여 제시하고 있다.

> 결국 조사 결과가 우리에게 무엇을 말해주는가? 무엇보다도 그들은 사회가 아이들의 지적 빈곤을 계속 외면할 수 없다는 것, 다시 말해 학업 성취도의 하향 곡선을 계속 간과할 수 없다는 것을 시사한다(일교조, 1950, p.31).

일교조 조사팀은 교육 제공의 악화와 학업 성취도 저하 사이의 연관성에 대해 특히 민감하게 반응하며 다음과 같이 주장했다.

> 만약 이부제 수업이 지속된다면 학생들의 삶은 상대적으로 편안하겠지만 체계적이지 못한 생활이 될 것이다. 또한 숙제가 주어지지 않는다면 수업 외 학습 시간은 순전히 선택 사항으로 여겨질 것이다. 학생들이 학업 성취도를 향상하기 위해 얼마나 많은 노력을 쏟고, 선생님들이 새로운 교육 방법을 주제로 토론하는 데 얼마나 많은 시간을 쓰는지와 상관없이, 이 모든 것은 학생들에게 거의 영향을 주지 않는다. 단지 어른들의 세계에 한정된 논의일 뿐이다.
>
> 항상 그랬듯이 숙제가 없는 학생들은 초봄의 새싹처럼 좋든 나쁘든 모든 것을 흡수하게 될 것이다. 그들은 자신이 관심 있는 것을 배우고, 비록 어른들이 이것을 진정한 학습으로 인식하지 못하더라도 알고 싶은 것을 끊임없이 배울 것이다.
>
> 하지만 어른들은 이 아이들을 위해 정원사의 역할을 해야 한다. 잎이 적은 나무는 잘라내고, 계절마다 충분한 비료를 주며, 뿌리가 최대한 뻗어나갈 수

있도록 공간을 확보해 주어야 한다.

가장 부실한 과수처럼 제멋대로 내버려 둔 아이는 전혀 결실 없는 삶을 살게 되는 것이다.

아이들은 처음에는 직접적인 경험의 세계에서 사는 것이 옳지만, 결국에는 이러한 한계를 넘어 마음이 확장될 것이다. 무한한 복잡성의 세계에서 살다 보면 삶의 진정한 의미를 찾게 될 때가 올 것이다. 이때 언어는 아이들을 그 미지의 세계로 인도할 수 있는 유일한 다리가 될 것이다[...].

기본 역량을 갖추지 못하면 새로운 지식을 흡수할 수 있는 수단이 끊기고, 삶을 이해하는 학생들의 능력도 향상하지 못하게 된다. 결국 아이들은 진화하는 우리 사회에서 번영할 수 있는 능력조차 갖추지 못하게 될 것이다(일교조, 1950, p.28).

부족한 학교 시설을 최대한 활용하기 위해 오전과 오후에 한 번씩 수업을 진행하는 이부제 수업의 보급이 증명하듯, 이 시기에는 교육 환경의 물질적 조건이 악화되고 있었다. 동시에 전후 새교육 운동이 절정에 달했던 시기였다. 미국식 아동 중심 교육이 등장하면서 교사들은 아이들에게 주어지는 숙제를 줄였고, "숙제가 주어지지 않으면 수업 외 학습 시간은 선택 사항으로 여겨질 것"이라는 우려가 불거졌다. "잘 가꾸지 않은 과일나무가 열매를 거의 맺지 못하듯, 아이를 내버려 두면 열매가 전혀 없는 삶을 살게 될 것"이라는 우려였다. 여기에는 미국의 이상에 크게 영향을 받은 새교육이 학습의 기준을 낮추고, 아이들을 "스스로 알아서" 학습하도록 내버려 둠으로써 기초 능력이 부족해지고 학습을 외면하는 결과를 초래한다는 일교조의 깊은 우려도 담겨 있다. 여기서 우리는 위에서 설명한 문부성의 1958년 개정 이유와 공통된 관점을 발견할 수 있다. 따라서 일본의 정치-경제적 역진주의가 구체화되기 이전 단계에서 일교조는 실제 교육 여건의 악화와 새교육에 내재된 문제점에 대한 문부성의 우려에 사실상 폭넓게 동의하고 있었던 것이었다.

또한 일교조 조사는 도쿄라는 단일 지역에서 실시되었지만, 표본의 여러 지역(도쿄 내 지역)에서 가정의 사회경제적 조건과 관련하여 학생들의 학업 성취도에 미치는 영향을 분석하는 엄격한 사회학적 방식으로 이루어졌다([그림 2.2]). 『일본 교육의 현주소』에서는 이러한 연구결과를 다음과 같이 요약했으며, 그 중요성을 고려하여 여기에서 인용하도록 하겠다.

> 조사 결과, 학생 성적이 좋은 A 지역(전문직 및 관리직 지역)과 B 지역(상업 및 주거 지역), 성적이 좋지 않은 C 지역(구시가지 및 공업 지역)과 D 지역(농업 지역)은 부모/보호자 간의 재정적 자원에 큰 불평등이 있는 것으로 나타났다. 이 불평등은 자녀들의 생활 조건과 가계에 보탬이 되기 위해 일자리를 구해야 하는 학생들 수에 큰 차이를 초래했다.
>
> 이러한 포괄적인 생활 환경이 아이들의 일상생활에 대한 태도에 영향을 미친다는 것은 여기에 제시된 결과가 아니더라도 분명한 사실이다. 하지만 이번 조사는 이러한 경제적 불평등이 어떻게 교육에 대한 적응과 노력의 격차로 나타나는지, 특히 이러한 요소들이 어떻게 작동하는지, 어떻게 다양한 형태로 변환되는지, 그리고 학생들의 학업 성취도 차이에서 어떻게 나타나는지를 보여준다.
>
> 성취도에 직접적인 영향을 미치는 또 다른 요인은 공식적인 교육 환경, 특히 C/D 지역에 거주하는 학생들에게 제공되는 교육 환경은 A/B 지역에 거주하는 학생들에 비해 불평등하다. 예를 들어, A/B 지역에서는 학력이 낮고 경력이 적은 젊은 교사의 비율이 C/D 지역보다 훨씬 낮을 뿐만 아니라 전국 평균과 비교해도 낮다. 이와는 대조적으로 C와 D 지역, 특히 C 지역의 경우 정반대이다(일교조, 1950, p.350).

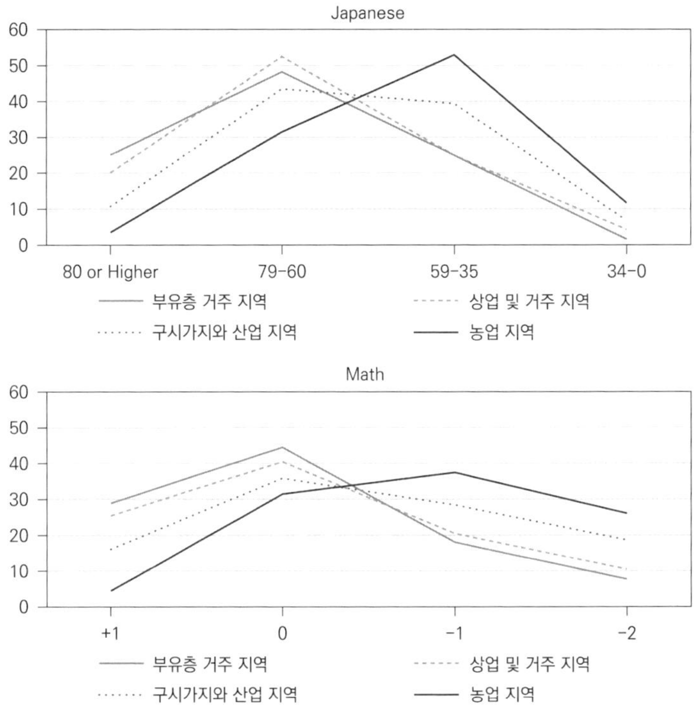

| 그림 2.2 | 지역에 따른 학업 성취도 차이(1949년 10월 20일 일교조 조사)

일교조의 조사 결과, 학업 성취도 불평등은 가정 배경 및 생활 환경 불평등, 즉 각 보호자의 재정적 자원 불평등과 지역 간 불평등이 복합적으로 작용하여 발생한다는 사실이 밝혀졌다. 인적 자원 불평등은 경험이 적은 교사의 존재라는 또 다른 요인이 되었다. 지면 관계상 최종 보고서의 주요 내용은 여기서 생략하지만, 보고서의 데이터와 그래프는 이러한 사실을 전달하고 확인시켜 준다. 이를 바탕으로 일교조의 『일본 교육의 현주소』는 학업 성취도 격차에 대해 다음과 같은 결론을 내렸다.

이 자료는 학생들의 학업 성취도와 관련하여 다음과 같은 사실을 시사한다. 결정적인 요인은 부모/후견인의 재정적 자원과 자녀에게 제공되는 교육 및 문화적 환경이다. 즉 이 자료는 현대의 학업 성취도 저하라는 현상이 위에서 제기된 여러 사회적 요인이 복합적으로, 그리고 그 범위를 확장해 감으로써 야기되었다는 것을 보여준다.

이러한 기여 요인을 악화시킨 원인이 무엇인지에 관한 질문은 교육 재정과 관련된 보고서의 뒷부분에서 다루기 때문에 여기서는 자세히 논의하지 않을 것이다.

하지만 강조해야 할 것은 서로 다른 교육 및 문화 환경은 궁극적으로 가계 자원과 지역 여건 등 재정적 자원의 상대적 불평등에서 비롯된다는 점이다.

사실상 학교 교육에 투입되는 자원의 상대적 불평등은 서로 다른 교육 환경으로 나타난다. 도시와 농촌의 문화 환경이 다른 것도 마찬가지인데, 궁극적으로 이 두 지역 간의 차이는 경제적 불평등에서 비롯된다.

따라서 아동이 처한 경제적 여건의 상대적 불평등이 학업 성취 수준을 결정하는 궁극적인 요인으로 인식되어야 한다.

학업 성취도 하락이 새교육의 도입에 큰 영향을 받았다는 것은 쉽게 알 수 있다. 그러나 일본이 새교육학의 원천인 미국과 동일한 새교육을 도입하고 동일한 수준의 재정적 자원을 가지고 있었다고 잠시 상상해 본다면, 현재의 문제가 발생했을 가능성은 거의 없다. 이 조사의 제한적인 결과만 보더라도 "새교육"과 교원 구성의 불평등(A/B 대 C/D)이 교차하는 지점이 큰 격차의 근원이라는 것을 짐작할 수 있다. 여기에서도 상대적인 경제적 불평등이 주요 요인이 될 것이다.

학업 성취도를 개념화할 때, 이는 단순히 교육 방법의 문제로만 볼 수 없다. 우리는 그 원인을 그 안에서 추구하는 접근 방식에 반대해야 한다. 교육 방법에 중심을 둔 관점의 궁극적인 결과는 교육 방법 논쟁에서 앞다투어 등장한 새로운 공식을 쫓아다니거나, 최악의 경우 과거의 실수를 반복하는 것에 불과했다. 게다가 교육 방법 중심의 관점은 교육 시설 개선에 대한 책임을 방기해온 교육 당국의 역할을 모호하게 만들어 교육을 재구성할 수 있는 실마리를 찾기가 점점 더 어려워지고 있다. 현재의 문제에 대한 해결책을 모색할 때 우리는 시선을 훨씬 더 넓게 돌려야 한다. 현 상황의 좁은 한계를 뛰어넘는 연구를 지속해야 하며, 이를 통해 여기서 밝혀진 인과적 요인과 관련 정책 수단을 더욱 명확하게 파악해야 한다. 이렇게 함으로써 교육은 더욱 확대되고 평등해지며, 더 높은 곳으로 향하는 길을 개척할 수 있다(일교조, 1950, p.36).

이 구절은 일교조가 미국식 새교육 교육 방법에 완전히 반대하지 않았음을 보여준다. 대신 일교조는 실제 교육 제공과 이상을 실현하는 데 필요한 재정 및 인적 자원의 불일치를 문제 삼았다. "일본이 새교육의 원천인 미국과 동일한 수준의 재정 자원을 모두 가지고 있다고 잠시 상상한다면 현재의 문제는 발생하지 않았을 것"이라는 것이다. 즉 일교조는 전후의 교육학적 전제가 옳다고 하더라도 일본의 교육 현실에서는 완전히 실현될 수 없다고 주장했다. 일교조는 "교육 시설 개선에 대한 책임을 방기한 교육 당국의 역할"을 강조하는 한편, 교육 제공의 감소는 불충분한 재원과도 관련이 있다고 지적했다. 이러한 이유로 미국식 새교육의 실현은 어려울 것이라는 결론을 내리고 있다.

이를 "완전한 체제 실현에 필요한 시설은 막대한 재원과 물적 자원이 필요하므로 단기간에 기대하기 어렵다"(문부성 시설연구회, 1950, p.3; 본서 49쪽 참조)는 문부성의 입장과 비교해 보면, 원래 1950년대 초에는 1958년 개정 이후 흔히 상상하는 것보다 일교조와 문부성의 견해차가 훨씬 적었음을 알 수 있다.

따라서 1955년 정치 체제가 결정되고 이후 좌우 대립의 시대로 접어들면서 교육 현실을 조사한 일교조와 문부성 모두 교육 시설의 열악함과 미국식 새교육이라는 이상주의적 교육학을 실현하는 데 내재된 어려움을 인식했다. 또한 양측은 교육 제공의 불평등이 경제적 불평등에 뿌리를 두고 있으며, 이것이 결국 학업 성취도의 불평등을 낳는 중요한 요인이라는 인식을 공유했다. 결국 1958년 개정 이전 시기에는 양측 모두 교육 제공 자체를 둘러싼 자원 부족과 관련하여 교육과정 및 교육 방법적 문제를 설명했다.

교육 불평등을 줄이는 방법?

이런 식으로 보면, 몇 가지 새로운 질문들이 제기된다. 1958년에는 중앙 통제에 대한 대립이 실제로 훨씬 더 첨예하게 그려졌다. 그러나 교육적 자원이 충분하지 않은 시대에 일교조가 주장한 것처럼 "지역 상황을 반영한"(국가교육과정, 1951) 교육을 통해 교육 제공의 불평등이 극복될 수 있을 것이라고 기대할 수 있었을까? 중앙정부의 개입 없이 학교 교육이 정말 "더 확대되고 더 평등해져서 더 높은 곳으로 향하는 길을 열어줄 수 있었을까?"

1950년 당시 일교조는 "교육 시설 개선에 대한 책임을 방기하고 있는 교육 당국"에 주목하는 입장을 표명했음을 알 수 있다. 그러나 문부성이 책임을 다했다면 국가가 주도하는 교육 표준화의 길을 걷지 않는 것이 과연 가능했을까? 교육 표준화는 잠재적으로 어떤 형태를 취할 수 있었을까? "지역 여건을 반영한 교육"과 동시에 "지역 실정에 맞는 교육"이 하드웨어적인 개선, 즉 '교육 시설의 개선'을 통해서만 가능하다는 것이 과연 현실적인가?

이러한 의문을 제기하면서 우리는 문부성의 개입이 불가피했다는 점을 지적하거나 문부성의 정책 선택을 정당화하려는 의도가 아니다. 그 대신, 우리는 일본 교육을 평준화 방향으로 밀어붙인 세력이 나중에 일교조와 문부성이 직접 대치하는 상황에서도 단순히 문부성의 일방적인 통제에 의한 것이었는지, 아니면 다양한 세력이 함께 움직인 결과물인지에 대한 의문을 제기하고자 하는 것이다. 우리가 이 질문에 초점을 맞추는 이유는 일본 교육계에서 널리 공유되고 있으며 더 깊은 수준에서 존재하는 일련의 규범인 핵심 쟁점에 대한 상호 이해를 조명하고 표면화하고자 하기 때문이다. 즉 우리는 정치적 대립이라는 피상적인 지형도를 뒷받침하는 무언가를 찾고 있다. 다시 말해, 교육 문제의 근원이 "경제력의 불평등"과 "미숙한 교사"를 통한 인적 자원의 차이로 인한 "교육 제공의 질 저하"의 불균등한 분배에서 발견되었다는 1950년대 일교조와 문부성 모두의 공통된 인식을 드러내고자 하는 것이다.

이 인용문에서 이를 보여줌으로써 작동하는 가설을 설정할 수 있게 되었다. 즉 당시의 열악한 교육 재정 여건은 교육 여건의 불평등을 피할 수 없는 사실로 만들었다. 이러한 불평등을 극복하기 위한 접근 방식과 방법에는 차이가 있었지만, 이러한 불평등을 방치할 경우 "교육은 … 더욱 확대되고 … 더욱 평등해지며, 더 높은 곳으로 향하는 길"로 나아가는 것을 가로막을 것이라는 믿음이 공유되었던 것이다.[4] 충분한 자원이 부족한 상황에서 미국이 도입한 아동 중심의 새교육과 미국식 행정 분권화가 겹쳐진 결과, 새교육은 일교조조차 비관적인 시각으로 바라보았다. 따라서 교육 표준화를 추진하는 세력들의 결합은 자원 부족과 지역 간 불평등으로 인한 실제 교육 제공의 질적 저하 문제를 정면으로 마주하고 민주적 교육이라는 고상한 이상과 연관 지어 이해했을 때 나타났다.

이러한 방식으로 1950년대 논쟁의 윤곽을 이해하면 새로운 질문이 제기된다. 당시 교육에 관한 전체 스펙트럼에서 어떤 유형의 관점이 공유되었을까? 관련 이슈에 대한 이러한 관점을 뒷받침하는 심층적인 논리는 무엇이었을까? 이러한 질문들을 현재 분석의 초점으로 삼으면서, 우리는 어떻게 이러한 특정한 형태의 교육 표준화가 생겨났고, 그 후 전후 일본에 퍼져나갔는지를 이해할 수 있다.

정치적 대립이 지속되면서 중앙 정부의 교육과정 통제에 대한 비판이 거세게 일어났다. 그러나 대중의 거친 수사와는 대조적으로 1958년 개정에 반대하는 초중등학교의 광범위한 운동이 없었다는 사실을 잊어서는 안 된다. 1960년대에 약간의 교육과정 자율화 운동이 탄력을 받기는 했지만, 대부분 교사는 일교조 가입 여부와 관계없이 1958년 개정안에 따라 교과서를 사용하고 수업을 진행했다. 교사들의 이러한 행위를 단순히 중앙 정부의 강요에 굴복한 것으로 보는 것은 정치적으로 너무 많은 것을 해석하는 것이다.

대신 많은 교사가 새교육에 대해 같은 종류의 우려를 공유했기 때문에 전국의 교실에서 1958년 개정안은 정치적 색채가 짙은 날카로운 수사적 저항에도 불구하고 대부분 순조롭게 시행되었다. 이 점을 감안할 때, 우리는 다음과 같은 질문을 던져야 한다. 그렇다면 교육 표준화의 씨앗이 뿌려진 토양의 질은 어땠는가? 위에서부터 전파된 교육 표준화는 그 씨앗이 떨어지는 다양한 토양에 뿌리를 내리는 방식에 따라 다르게 꽃을 피우기 때문에 이 질문은 또 다른 핵심이다. 표면적인 대립의 지형보다 더 깊은 지층에서 작동하는 힘의 협력을 찾기 위해 파고들면, 우리는 일본 전후 상황에서 교육 표준화의 부상과 확산을 추진한 힘을 이해하는 데 한 걸음 더 다가갈 수 있다.

이 질문을 통해 우리는 다음과 같은 질문을 던질 수 있다. 미국식 새교육이 성공하지 못한 것이 당시 문부성과 일교조의 주장처럼 단순히 자원 부족의 문제였을까? 자원만 충분했다면 과연 아동 중심의 새교육이 전후 일본의 토양에 튼튼한 뿌리를 내릴 수 있었을까?

이러한 질문은 단순한 자원의 문제를 넘어 자원 배분의 논리와 교육 실천의 논리 사이의 연관성에 주목하게 한다. 여기서 주목할 점은 학습의 표준을 정립하고 보다 체계화한 1958년 개정교육법이 같은 해 제정된 「의무교육 표준화법」(Compulsory Education Standardization Law, 이하 1958년 법)과 떼려야 뗄 수 없는 관계에 있다는 사실이다. 1958년 개정안에서는 평균 학생 수 50명인 학급 규모에 대한 교육 규범이 제시되었다면, 1958년 법에서는 이 새로운 학급 규모에 따른 교육 자원 배분 메커니즘이 제시되었다. 구체적인 교육 표준화 방식을 결정한 제도적 틀은 1958년에 나란히 제정된 이 두 가지 정책 변화의 산물이었다.

이 체계적 틀의 기반이 되는 논리는 무엇이었을까? 두 정책의 공통점은 무엇이었을까? 우리가 이 질문을 추구해야 하는 이유는 바로 이 논리가 일본에서 교육 표준화가 궁극적으로 어떻게 전개되었는지를 결정하기 때문이다. 그러나 일본의 맥락에서 평준화가 어떻게 등장했는지 추적하기 위해서는 실제로 시간을 훨씬 더 거슬러 올라가 살펴본 다음, 20세기 초의 미국이라는 또 다른 출발점으로 돌아가야 한다. 이 두 가지 역사적 흐름은 전후 일본 체제의 청사진을 작성하는 과정에서 궁극적으로 수렴되었고 결정화되어 갔다.

• Note •

1. Kariya(1995)는 "대중교육사회"를 중등 및 고등 교육에 대한 보편적 접근이 가능한 동시에 대다수 국민 사이에서 능력주의 이상에 대한 광범위한 합의가 뒷받침되는 사회로 정의한다.
2. 일본어로 이러한 지역 교육 단위는 홋카이도, 도쿄, 오사카, 교토 및 일본의 47개 도도부현을 의미한다. 간결성을 위해 여기서는 '지역'과 '도도부현'을 혼용하여 사용한다.
3. 1950년대 중반부터 1990년대 중반까지 일본 정치의 보수-진보 분열을 가져온 정치 개편인 "1955년 체제"에 대한 설명은 Curtis, 1999, pp.27-42쪽을 참조하라.
4. 지역 간 교육 불평등을 해소한 일본에서는 "더욱 확대되고 … 더욱 평등해져 더 높

은 곳으로 향하는 길을 열어주는"(일교조, 1950, p.36) 교육 시스템이 등장하면서 대중교육사회가 도래했다.

제3장

부정적인 전전(戰前) 유산과 미국 모델의 뿌리

제3장
부정적인 전전(戰前) 유산과 미국 모델의 뿌리

2장에서 논의했듯이, 문부성과 일교조가 강조한 교육에서 지역 격차 문제는 새로운 체제에서 자원 배분이 구체적으로 어떤 문제를 야기할 수 있는지에 관한 질문을 촉발하는 핵심 중 하나였다. 지역적 불평등은 전쟁 전 관성적으로 등장했던 주제로, 과거를 청산하려면 해결해야 할 부정적 유산이었다. 그렇다면 이러한 지역적 격차를 어떻게 극복할 수 있었을까? 그 극복의 수단은 이후 일본의 교육 표준화에 특정한 성격이나 형태를 부여할 것이다.

그러나 그 이야기로 넘어가기 전에 먼저 당시의 실태를 검토하고 어떤 문제가 있었는지 살펴볼 필요가 있다. 나중에 일본의 전후 평등을 실현하기 위한 전체 시스템의 청사진이 어떻게 등장하고 작동했는지 이해하기 위해서는 해결해야 할 문제의 현실을 설명하는 것부터 시작하는 것이 필요하다. 이 장에서는 전후 교육 표준화를 추진하게 된 제도를 뒷받침하는 구체적인 기원을 추적함으로써 역사를 재조명하고자 한다.

이를 위해 이 장의 전반부에서는 전후 교육 재정의 틀과 그 다양한 문제점을 살펴본다. 일본에서는 흔히 '부정적 유산'이라고 불리는 것의 현실을 보여준 후반부에서는 이를 극복하기 위한 어려움들을 드러내고자 한다.

전쟁 전 교육 자원 배분

빈곤 지역의 공공재정

전후 일본의 교육은 교육비 부담을 어디에 둘 것인지에 대한 중대한 선택에 직면했다. 지방에 맡겨야 할 것인가, 아니면 중앙 정부(즉 국고)에서 어떤 형태로든 지원해야 할 것인가? 다이쇼 시대(1912~1926년)가 끝날 때까지 교육(의무교육 포함)에 대한 공적 재정 부담은 대부분 지방이 떠맡았다. <표 3.1>에서 볼 수 있듯이 1950년대 후반에 이르러서야 중앙 정부의 비중이 50%에 육박하는 수준으로 상승했다. 게다가 이러한 교육비는 지방의 전체 재정에서 상당한 비중을 차지했다(<표 3.2>). 이는 곧 지방의 취약한 재정 상태가 교육에 대한 낮은 수준의 공공 지출로 직결된다는 것을 의미했다. 이러한 교육 재정 지원 구조는 오랜 역사를 바탕으로 상당한 관성을 지니고 있었다.

| 표 3.1 | 총 공교육 지출 대비 국가, 도도부현, 시(정, 촌) 부담 비율(%)

회계연도	국가	지방자체단체		
		총합	현	시, 정, 촌
1881	10.2	89.8	14.3	75.5
1885	9.5	90.5	11.2	79.3
1890	9.7	90.3	12.4	77.9
1895	11.2	88.8	13.2	75.6
1900	14.2	85.8	21.6	64.2
1905	13.2	86.8	21.2	65.7
1910	10.6	89.4	18.5	70.9
1915	11.7	88.3	19.0	69.3
1920	14.7	85.3	18.5	66.8
1925	22.7	77.3	20.9	56.4
1930	31.6	69.4	23.4	45.0
1935	30.4	69.6	20.7	48.9
1940	40.3	59.7	29.7	30.0
1950	46.3	53.7	26.0	27.7
1955	47.2	52.8	30.5	22.8
1960	48.4	51.6	30.3	21.3

출처: Table 37 of Ministry of Education "Nihon no seicho to kyoiku [Japan's growth and education]" (1962)

| 표 3.2 | 국가, 도도부현, 시(정, 촌)의 행정 지출 대비 공교육 지출 비율(%)

회계연도	국가	현	시, 정, 촌
1881	1.2	7.3	41.1
1885	1.7	6.7	66.2
1890	1.1	5.7	35.3
1895	1.9	7.6	32.4
1900	2.0	17.2	32.8
1905	1.3	19.1	32.1
1910	1.6	18.4	30.6
1915	1.8	17.0	29.3
1920	2.8	19.7	31.5
1925	6.6	23.4	28.7
1930	9.2	23.3	22.8
1935	6.8	12.7	22.3
1940	1.8	25.1	13.8
1950	13.5	28.7	26.5
1955	22.8	21.4	20.6
1960	21.5	31.1	22.5

출처: Table 37 of Ministry of Education "Nihon no seicho to kyoiku [Japan's growth and education]" (1962)

이 문제를 어떻게 해결할 수 있었을까? 일본 내 교육 정책 연구 분야에서는 이미 의무교육에 대한 공적 재정의 역사적 윤곽을 추적한 여러 연구(일본어)가 발표되었다(Ogawa, 1991; Ibuka, 2004). 여기에서는 전후 정책 입안자들이 어떤 문제와 씨름해야 했는지 이해하기 위해 기존 연구에서 분석한 전후 교육 재정 역사를 개관하고자 한다.

1918년 지방 의무교육 국가 재정 지원 제도(이하 국가 재정 지원 제도)가 제정된 것은 우리 논의의 중요한 순간이자 출발점이다. 국가 재정 지원 제도를 제정하면서 중앙 정부는 지방 공립 초등학교 교사 급여의 일부를 부담할 책임을 맡았다. 이는 교육특별보조금과 지방재정보조금의 형태를 취했다. 1918년 이전에는 의무교육과 관련된 거의 모든 비용을 지방에서 부담했다. 국가 재정 지원 제도의 설립은 주로 가난한 지역을 재정적으로 지원하기 위한 것으로, 국가가 교원자격증 소지 교사와 준교사의 급여 일부를 보조함으로써 재정이 부족한 지방 자치 단체의 의무교육 비용 부담을 덜어주기 위한 것이었다.

보조금 액수 산정에 사용된 공식은 지역 내 정규 공립 초등학교 정교사 및 준교사 수의 비율을 기준으로 총 보조금의 50%를 할당하는 공식이었다. 나머지 50%는 지역 내 학교에 다니는 아동 수 비율에 따라 배분했다. 이부카 유지(Ibuka Yūji)는 이 공식이 의도적으로 "보조 교사를 교사 수 계산에서 제외하여 각 지역이 학교 교사 질을 향상하도록 장려하기 위한 것"이라고 지적한다. 이부카는 비슷한 방식으로 "적절한 연령 아동 수가 아닌 학교에 다니는 아동 수를 기준으로 계산하여 학교 출석률을 높이려고 시도했다"라고 덧붙였다(Ibuka, 2004, p.48).

그럼에도 불구하고 이 제도는 가장 가난한 지역을 구제하는 데 중점을 두었다. 어떤 의미에서는 가장 가난한 지역에 대한 재정적 구호 또는 복지의 한 형태였다. 그러나 전후 일본 제도나 뒤에서 살펴볼 미국 제도와 달리 궁극적으로 교육 여건의 평준화나 표준화라는 측면에서 국가 재정 지원 제도가 미친 영향은 미미했다.

언뜻 사소해 보이지만, 보조 교사를 포함하지 않은 계산식을 기반으로 했다는 점도 평준화 정책으로서의 약점을 드러낸다. 정교사 비율이 상대적으로 높은 지역은 상대적으로 재정이 튼튼한 지역이었기 때문에 중앙 정부의 보조금이 상당한 영향을 미칠 수 있었다. 그러나 정규직 교사와 정식 면허를 가진 교사의 수가 적은 가난한 지역에서는 이 공식에 의하면 중앙 정부의 재정 지원이 상대적으로 적다는 것을 의미했다. 이부카가 지적했듯이 실제로 "보조 교사의 비율은 재정이 가장 열악한 정(町)과 촌(村) 지역에서 가장 많았기 때문에 앞서 언급한 배분 방식은 초등학교에 대한 전국적인 기본 기준과 지역 차원의 재원을 유지하는 데 도움이 된다는 측면에서 거의 효과가 없었다"(Ibuka, 2004, p.48). 이를 인식했는지 추가 조항을 통해 가난한 지역에 더 많은 지원을 보낼 수 있게 되었다. "문부성 장관은 보조금 총액의 10%까지 특별

증액을 승인할 수 있다"(Ibuka, 2004, p.48). 그러나 현실적으로 이러한 작은 조정으로는 지역 간 교육 불평등을 실질적으로 개선하기에는 역부족이었다. 결국 국가 재정 지원 제도는 지방 교육 재정의 미미한 보완책으로서 지방에 대한 복지 또는 지원 제도로서 기능했을 뿐이었다.

교육기회균등과 교육 재정시스템

그렇다면 이 시스템을 기반으로 교육 자원은 어떻게 배분되었을까? 문부성 공무원과 도쿄제국대학교 교육학과 교수로 재직했던 아베 시게타카(Abe Shigetaka)의 연구를 바탕으로 이 질문에 답해 보겠다. 아베는 학급당 학생 수, 교원 급여, 전임 교원 비율 등 다양한 영역에서 수집한 데이터를 통해 일본 47개 행정구역(도도부현)의 교육 불평등의 재정적 측면을 분석했다. 여기서는 아베의 수치를 바탕으로 교육 재정의 불평등과 실제 교육 제공(정교사, 급여 등 공급 측면의 요인) 사이에 어떤 관계가 존재하는지 재분석해 보고자 한다.

아베의 분석에 따르면 1928년 공립 초등학교의 학생 1인당 교육비는 도쿄가 65.81엔으로 가장 높았고 오키나와가 17.24엔으로 가장 낮았다. 이 두 극단의 차이는 도쿄의 학교가 학생 1인당 지출하는 비용이 거의 4배에 달했다. 당시 전국 평균은 32.10엔으로, 도쿄의 학생 1인당 지출은 전국 평균의 거의 두 배, 오키나와는 거의 절반 수준이었다.

아베의 데이터를 바탕으로 한 [그림 3.1]은 학생 1인당 도도부현 재정력 지수(각 도도부현의 국세 직접세 조정액으로 산출)와 초등학교 학생 수를 그래프로 나타낸 것이다. 이 조정값은 세로축에, 학생 1인당 교육비는 가로축에 표시된다. 여기서 0.810의 강한 양의 상관관계를 발견할 수 있다. 즉 도도부현의 재정력이 강할수록 학생 1인당 교육비 지출이 증가한다는 것을 알 수 있다. 이를 통해 국가 재정 지원 제도가 도도부현 간 교육 재정 평준화를 가져오는 데 거의 효과가 없었다는 것을 확인할 수 있다.

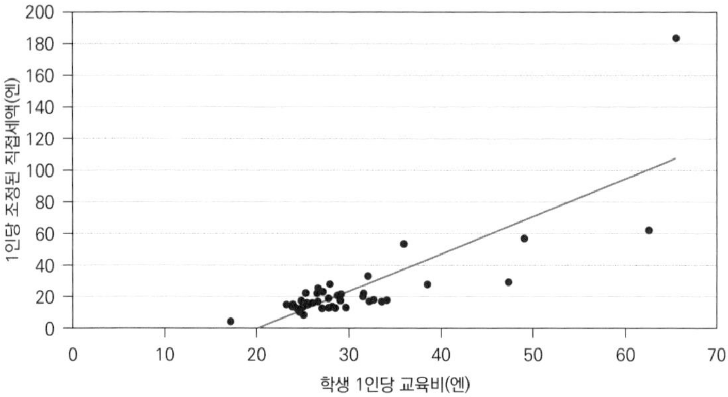

I 그림 3.1 I 1928년 지자체 재정 능력과 교육 지출의 관계(Abe, 1933 [1971] 데이터)

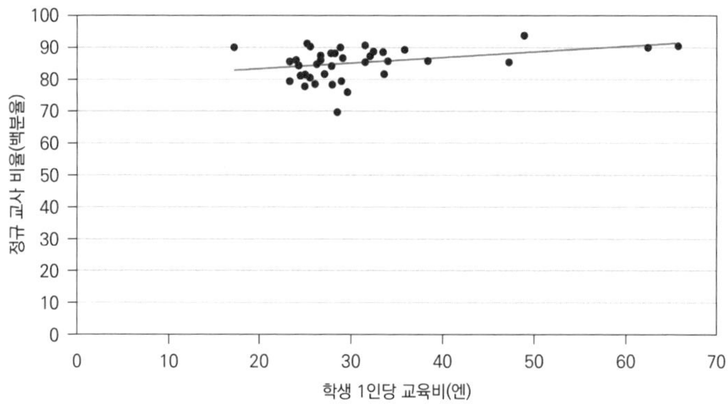

I 그림 3.2 I 1928년 학생 1인당 교육비 지출과 정교사 수의 관계(Abe, 1933 [1971] 데이터)

재정력의 불평등을 반영하는 이러한 교육비 배분의 특성은 교육 제공의 불평등과도 맞물려 있다. 이를 보여주는 [그림 3.2]는 학생 1인당 교육비 지출과 정규 교원 비율을 보여준다(상관 계수 0.358). 여기서도 비례 관계가 분명하게 드러난다. 지방 교육비가 감소할수록 정규 교원 비율은 감소하고, 반대로 대체 교원 비율은 증가했다. 실제 수치로 보면 홋카이도(69%), 아오모리(78.1%), 군마(79%) 등 정교사 비율이 80%에 미치지 못하는 현은 학생 1인당 교육비가 전국 평균인 32.10엔 미만이다.

또한 학생 1인당 교육비 지출과 교원 평균 급여 사이에도 분명한 관계가 있음을 알 수 있다. [그림 3.3]에서 볼 수 있듯이, 한 지역의 교육비 지출이 낮을수록 그 지역 초등학교 교사의 급여 수준도 낮다(상관 계수 0.762).

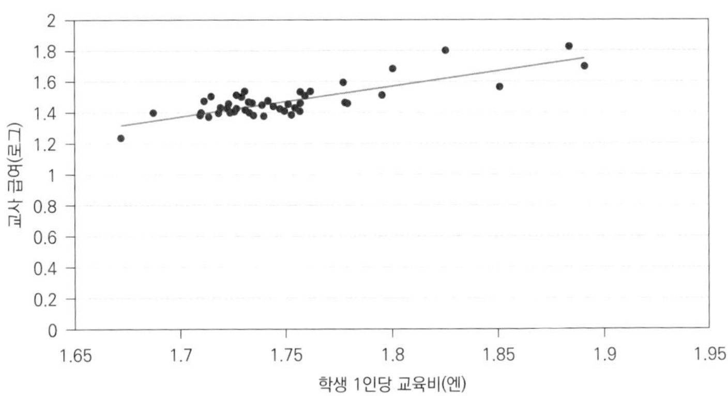

| 그림 3.3 | 1928년 학생 1인당 교육비 지출(로그)과 교사 급여(로그)의 관계 (Abe, 1933 [1971] 데이터)

[그림 3.3]은 교사 급여의 로그 스케일로 보여 주지만, 동일한 데이터를 화폐 단위로 표현하면 다음과 같은 상관 관계가 분명해진다. 교사 평균 보수가 가장 높은 상위권에는 오사카(78.01엔), 도쿄(76.76엔), 효고(71.12엔), 교토(67.04엔), 가나가와(63.34엔) 등 대도시가 중심이 된 도도부현이 포진해 있었다. 반대로 최하위권인 오키나와(47.01엔), 이와테(48.64엔), 고치(51.30엔), 후쿠시마(51.31엔), 아오모리(51.52엔)는 주로 농어촌 지역으로 오늘날에도 재정적으로 가장 취약한 현이다. 상위 5개 현의 평균은 71.25엔으로, 하위 5개 현의 평균(49.97엔)보다 20엔 이상 높았다. 불평등 비율은 1.43이었다. 1933년 아베는 국가 재정 지원 제도가 평등과 교육 조건의 조정을 가져오는 데 실패한 것에 대해 다음과 같은 비판을 했다.

> 현행 교부금법 및 특별지역 인정 기준은 대부분 전통적인 것으로 교육적 의미가 거의 없다. 이러한 방식과 기준을 사용하는 이유는 일본에서 중앙 정부가 교육비를 지원하는 목적이 지금까지 지방 재정을 구제하는 행위로만 생각되어 왔기 때문이었다. 중앙 정부 재정의 활용은 단순히 시정촌의 재정 부족을 해소하기 위한 것으로 이해되고 있으며, 교육기회균등은 문제가 되지 않기 때문에 현재의 교부금 배분 방식과 특별교부금 인정 기준 모두 충분하다고 판단하고 있다. 이러한 사고방식은 전통적 관습을 드러내는데, 초등학교 설립과 유지의 책임을 마을에 두고 중앙 정부는 때때로 재정적 지원을 제공할 수는 있지만 궁극적으로 직접적인 재정적 책임이 없다고 주장한다 [...].
>
> 중앙 정부 보조금의 공평한 배분과 시정촌 지역의 교육 수요 충족이라는 두 가지 목표를 현재의 단편적인 개혁 방안을 통해 달성하기는 매우 어려울 것이다. 그러나 이 제도를 대체할 구체적인 안을 제시하는 것 또한 그 자체로 어려운 과제이다(Abe, 1933 [1971], p.186).

아베의 주장을 통해 확인할 수 있는 것은 "전쟁 이전에는 교육기회균등이 교육 재정의 일반 원칙으로 제도화되어 있지 않았다"는 점이다(Ibuka, 2004, p.26). 아베가 지적한 것처럼, "중앙정부 재정의 활용은 단순히 시정촌의 재정 부족을 해소하기 위한 것으로 이해될 뿐, 교육기회균등은 문제가 되지 않았다". 따라서 아베는 '교육의 평등'은 궁극적으로 현행 제도 내에서 불가능하다는 결론을 내렸다. 여기서 강조할 만한 점은 아베가 이미 1933년 초부터 교육 재정 배분 문제와 교육기회균등 사이의 연관성을 탐구했다는 점이다. 이는 교육기회균등과 교육 재정 시스템을 연계하는 아이디어가 미국에서 교육 재정을 둘러싼 유사한 논쟁보다 훨씬 늦게 일본에 등장했음을 드러낸다. 이는 앞으로 좀 더 자세히 살펴볼 것이다.

교사 간 불평등한 조건

그럼에도 불구하고 아베 자신도 비관적으로 관찰했듯이, 전쟁 전 국가 재정 지원 제도는 교육기회균등 실현에 크게 미치지 못하는 것이 현실이었다. 그 증거는 1936년 문부성이 기존 재정 지원 제도의 한계를 극복하기 위해 제안한 「지방 초등학교 교사 급여에 대한 현의 책임에 관한 지침」(Directive on Prefectural Responsibilities for Teacher Renumeration in Local Elementary Schools)에서 찾아볼 수 있다. 이 정책에서 문부성은 정(町)－촌(村) 지역 교원의 급여에 대한 재정적 책임을 도도부현과 시 지역으로 이전할 것을 제안했고, 이는 1940년에 시행될 예정이었다. 즉 부족분을 중앙정부가 아닌 도도부현이 책임지도록 하자는 제안이었다. 이 정책 제안은 교육 제공의 지역 간 불평등을 다음과 같은 방식으로 논의했다.

> [도도부현에서 비용을 부담하는 경우] 교원의 전보 및 배치에 있어 발생하는 마찰과 복잡한 현실을 피할 수 있으므로 적절한 자원을 적재적소에 배치할 수 있다. 과거 인사 시스템 하에서 지역 지도자들은 교육적 필요에 따라 이러한 전보를 계획했지만, 지역 차원에서 급여를 지급할 자금 부족으로 계획이 실현되지 않은 경우가 많았다. 특히 빈곤한 지역에서는 교육적 측면에서 우수한 교사나 지역 발전을 위해 봉사할 수 있는 교사가 아니라 저임금으로 일할 수 있는 교사를 찾았다. 그 결과 우수한 교사들이 점차 다른 지역으로 이동하고 교육의 질은 현저하게 떨어졌다 [...].
>
> 교사를 둘러싼 여건은 지역 간 현저한 불평등을 낳고 있다. 매년 새롭게 배출되는 사범학교 졸업생 중 일부는 경제적으로 풍요로운 도시로 취직하는 반면, 일부는 경제적으로 열악한 산간벽지의 외딴 지역으로 이동한다. 하지만 불과 10년 안에 이들이 처한 환경은 크게 달라질 것이다. 우리는 전국적으로 이러한 사례를 볼 수 있다 [...]. 이러한 차이가 커짐에 따라 훌륭한 교사들은 자연스럽게 도심으로 집중될 것이고, 그 결과 전국적으로 교육 결과의 격차가 더욱 심화될 것이다 [...].
>
> 최근 교원 급여 체불이 전반적으로 감소하고 있지만, 이 글을 쓰는 시점에도 일부 681개 정촌 지역은 여전히 77만 6천 엔을 지급 받지 못하고 있다 (Ibuka, 2004, pp.202-203에서 인용).

제안된 제도가 시행되면 "도시에서 근무하든 농촌에서 근무하든 교사가 되는 조건이 적어도 어느 정도는 평등해질 것"이라는 희망이 담겨 있었다. 그러나 이러한 희망은 현실과는 거리가 먼 이야기였다. 전쟁 이전 동안 교사의 보수가 지역별로 크게 차이 나는 것은 교원 이동/순환에 걸림돌이 되었다. 따라서 넓은 지역에 걸쳐 교사를 배치하고, 이를 통해 지역 간 교육 제공의 질을 균등화하는 데 기여할 수 있는 광범위한 시스템을 도입하기가 어려웠다. 교사를 둘러싼 불평등한 조건이 "전국적으로 교육 성과의 계층화를 심화"시키는 주요 원인으로 간주되는 이유도 바로 이 때문이었다. 이를 뒤집어 생각해 보면, 의무교육의 재정적 불평등을 완화하고 교사의 불평등한 처우를 개선하는 두 가지 전쟁 전 정책 기조가 "전국적인 교육 결과"의 불평등을 줄이는 조치로 구상되고 있었음을 알 수 있다.

흔히 전쟁 전이 전후보다 교육에 대한 중앙 정부의 통제가 강력했다고 하지만, 전쟁 전은 오히려 자원 배분 구조와 의무교육 기반이 극히 빈약했다고 표현하는 것이 더 적절할 것이다. 아베가 꿈꿨던 교육기회균등이라는 이상과는 거리가 먼 이러한 냉혹한 현실이 전쟁 전 교육을 규정했다.

문제 해결 방법

교사 단위

> 냉혹한 현실에 굴하지 않고 아베는 중앙정부 보조금 제도의 문제점을 자체적으로 분석한 후 대안을 제시했다. 아베가 제안한 것은 "교사 한 명이 담당할 수 있는, 학교에 매일 출석하는 평균 아동 수를 기준으로 예산을 책정하는" 재정 배분 공식이었다(Abe, 1933 [1971], p.183).

아베는 "예를 들어, 교사 한 명당 하루 평균 학생 수가 40명으로 정해져 있다면, 지역별로 '교사 단위'의 수는 단순히 하루 평균 학생 수를 40명으로 나누면 결정할 수 있다"(Abe, 1933 [1971], p.183)고 설명한다. 각 지역의 교사 수를 고려하지 않은 기존의 중앙 정부 보조금 시스템과 완전히 대조적으로, 아베가 제안한 시스템은 교사 단위를 보조금 배분의 중심으로 삼은 것이다. 이러한 방향으로 개혁은 지역이 '시스템 작동'을 위해 교사 수를 무리하게 늘려 보조금을 과도하게 받으려는 시도를 방지할 뿐만 아니라, 재정 자원이 부족한 지역의 경우 교사에게

과도하게 많은 학급을 지도하도록 강요하는 것을 방지하는 데 도움이 될 수 있다.

아베가 주창하는 교사 단위의 개념은 사실 미국에서 도입된 것으로, 주(州) 내 재정 불평등을 바로잡기 위해 미국에서 논의되던 할당 원칙(즉 공식)의 중요한 변수였다. 따라서 아베의 제안은 평준화라는 일반적인 방향에 관한 초기의 강력한 움직임을 나타낸 것이다. 기존 시스템에서는 단순히 '지역의 실제 교사 수'를 반영한 보조금만으로는 교육의 평준화나 기회균등과 연결되지 않았을 것이다(즉 중앙정부가 재정적 약속을 완전히 성공적으로 실현했더라도 여전히 평등을 실현하지 못했을 것이다). 지역 간 불평등을 실질적으로 줄이려면 중앙 정부는 단순히 재정을 분산하는 것이 아니라 보조금이 할당되는 메커니즘 자체를 바꿔야만 했다. 이것이 바로 중요한 지점이다.

이를 위해 교사 1인당 아동의 일일 출석 수를 활용한다는 개념은 교사의 업무량을 파악하고 표준화하기 위한 아이디어였다. 이 공식을 적용하면 필요한 교사 수를 계산할 수 있고, 이를 바탕으로 교원 인건비 예산을 책정할 수 있을 것이다. 이 수치는 다시 중앙 정부의 인건비 배분의 근거가 되어 중앙 정부가 평등한 교육 시스템을 설계하는 데 도움이 될 수 있다. 교육 노동을 표준화할 수 있게 하는 교육 자원의 배분 공식이 처음 주창된 것도 바로 이 때문이었다. 여기서 교육 기회의 평등은 교육 노동의 표준화와 연결되었고, 더 나아가 이를 뒷받침할 재정적 기반을 확보함으로써 실제로 평등을 실현하고자 하는 제안이었다.

이러한 아이디어가 1933년에 이미 도입되었다는 것은 매우 중요한 의미가 있다. 그보다 불과 2~3년 전에 미국에서도 교육 기회의 평등에 대한 논의가 공개적으로 시작되었기 때문이다. 1933년, 대공황으로 인해 미국 전역이 재정 부족에 직면하면서 교육 기금을 어떻게 개정할 것인지에 대한 전국적인 논쟁이 크게 격화되었다. 아베의 제안도 같은 맥락에서 전개되며, 실제로 그 산물이다. 즉 일본도 미국과 거의 같은 문제에 직면해 있는 상황에서 미국의 최신 동향이 아베를 통해 문부성 관계자를 비롯한 일본 교육계에 적용가능한 해결책으로 소개된 것이다.

곧 살펴보겠지만, 아베의 제안은 1950년대에 제도화된 의무교육비 국가 보조금 제도와 평준화 제도가 결합된 교부금 배분 공식과 놀라울 정도로 유사하다. 이 이야기는 다음 장에서 자세히 다루겠지만, 지금은 아베의 제안으로 인해 전쟁 전 제도에 어떤 변화가 일어났는지 간략하게 살펴볼 필요가 있다.

대공황과 군사비 지출 증가의 영향으로 지방 재정은 지속적인 위기 상태에 놓여 있었다. 이는 1940년 「의무교육 중앙정부 보조금법」(Central Government Subsidy System Law to Compulsory Education) 제정을 이끌었다. 이 법의 통과로 의무교육에서 교사 급여에 대한 재정적 책임은 이론상, 지방이 전액 부담하던 급여 일부를 중앙정부가 지원하던 기존 모델에서 중앙정부와 도도부현이 각각 절반씩 부담하는 새로운 모델로 바뀌었다. 즉 1940년 법은 앞서 논의한 문부성 제안이 실제로 시행된 것이었다.

그럼에도 불구하고 전시의 심각한 재정난 속에서 1940년 제정 이후 1945년 중반 일본이 패망할 때까지 이 법이 얼마나 효과적으로 기능했는지 알 방법은 거의 없다. 이런 식으로 전쟁 전 부정적인 유산은 전후를 상징하는 대표적 유산이 될 운명이었다.

1872년 이래 가장 중요한 문제

전쟁 전에는 조선총독부 관료로, 전후에는 문부성 관료로 재직했던 아마기 이사오(Amagi Isao) 전 문부성 차관은 다음과 같이 교육적 유산을 설명했다.

> 메이지 시대(1872년) 교사 급여는 근대 교육 제도가 시작된 이래 지방 재정과 관련된 가장 중요한 문제였다. '지방 재정의 역사'를 간단히 훑어보기만 해도 지방 재정에서 가장 문제가 되는 부분이 항상 교사 급여였다는 것을 금방 알 수 있다. 어느 수준에서 급여 지출을 충당할 것인가? 적절한 수준의 교육은 어떻게 보장될 수 있을까? 교육 정책과 지방 재정에 관한 이러한 '큰 질문'의 이면에는 깊고 복잡한 역사가 숨어 있다. 간단히 말해, 지방 정부는 지금까지 급여를 지급해 왔지만 이러한 재정적 약속을 이행할 수 있는 수단이 없었다. 이는 불평등을 초래했다. 이러한 인식에서 "의무교육 하에서 학교는 지방 정부가 짓더라도 교사 급여는 중앙 정부가 부담하도록 하자"는 등의 다양한 제안이 나왔다. 그럼에도 불구하고 부유한 지역과 가난한 지역 간의 전반적인 불평등 상황은 여전했고, 그로 인해 발생하는 불평등이 교사 급여에 반영되는 결과를 초래할 수밖에 없었다. 이러한 점을 고려할 때, 결국 유사한 결론에 도달했다. "중앙 정부가 나서서 문제를 바로잡아야 한다"는 것이다. 오랜 논쟁 끝에 쇼와 15년(1940년)에 중앙 정부가 교사 급여의 절반을 부담하는 「의무교육 중앙정부 보조금법」이 제정된 것도 바로 이러한 이유 때문이었다... 그렇기 때문에 문부성은 「의무교육 중앙정부 보조금법」에 따라 모든 교원 급여의 절반을 중앙 정부가 부담하겠다는 약속을 강화하고 구체화할 계획이다(Amagi, 2002, p.127).

따라서 문부성 자체의 입장에서도 "메이지 시대 근대 교육 제도가 시작된 이래로 존재해 온" 문제를 어떻게 해결할 것인가가 문제였다. 다음 장에서 살펴보겠지만, 국가 교육 재정 시스템의 제도화를 위한 움직임은 바로 전쟁 이전부터 이어져 온 문제와 씨름하는 과정이었다. 그 투쟁의 첫 신호탄은 이미 살펴본 아베의 제안이었다.

물론 전후 체제는 아베가 처음 제안한 것보다 더 구체적인 방식으로 확립되었다. 또한 전쟁 직후의 긴축 재정 상황에서 임시방편으로 채택된 것이기도 하다. 그러나 아마기의 설명에서 얻을 수 있는 중요한 점은 전후 문부성 관료들에게 있어 아베가 전쟁 전에 이미 제기했던 교육기회균등 문제가 이번에는 주요 정책 과제로 다시 등장했고, 전후 새로운 헌법과 「교육기본법」(Fundamental Law of Education)에 의해 뒷받침되었다는 점이다. 따라서 전후는 전쟁 전 제안이 제도화되는 순간이었다. 동시에 교육 자체가 평등을 지향하는 전후 일본 시스템을 구축한 것도 바로 이 과정에 있었다. 평등이라는 청사진 수립을 위한 전제조건으로서 전쟁 전의 부정적인 유산과 그 해결 방법을 둘러싼 논쟁은 전후 새로운 체제의 개념화에 지울 수 없는 흔적을 남겼다.

미국의 뿌리: 과학적 관리 혁명

세기의 전환

이제 교육 재정을 둘러싼 미국 내 논쟁의 역사와 방향에 대해 간략히 살펴보도록 하겠다. 아베가 제기한 교사 단위의 중심 개념을 포함하여 미국에서 교육 재정이 이해되는 방식을 살펴봄으로써 나중에 일본 접근 방식에서 특별한 점이 무엇인지 쉽게 파악할 수 있도록 하는 것이 우리의 목표이다.

공립 학교에 대한 미국의 교육 재정에 대한 논쟁은 20세기 초에 절정에 달했다(Johns, Alexander, & Jordon, 1972; Grubb & Michelson, 1974). 미국에서 교육은 원래 타운십(townships)이라는 소규모 자치 지역 단체의 프로젝트에서 발전했다. 그 후 학군 제도가 확립된 후에도 공립 학교 교육비 대부분은 연방정부나 주정부가 아닌 이러한 지역 사회에서 부담했다. 총경비 대부분을 차지하는 인건비조차도 지역 학교에 고용된 실제 교사 수에 따라 각 지역 사회가 대부분 부담했다.

그럼에도 불구하고 (1) 농경 사회에서 산업 사회로의 전환과 (2) 학생 수 증가와 교육의 다양화라는 교육 자체의 변화와 맞물려 공공 교육 지출을 누가 부담할 것인가라는 문제에 직면할 수밖에 없었다. 특히 불평등을 어떻게 해결할 것인가가 주요 쟁점이 되었는데, 주로 지방 재산세 수입으로 지방 재정을 충당하는 제도 하에서 지방 재원의 불평등은 전통적으로 지역 사회의 큰 지출 중 하나였던 교육에 대한 공공지출에 반영되었다. 같은 주 내에서도 카운티마다 재정 자원의 불평등은 공교육에 대한 지출의 격차로 직결되었다.

구체적인 사례를 통해 이를 살펴보겠다. 1920년경에 실시된 뉴욕주의 교사 1인당 공립 교육비 지출을 조사한 연구에 따르면 학군 간에 큰 차이가 있는 것으로 나타났다. 흥미롭게도 같은 카운티에 있는 여러 학군 간에도 큰 불평등이 존재했다. 이는 <표 3.3>에 명확하게 나와 있다. 이러한 불평등에 직면하여 주정부가 공교육에 개입하고 지원해야 한다는 요구가 거세게 일어났고, 이에 따라 공교육에 대한 논쟁도 활발하게 전개되었다.

이 시기에 미국에서 이러한 논쟁이 일어난 데에는 몇 가지 이유가 있었다. 첫째, 앞서 언급했듯이 미국은 농업 사회에서 산업 사회로 전환하는 거대한 전환기에 있었다. 1904년부터 1940년 사이에 연간 산업 생산량은 6배 증가했고, 전체 노동력 중 농업 노동자의 비율은 59%에서 37%로 급격히 감소했다. 반면, 광업과 같은 2차 및 3차 산업에 종사하는 사람은 41%에서 63%로 증가했다. 또한 도시화 현상도 두드러졌다. 1860년 전체 인구의 20%가 도시에 거주하던 것이 1900년에는 40%로 증가했다(여기서는 인구 2,500명 이상을 도시로 정의).

도시화와 산업화라는 시대적 변화와 함께 학교의 역할도 크게 바뀌었다. 미래의 농업 노동자들이 농촌에서 실제로 땅을 일구며 기술을 익히던 시대에서 학교에서 지식과 기술을 배우고 학력을 취득한 후 유급으로 취업하는 새로운 길이 열렸다. 게다가 국경이 사라지면서 성공으로 가는 길도 달라졌다. 한때 성공의 수단으로 여겨지던 땅을 경작하는 대신, 새로운 사회적 제도는 점차 어떤 유형의 교육과 고용이 성공으로 이어질지에 대한 논의로 이어졌다(Lasch, 1994). 이에 따라 교육의 중요성이 높아졌다. 19세기 중반부터 20세기 초까지 미국의 초등학교와 중등학교 취학률은 꾸준히 증가했다. 그 결과 1900년 15,700,000명에서 1920년 22,410,000명으로, 그리고 1930년에는 25,980,000명으로 학교에 다니는 학생 총수가 이 기간에 엄청나게 증가했다.

동시에 이 시기는 이민자 인구가 팽창하는 시기였다. 다양한 문화적 배경을 가진 이민자들의 '미국화'라는 희망이 이제 교육 시스템에 강요되고 있었다. 따라서 세기 전환기에 접어든 미국은 양적, 질적으로 교육의 상대적 중요성이 대두되는 시대가 되었다. 이러한 이유만으로도 공교육 지원 비용은 증가할 수밖에 없었다. 이러한 맥락에서 교육비 지출의 큰 불평등은 교육기회균등 원칙에 위배되는 것으로 간주되기 시작했다.

Ι 표 3.3 Ι 20세기 초 뉴욕주의 교사 1인당 공교육 지출액

교사 1인당 공공지출 (USD)	교육구당 학교 수									
	델라웨어주(Delaware)						몬록(Monroc)			
	#1	#2	#3	#4	#5	#6	#1	#2	#3	#4
440-479	-	1	-	-	-	-	-	-	-	-
480-519	-	1	-	-	-	1	-	-	-	-
520-559	-	4	-	-	-	2	-	-	2	-
560-599	1	2	10	2	11	6	-	-	-	-
600-639	5	6	11	11	8	7	-	-	-	-
640-679	11	6	13	16	5	4	-	-	-	-
680-719	8	4	6	7	6	8	-	1	3	-
720-759	7	3	7	4	5	8	-	3	4	-
760-799	6	4	1	5	2	2	2	3	4	3
800-839	4	1	1	2	-	2	1	2	3	4
840-879	2	1	-	-	-	1	2	5	4	6
880-919	1	2	1	2	-	-	2	2	6	4
920-959	1	4	-	-	2	1	9	1	2	6
960-999	2	-	-	-	-	-	4	2	4	4
1000-1039	-	2	-	-	-	-	1	3	6	1

1040-1079	1	-	-	-	1	-	4	1	5	3
1080-1119	-	4	-	-	-	1	1	2	2	5
1120-1159	-	1	-	-	-	-	3	4	3	1
1160-1199	-	-	-	1	-	-	3	1	1	-
1200-1239	-	1	-	-	-	-	-	5	1	1
1240-1279	-	1	-	1	-	1	-	1	-	1
1280-1319	-	-	-	-	-	-	1	-	1	1
1320-1359	-	-	-	-	-	-	1	-	1	2
1360-1399	-	-	-	-	-	-	1	-	-	-
1400-1439	1	-	-	-	-	-	-	1	-	1
1440-1479	1	1	-	-	-	-	2	-	2	-
1480-1519	-	-	-	-	-	-	-	-	1	1
1520-1559	-	-	-	-	-	-	-	-	-	-
1560-1599	-	-	-	-	-	-	-	-	-	-
1600-1639	-	-	-	-	-	-	-	-	-	-
1640-1679	-	-	-	-	-	-	-	-	-	-
1680-1719	-	-	-	-	-	-	1	-	-	-
1720-1759	-	-	-	-	-	-	-	-	-	-
1760-1799	-	-	-	-	-	-	-	-	-	-
1800 이상	-	-	-	-	-	-	1	-	-	-

출처: Harlan Updegraff, "Rural school survey of New York State," 1922.

교육 시설의 균일성 보장

이러한 일반적인 역사적 배경에서 주정부가 교육 재정을 관리해야 한다는 요구가 촉발된 것은 『학교 기금과 그 배분』(School Funds and Their Apportionment)이라는 책으로부터였다. 이 책은 1906년 미국 교육계의 주요 인물이자 훗날 스탠퍼드 교육대학 학장이 된 엘우드 커벌리(Ellwood Cubberley)가 출판한 책이다. 커벌리는 이렇게 썼다.

> 이론적으로 한 국가의 모든 어린이는 똑같이 중요하며 동일한 혜택을 누릴 자격이 있지만, 실제로는 결코 그렇지 않다. 국가의 의무는 모든 아동에게 가능한 한 높은 수준의 좋은 교육을 보장하되, 모든 사람을 이 최소한의 수준으로 낮추지 않고, 수중에 있는 자원으로 할 수 있는 한 모든 사람에게 혜택을 균등하게 제공하고, 지역 사회가 가능한 한 법적 최소 수준을 넘어설 수 있도록 하는 지역적 노력에 추가 이익을 부여하고, 지역 사회가 새롭고 바람직한 사업으로 교육을 확장하도록 장려하는 것이다(Cubberley, 1906, p.17).

자유와 평등 이념이 국가 정책을 구성하는 정치 모델인 미국에서, 커벌리는 이를 보장하기 위해 주정부가 재정 지원을 해야 하며, 주 내 모든 아동에게 기초 교육을 제공해야 한다고 주장했다. 미국 교육위원회의 후원으로 교육 재정조사위원회를 이끌었던 조지 스트레이어(George Strayer)와 로버트 헤이그(Robert Haig)는 이러한 의견에 동조했다. 커벌리 이후 약 20년이 지난 후, 이들은 이러한 아이디어를 교육기회균등이라는 개념과 연결하여 다음과 같이 설명했다.

> 오늘날 "교육기회균등" 또는 "학교 지원의 균등화"로 알려지게 된 운동은 오랫동안 존재해 왔으며, 지금도 존재하고 있다. 이 문구는 다양한 방식으로

해석된다. 가장 극단적인 형태로 해석하면 다음과 같다. 국가는 조세 부담의 측면에서 국가를 통한 균등한 노력으로 국경 내의 모든 아동에게 균등한 교육 시설을 보장해야 하고, 교육에 대한 조세 부담은 주 전체에서 납세 능력에 따라 균등해야 하며, 학교 제공은 교육을 원하는 학령 인구와 관련하여 균등해야 한다는 것이다(Strayer and Haig, 1924, p.173).

여기서 균등이라는 단어에 특히 주목할 필요가 있다. 이는 각 개별 국가의 경계 내에서 학교 교육의 표준화를 이루기 위해서는 국가의 조세 부담이 필요하다는 논리를 의미한다. 이를 통해 좋은 교육 시설을 공급할 수 있고, 이는 교육기회균등과도 연결된다고 여겼다.

교육 재정 불평등 해소

교육 재정 배분을 통해 지역 내 교육 불평등을 시정하자는 주장은 20세기 초 미국에서 주정부가 제공하는 교육 보조금을 통해 처음 등장했다. 이러한 제안은 단순히 정치적 의도(또는 정치적 이상)의 단순한 선언으로 제시된 것이 아니다. 미국의 사례는 “교육은 어떠해야 한다”라는 이상적 관념에 대한 논의를 바탕으로 현실을 비판하는 교육 이론과 달리(잠시 후 살펴볼 전후 일본의 경우처럼), 교육 재정의 실태를 먼저 조사한 후 바람직한 교육 재정의 형태를 주장한 입장이었다. 특히 엘우드 커벌리가 흥미로운 점은 한 세기 전인 20세기 초에 미국의 교육비 배분 방식에 대한 실제 상황을 면밀히 실증적으로 연구하고, 그 결과를 바탕으로 주정부의 교육 재정 보조금이라는 자신의 배분 방식을 제시했다는 점이다.

커벌리에 따르면, 주정부가 교육 보조금 분배에서 할 수 있는 역할은 잠재적으로 여러 가지 형태를 취할 수 있다. 각 유형은 주 내 재정 불평등을 계산, 조사, 비교, 시정하는 데 사용되는 다양한 기본 단위를 기반으로 한다. 요약하면, 커벌리는 다음과 같은 다섯 가지 유형의 공식을 제안했다.

1. 국가 인구 조사에 따른 연령별 인구를 기반으로 한 공식
2. 실제 등록 학생 수에 기반한 공식
3. 실제 재학생 출석수를 고려한 공식
4. 고용된 교사 수를 기준으로 한 공식
5. 실제 출석 및 교사 수를 고려한 공식

이러한 가능한 공식 중 처음 세 개는 기본적으로 각 학군 내에서 학생 수를 기본 단위로 하는 할당 공식을 나타낸다. 반면, '4'는 각 학군의 교사 수를 기본 단위로 삼고, '5'는 이 두 가지를 종합한 것이다. 이 다섯 가지 중 커벌리는 명시적으로 유형 '5'를 지지했는데, 그 이유는 특정 학군에 실제로 고용된 교사 수는

> 지역 사회가 학교에 교사를 공급하는 노력에 정확히 비례하고, 작은 시골 학교는 물론 대도시 학교에도 해당하며, 학교 시스템의 변화와 새롭고 바람직한 교육적 노력의 도입에 따라 자동으로 조정될 수 있기 때문이었다 (Cubberley, 1906, p.195).

교사 수만으로는 학생 등록, 출석률, 학사 일정 기간 등의 조건을 반영할 수 없으므로 커벌리는 이러한 요소도 반영할 수 있는 유형 '5'가 더 우수하다고 판단했다. 유형 '5'는 아베가 도입한 교사 단위 아이디어와 가장 유사한 정책 유형임이 분명하다.[1]

그러나 논쟁의 후반부를 예상하면서 궁금한 점은 이 논쟁에서 가르

친다는 것의 본질, 즉 교사가 실제로 무엇을 가르치는지에 대한 논의가 거의 없었다는 것이다. 교육 재정의 기술로서, 실제 교원 수에 기반한 이러한 형태의 배분은 가장 초보적인 단계에서 벗어나기 시작한 바로 그 순간에 멈춰 버렸다. 이러한 교육 재정의 기술이 교육 재정 논쟁의 또 다른 동인과 맞물리면서 교사 노동의 실체에 주목하기 시작했다. 이 두 번째 동인은 과학적 관리 혁명이었다.

단위 비용의 기술

미국에서 교육 재정에 대한 논의가 다시 활발해진 것은 1930년대 초 대공황이라는 전대미문의 금융 위기가 드리운 때였다. 1929년 초부터 지방 재정은 빠르게 붕괴 위기에 처했다. 세수가 급격히 줄어든 상황에서 어떻게 공교육에 대한 약속을 유지할 수 있었을까? 주정부의 재정 보조를 설득력 있게 정당화할 수 있는 이론이 필요했다. 따라서 지역 교육구 내에서 당면한 재정적 어려움을 넘어 형평성 약속을 이행할 뿐만 아니라 효율성을 동시에 달성할 수 있는 보다 광범위한 재정 시스템에 대한 요구가 증가했다.

따라서 새로운 종류의 교육 재정 기술 개발에 중요한 역할을 할 수 있는 것은 민간 부문에서 등장한 과학적 관리였다.

프레드릭 테일러(Fredrick Taylor)의 유명한 저서인 『과학적 관리의 원리』(The Principles in Scientific Management)는 1911년에 출간되었고, 곧 민간 부문의 경영 합리화라는 핵심 목표가 공공 부문으로 확산되었다. 국민의 세금이 투입되는 만큼 공공 부문에서도 과학적 관리 의미로 이해되는 효율성이 요구되기 시작했고, 이에 따라 학교에도 과학적 관리가 도입되었다. 수단이 효율적인지 비효율적인지를 판단하는 것은 "과학적" 기술과 방법의 사용이었다. 이러한 가운데 공교육의 효율성을 둘러싼 논쟁에서 특히 중요한 변화를 목격할 수 있는데, 바로 민간 부문의 도입에 의한 단위 비용 개념이 등장했다는 점이었다. 투자 대비 수익률이 더 높을 수 있는지, 즉 효율성이 더 높은지를 계산하기 위해서는 먼저 단위를 설정한 다음 그 단위를 기준으로 투자 대비 수익률의 비율로 투자 효율성을 계산해야 했다.

교육 재정의 메커니즘에 단위 비용 기반 공식을 도입하려고 시도하면서 공교육의 기본 단위를 둘러싸고 격렬한 논쟁이 벌어질 수밖에 없었다. 이 논쟁에서 단위 비용을 계산할 때 어떤 단위를 채택할 것인지, 그 결과 불평등을 어떻게 이해할 것인지에 대한 어려운 문제를 놓고 피할 수 없는 논쟁이 벌어질 수밖에 없었다. 중요한 것은 정책 목표가 단순히 기계적 평등이 아닌 효율성 제고로 바뀌면서 학생 개개인에게 균등한 지출을 보장하는 것에 대한 진지한 논의가 불충분해졌다는 점이었다. 교육기회균등과 교육비 배분의 효율성이라는 이상을 양립시키기 위해서는 대공황 속에서 이를 화폐 단위로 구체적으로 표현할 수 있는 기술을 찾는 것이 중요해졌다. 이러한 역사적, 재정적 배경은 공교육 단가를 둘러싼 논쟁에 큰 영향을 미쳤고, 대공황 이후에도 지속될 수 있는 제도를 만들어 냈다. 향후 이러한 세부 사항에 대해 논의하겠다.

1930년대 초, 전국 공립 학교 경영관리자 협회(The National Association of Public School Business Officials)는 공립 학교 재정에 단위 비용 개념을 도입하는 것이 중요하다고 주장했다.

> 단위 비용은 관리의 효율성과 경제성을 확립하는 데 사용되어야 한다... 단위 비용의 가치는 다음과 같다. (1) 예산 편성을 위한 과학적 근거를 제공하고, (2) 집행부에 비용 절감을 목표로 하거나 부서 또는 건물 간에 부당한 편차가 존재하는 것으로 보이는 경우 수정 사항을 지적하며, (3) 학교 시스템의 강점과 약점을 드러내어 더 필수적인 것이 강조되는지 또는 덜 필수적인 것이 강조

되는지를 알려준다. (4) 기능, 부서 및 대상별 단위 비용은 학교 서비스를 평가하고 비정상적인 납세 기준으로부터 납세자를 보호하기 위한 지표이다. (5) 일반적으로 단위 비용은 올바른 관행의 표준을 설정하고 효율적이고 경제적인 관리를 위한 지표를 공식화하고 행정부, 교육위원회 및 대중에게 공립 학교 지출에 관해 지속적으로 제기되는 의문에 대해 답변을 제공하는 데 도움이 된다(Theisen, 1938, p.158에서 인용).

공교육 지출의 효율성과 공정성에 대한 요구가 높아지는 가운데, "올바른 관행의 기준을 세우자"는 요구도 함께 제기되었다. 이를 위해 단위 비용 기반의 계산 방식을 도입하는 것이 중요하게 여겨졌다.

그렇다면 궁극적으로 공립 학교에서 단위 비용의 '단위'는 무엇을 지칭하는 것일까? 이 논쟁은 총 지출에서 가장 큰 비중을 차지하는 항목인 인건비에 대한 논의로 수렴되었다. 특히 교사를 고용하는 데 드는 비용을 중심으로 논의가 진행되었다.

학생 시간 기준

<표 3.4>는 1930년대 후반에 교사의 노동 단위(수업량)를 정의하고 이를 단위 비용과 연결한 다양한 방법을 조사한 연구를 요약한 것이다(Newson & Pollack, 1939). 이 표는 당시의 상황을 비교적으로 제시하고 있으며, 간단한 설명을 통해 교사의 업무량을 파악하는 데 사용된 다양한 방법론에 대해 생각해 볼 수 있도록 한다.

| 표 3.4 | 교사 업무량 계산 방법

자료	절차	단위	보완 방법
(1) Middle States Association	학교 일정에서 실제 수업 시간 계산	주당 수업 시수	
(2) Middle States Association	총 수업 시수와 총 학생수의 곱	수업 일수 및 수업 시수에 가중치 부여	
(3) Almack and Bursch	총 학생수와 과목별 가중치의 곱 교사 총 노동 부하 및 활동 산출	수업 일수 및 수업 시수에 가중치 부여	과목별 가충치 표
(4) Brown and Fritzmeier	(3)과 동일. 추가적으로 결과에 대한 백분율 보정 수행. 교수영역 및 수업준비횟수에 대한 백분율 보정 추가	수업 일수 및 수업 시수에 가중치 부여	과목별 가중치 표 교육영역과 준비에 대한 백분율 표
(5) Douglass, 1928	NC+(NP-25NC)/60+(P-3)/3	일별 또는 주별 이론 수업 시간 수	
(6) Douglass, 1928	(CP-2Dup+(NP-20CP)/100+PC/3)×(PL+55)/100)	일별 또는 주별 이론 수업 시간 수	
(7) Philadelphia Public Schools	총 수업 기간에 협력 활동에 할당된 총 기간 합산 + 할당되지 않는 활동	총 할당 기간	
(8) Reichard, Koos	각 수업 또는 활동에 대해 해당 활동의 한 교시에 필요한 시간(표에서 가져옴)을 곱한 수. 총합을 더하고 5로 나누어 점수로 변환	이론 수업 시간	"한 번의 활동에 필요한 시간" 표
(9) Tritt and Keyes	해당 과목에 대해 (5)번의 방법을 적용하고 이 결과에 해당 과목의 계수를 곱한 수. 본 교실 수업과 기타 수업을 포함한 총합	주당 업무 시간	과목 계수 표
(10) Ward	하루에 할당된 모든 업무의 총 시간을 구함. 한 주 동안의 각 개별 수업 준비에 하루에 20분을 추가. 서류 작업을 위해 학급당 학생당 3분을 추가. 다른 활동에 적절한 시간을 추가한 총합		

NL = 학급 번호. NP = 학생 수. P = 준비물. CP = 주당 교실에서 보내는 수업 시간. Dup = 본래 세션을 제외한 다른 세션의 준비와 매우 유사한 수업을 가르치는 데 소요되는 주당 수업 시간 수, PC = 교실 감독, 학생 활동, 교사 회의, 위원회 작업, 행정 또는 감독 업무 보조 또는 기타 협력에 소요되는 주당 수업 시간 수. PL = 수업 시간의 총 길이(분).
출처: Newson & Pollack, 1939.

이 연구자들의 분명한 목표는 "불황의 족쇄에서 학교 예산이 부분적으로 출현"한 후 "교사의 업무량 문제"를 해결하는 것이었다(Newson & Pollack, 1939, p.586). 이는 이 시기에 등장한 무수히 많은 교사 업무량 공식을 체계적으로 비교한 최초의 시도 중 하나였다.

학생 수, 수업 시간, 교직원 수 등 다양한 교육 관련 요소(변수)가 조합된 이 표는 1930년대 미국에서 교육 업무를 파악하기 위한 다양한 시도(공식)가 한 가지가 아니라 여러 가지가 있었다는 사실을 강조한다. 이들 각각은 서로 다른 특징을 가지고 있었지만, 대부분은 수업 시간과 학생 수가 거의 모든 공식의 공통 요소였다. 이를 바탕으로 학생 시간이라는 개념은 가능한 결론이 되었고, 결국 어느 정도의 차이는 있지만 널리 사용되게 되었다.

학생 시간이란 무엇을 의미하는 것일까? 학생 시간은 다양한 방식으로 조정되어 수업 노동의 단위로 간주되는 평균 재학생 수(P)에 교사의 수업 시수(H)를 곱하여 결정되는 값(Y)이다. 즉 Y = P・H. 이는 교사 단위를 재학 중인 학생 수와 주어진 시간 중 특정 단일 학교에 고용된 실제 교사 수라는 다소 초보적인 단위를 결합하여 계산했던 이전의 개념과는 다르다. 대신 단위 비용은 교사의 근무 시간과 직무 크기를 고려한다.

1938년, 학술지 「Review of Educational Research」는 교육 거버넌스 및 재정 시스템을 검토하는 것에 특집호 전체를 할애했다. 이를 통해 당시 어떤 종류의 논쟁이 벌어지고 있었는지 알 수 있다. 그 논문 중 하나는 앞서 언급한 전국 공립 학교 경영관리자 협회의 활동에 대해 다음과 같이 언급하고 있다.

> 위에서 인용한 전국 공립 학교 경영관계자 협회는 일일 평균 출석률만을 기준으로 재정을 계산하는 일반적인 관행에서 한 걸음 더 나아가 단위 비용을

> 결정하려고 시도했다. 총 일일 평균 출석 비용은 지출의 각 주요 분류 및 기능에 가중 평균 일일 출석 비용과 1,000명 학생 시간당 비용으로 보완되었다. 그 목적은 출석과 시간 요소를 모두 고려하여 학년과 과목에 대한 학생당·시간당 비용을 계산할 수 있도록 하는 것이었다. 학생 시간(1차시) 요소는 다양한 수업 일수, 교육 활동의 다양한 일일 수업 시간, 마지막으로 시간제(part-time), 이부제 수업(double session) 등으로 인한 동일한 활동 내의 시간 변수를 모두 고려할 수 있다고 주장했다(Theisen, 1938, p.159, 원문에서 인용).

다양한 조정을 거쳐 평균 등록 수(학생 수)에 교사 수업 시간을 곱하여 계산한 학생 시간당 수업비용이 공립 학교의 단가가 되었다. 이 특별한 학생 시간 개념은 적어도 두 가지 측면에서 중요했다. 첫째, 이 검토에서 살펴본 바와 같이 교육 업무에 드는 시간이라는 일반적인 범주 내에서 다양성과 차이를 균등화할 수 있는 기술로서 교육 시간 총합 차이를 설명할 수 있어서 최고의 선택으로 여겨졌다. 이 기술의 필요성은 효율성과 형평성을 체계적으로 보여주기 위해 다양한 활동을 비교할 수 있는 단위로 정리하여 비교할 수 있는 공식이 필요하다는 요구에서 비롯되었다. 이러한 계산 방식은 단일 차원(학생 시간)에서 노동 가치를 추정하고 교육 관련 비용(인건비)을 표준화함으로써 가능해졌는데, 이는 그 자체로 다양한 유형의 교육 활동을 추상화해야 하는 작업이었다. 학생과의 접촉 시간이 비슷하더라도 상황에 따라 다른 유형의 교육 노동력이 필요하다는 것은 분명했지만, 이러한 표준화와 비교를 도입하면 생산 단위를 기준으로 인건비를 계산할 수 있게 된다. 따라서 이러한 계산을 기반으로 재정을 합리적으로 배분할 수 있도록 한 커벌리의 다섯 가지 개념 중 하나인 이 개념이 미국에서 호응을 얻기 시작하면서 뿌리를 내리고 더욱 발전해 나갔다.[2]

그러나 여기서 우리가 주의해야 할 점은 이 새로운 기술의 등장이 단순히 교육 당국의 효율성을 높이려는 시도를 반영한 것이라고 과장해서는 안 된다는 것이다. 이 책의 전반적인 논의를 전개하는 데 중요한 점은 단위 비용 도입이 당시 엄청난 변화를 겪고 있던 교육에 대해 특히 미국식 사고방식에 깊이 뿌리를 두고 있다는 점이다. 즉 출석률과 실제 교사 수라는 하위 단위에서 학생 시간으로 계산된 단위 비용으로 전환된 이면에는 미국적 맥락에서 교육 문제가 개념화되기 시작한 저류의 변화가 있었음을 감지할 수 있다. 이제 그 심층을 살펴보기로 하겠다.

학습 개별화와 교육 재정의 논리
학교 중심에서 아동 중심으로의 전환

학생 수와 교사 시간을 합한 교육 노동의 단위라는 개념은 겉으로 보기에는 단순해 보이지만, 자세히 들여다보면 과거와는 다른 새로운 요소를 반영하고 있음을 알 수 있다. 아마도 이러한 변화는 학습 개별화라는 방향으로의 변화를 가장 잘 표현할 수 있을 것이다. 일본에서는 이러한 변화를 통해 학급당 학생 수 상한선을 정하고 이를 바탕으로 필요한 교사 수를 계산하는 아이디어가 등장했는데, 이는 과거와는 확연한 차이가 있지만 전후 미국의 영향을 받은 개혁으로 인해 더욱 가속화되었으며 다음 장에서 자세히 살펴볼 것이다.

미국에서 20세기 초반 30년 동안 전개된 학생 시간당 단가 개념의 등장 이면에는 당시 과학적 관리의 영향뿐만 아니라 교육적 이유도 있었다. 바로 이 시기에 교수-학습 개별화 이론이 등장했다는 사실을 잊어서는 안 된다. 이러한 개별화 경향의 원동력은 "아동 중심주의"라는 중심축을 중심으로 한 진보적 교육 운동의 부상이었다.

이전 작업에서 자세히 설명했듯이 1900년부터 1930년까지는 미국

교육에서 개별화된 학습에 대한 요구가 절정에 달했던 시기였다(Kariya, 2004; Rappleye, 2012). 스탠리 홀(G. Stanley Hall)은 이 운동의 선구자 중 한 명이었다. 홀은 그의 저서인 『청소년기(Adolescence)』(1916)로 잘 알려져 있으며, 미국에서 교육과 아동 및 청소년 심리학이라는 상호 연관된 분야의 창시자 중 한 명으로 꼽힌다. 독일에서 실험심리학을 공부한 후 미국으로 돌아온 홀은 미국 최초로 존 홉킨스 대학교에 실험심리학 연구소를 설립하는 데 중심적인 역할을 했다. 그는 또한 존 듀이(John Dewey)의 학술 고문을 역임했다. 학교가 어린이에게 맞춰야 한다는 "아동 중심" 교육 개념을 탄생시킨 것도 홀 자신이었으며, 이는 어린이가 학교에 순응해야 한다는 학교 중심적 신념에 기반한 "스콜리오센트릭(scholiocentric)" 접근법을 거부한 것이었다.

미국 고등학교와 관련하여 아동 중심 교육 사상을 명시적으로 설명한 홀의 저작은 1901/1902년에 출판되었다. 그 후 이러한 아동 중심주의 이론에 기반한 진보적 교육이 널리 논의되고 더욱 발전하여 실행되기 시작했다. 1918년에 출간된 윌리엄 킬패트릭(William Heard Kilpatrick)의 유명한 "프로젝트 방법"이 한 예였다. 킬패트릭은 자신의 방법적 기본 원리를 다음과 같이 설명했다.

> 나는 어린이가 궁극적으로 현명하게 목적을 세우고, 이를 기반으로 계획을 세우고, 자신이 세운 계획을 멋지게 실행하는 방법을 스스로 배워야 한다고 믿으며 이것이 기본 원칙인 것을 다시 한번 강조한다. 또한 자신의 결과를 판단하는 법도 배워야 한다(Kilpatrick, 1919, p.101).

이러한 아이디어는 아동 개개인의 자율 학습에 기반을 둔 교육 형태에 대한 새로운 사고와 이를 실현하기 위한 옹호를 나타낸다. 여기서 아이들의 활동은 프로젝트의 중요한 요소가 된다. 또한 프로젝트 방식은 함께 학습하는 집단 프로젝트와 학생 개개인이 자신의 프로젝트를 수행하는 개별 프로젝트의 두 가지 접근 방식으로 구성되었다. 두 경우 모두 학생 개개인의 주도성을 강조하는 교육 활동이 장려되었는데, 이는 교훈적으로 가르치거나 학생들을 집단으로 묶어두는 것을 목표로 하는 모든 형태의 교육(교사 중심, 지식 중심)에서 벗어나고자 하는 의도였다.

개인으로서의 학습자

특히 미국에서 이러한 사상과 관행이 발전한 배경을 고려할 때, 학생 시간의 교육적 중요성은 분명해진다. 개성을 존중하자는 진보적 교육 운동과 교육 효율성을 높이자는 사회적 효율성 운동이 시간상으로는 겹치지만 실제로는 서로 다른 두 가지 교육적 사고의 흐름이었음을 강조한다. 그러나 이 둘의 공통점, 즉 융합의 지점은 개별화 학습, 즉 교육의 효율성을 추구하는 과정에서 탄생했지만, 진보 교육 운동이 옹호하는 개별화된 학생 학습 활동과 강한 친화성을 지니게 된 학생 시간 단위에서 발생했다. 그리고 교사의 업무량을 계산하는 새로운 공식이 등장한 것도 바로 이러한 핵심 가정에 따른 것이었다. 학생 개개인에게 각기 다른 학습 활동을 제공하도록 장려하고, 학생이 한 명이라도 더 들어오면 교사의 업무량이 비례적으로 증가한다는 전제하에 이루어졌다. 이는 지역에 근거한 것이 아닌 교육 재정 시스템이라는 아이디어와 함께 새로운 자원 배분의 규칙이 되었고, 결국 개별화된 교육 및 학습 과정을 실제로 채택할 수 있는 토대를 마련하게 되었다.

다음 장에서 살펴보겠지만, 이러한 규칙은 학급 편성에 기반하고 집단 교육을 전제로 한 일본의 전후 시스템과는 달랐다. 이러한 중요한 차이는 미국 시스템이 학습자 개인이라는 원칙을 시스템의 기본 논리로 삼았다는 사실에서 비롯되었다. 일본에서는 그렇지 않았다. 이러한 서로 다른 논리는 결과적으로 교육 평등에 대한 두 가지 다른 개념화를 낳았다. 지역 교육 재정 제도의 불평등한 구조를 바로잡을 수 있는 여러 가지 방안 중 미국에서 궁극적으로 기본 단위가 된 것은 학생 시간 개념이었다.

물론 교육비를 계산하는 데 어떤 방법을 사용하든 전체 가치를 학생 수로 나누기만 하면 학생당 교육비 수치를 산출할 수 있다. 하지만 핵심적인 질문은 전체 가치를 어떻게 계산할 것인가 하는 것이다. 다양한 비용 단위를 선택하면 보조금이 실제로 할당되는 수단과 마찬가지로 전체 가치 자체도 달라질 수 있다. 논의를 위해 전체 가치를 학생 총수로 사후적으로 나눈 교육비가 같다고 가정하더라도, 학생 시간을 기준으로 계산했는지 교사 단위를 기준으로 계산했는지에 따라 그 개념화가 상당히 달라질 수 있다. 따라서 시스템의 기본 규칙이나 논리 사이의 중요한 차이는 교육기회균등을 달성하기 위한 전반적인 동시적 노력 내에서 자원이 실제로 배분되는 수단과도 연결된다.

미국에서는 학생 시간을 단위로 하는 이상형을 개념화하여 질적, 양적 측면에서 학생 학습의 개인차를 고려하고, 이를 바탕으로 기회의 평등이 무엇을 의미하며 어떻게 실현할 수 있는지에 대해 고민했다. 학습 활동과 다양한 형태의 학습, 개별화된 결과, 즉 학생 개개인의 능력과 적성의 차이를 전제로, 이러한 차이에 대응하는 다양한 교육 제공이 궁극적으로 교육 기회의 평등으로 이어질 수 있다고 생각했다. 평등에 대한 이러한 접근 방식은 개별화된 학습과 다양한 형태의 교육으로 이어졌으며, 모두 학생의 능력 차이를 전제로 했다.

반면, 단순 교사 단위 이상형에서는 학습의 변화나 다양화가 발생하더라도 단위 비용이 이를 민감하게 반영하지 못했다. 일차원적이었기 때문이다. 교수-학습의 질과 양이 교사 단위 산정 체계에 반영되지 않았기 때문이다. 반면, 미국처럼 학생 시간을 단위 비용으로 개념화하면 학생 수와 학습의 질적/양적 측면이라는 두 가지 차원에서 교사 노동의 양을 파악할 수 있다. 따라서 단위 비용으로서의 학생 시간은 다양한 형태의 개별화된 학습을 통한 교육 기회의 균등이라는 개념과 쉽게 연결될 수 있었다. 이는 일본의 획일적인 전체 수업 방식과는 극명한 대조를 이룬다. 이렇게 볼 때, 미국에서 개발된 자원 배분 규칙은 일본에서 겉보기에는 유사한 시스템을 개발하는 과정에서 조용히 도입된 규칙과는 크게 다르다는 것을 알 수 있다. 따라서 우리는 그러한 규칙이 단순하고 엄격하게 재정에 관한 문제인 것처럼 보이지만 실제로는 특정 형태의 교수 학습과 가설적으로 연결되어 있다는 결론을 내릴 수 있다.

이렇게 볼 때, 자원 배분 계획에 이미 반영된 가정과 교육 이론 및 실천의 경향 사이에 일정한 유사성이 있다는 우리의 관점은 공적 자금을 통해 운영되는 공교육의 중요성을 생각하는 데 중요한 출발점이 된다. 그러나 이러한 관계가 온전히 드러나는 공간, 즉 효율적인 자원 배분을 위해 개발된 기술과 교육 실천 자체에 대한 아이디어 사이의 관계를 엿볼 수 있는 공간은 거의 찾아보기 어렵다. 그 주된 이유는 의무교육에 재정이 어떻게 쓰이는지에 대한 의문이 제기되지 않은 채, 현미경 아래 놓여 있기 때문이다. 이 모든 것을 자명하고 의심할 여지가 없는 것으로 받아들일수록, 우리는 교육 자원 할당 시스템에 대한 의문을 도외시하고 교육기회균등이라는 개념이 실제 교육 실천과 어떻게 연결되는지 알지 못하게 된다. 그러나 그 현상의 이면을 고찰할 수 있는 능력이 없다면 우리는 교육 맥락 내 핵심적인 문제에 접근하지 못한 채 단순히 실제 측면에서 교육을 논의하는 데 익숙해질 뿐이다.[3]

그러나 지금까지 연구자들은 일본인이든 외국인이든 간에 교육 자원 배분 기술의 역사를 이제 막 얕게 탐구한 것에 불과하다. 미국의 경우, 합리적이고 과학적인 관리 관행에서 나온 단위 비용으로서의 학생 시간 개념은 특정 학생 수를 처리하는 데 필요한 교사 수(수업량)를 계산해야 할 필요성이 제기되었을 때 사용되었다. 따라서 양적, 질적으로 어떤 형태의 교육이 이루어지고 있는지, 즉 교사의 수와 업무량이 어느 정도인지를 먼저 고려한 다음, 이를 달성하기 위해 필요한 인건비 수준을 결정하기 위한 기술이었다. (1) 교육적 실천을 뒷받침하는 아이디어, (2) 이러한 실천을 뒷받침하는 노동의 양과 질, (3) 이를 계량화하는 방법, (4) 이 모든 것을 궁극적으로 재정으로 환산하는 데 사용되는 공식 등, 네 가지 요소를 조사함으로써 교육 자원 배분과 그 안에 포함된 교육 원칙 사이의 연관성을 조명할 수 있었다. 다시 말해, 이 네 가지 요소를 통해 우리는 현상의 기저를 파고들어 자명해 보이는 것을 발견하고 탐구 영역에 놓을 수 있었다.

여기서 설명한 미국 분석 모델을 바탕으로 다음 장에서는 전후 일본의 사례에도 같은 종류의 분석을 적용하려고 한다. 이를 통해 대다수 일본인이 당연한 것으로 받아들이는 교육기회균등이라는 일본 특유의 사상과 그 근간이 되는 자원 배분 시스템 사이의 친화성을 밝히고자 한다.

• Note •

1. Johns, Alexander, and Jordan(1972)의 연구에 따르면, 실제로 교사 단위의 개념을 명확히 한 사람은 업데그라프(H. Updegraff)였다.
2. 고등학교에서 학교운영의 효율성을 검증하려는 논쟁에서 학생 시간의 개념이 나왔다는 이론이 있다. 칼라한(Callahan, 1962)에 따르면 이 아이디어를 추진하고자 한 사람은 존 보빗(John F. Bobbit)이라는 학자였다. 그가 그렇게 한 이유는 교사들이 다양한 과목을 가르치는 공립 고등학교의 효율성을 입증하기 위해서는 표준화된 단가를 가정할 필요가 있다고 생각했기 때문이었다. 이 글에서 칼라한은 보빗이 여러 고등학교의 효율성을 비교하기 위해 학생 1,000시간이라는 단위를 사용하여 각 과목에

얼마나 많은 시간이 소요되었는지를 비교한 방법을 보여준다.

3. 최근 몇 년 동안 일본에서 교육력 저하에 대한 논쟁이 벌어지는 가운데 한 가지 해결책으로 학급 규모를 줄여야 한다는 주장이 제기된 것은 우연이 아니다. 여기서 논의한 자원 배분의 논리, 교육 방법, 지식의 구성 요소에 대한 견해가 서로 연결되어 있으므로 학급 규모를 줄이는 것에 대해 전반적으로 공감대가 형성되어 있다. 이 점은 이후 장에서 더욱 분명해질 것이다.

제4장

전후의 교육 청사진 초안

제4장

전후의 교육 청사진 초안

전후, 다시 시작
의무교육의 제도화

전후 일본의 의무교육은 가장 고상한 평등의 이념에 기초를 두고 시작되었다. 전후 새로운 헌법과 「교육기본법」은 교육기회균등과 보편적 접근의 원칙을 찬양했다. 전후 헌법 제26조는 이를 명시적으로 언급하고 있다.

> 모든 국민은 법률이 정하는 바에 따라 능력에 상응하는 균등한 교육을 받을 권리를 가진다. 모든 국민은 그 보호 아래 있는 모든 국민에게 법률이 정하는 바에 따라 의무교육을 받게 할 의무를 진다. 이러한 의무교육은 무상으로 한다(일본 헌법, 1946년).

이러한 헌법 조항을 반영하여 「교육기본법」[1] 제3조에서는 '교육기회균등'을 다음과 같이 정의했다.

> 모든 국민은 능력에 따라 균등하게 교육을 받을 기회를 얻으며, 인종, 신념, 성별, 사회적 신분, 경제적 지위 또는 가족 출신 등을 이유로 교육에 있어서

> 차별받지 아니한다. 국가와 지방 자치 단체는 능력이 있음에도 불구하고 경제적 사정으로 교육을 받기 어려운 자에 대하여 경제적 지원 정책을 마련하여야 한다(「교육기본법」, 1947).

이 조항은 교육을 받을 권리 보장과 함께 교육기회가 "인종, 신념, 성별, 사회적 신분, 경제적 지위 또는 출신 가정을 이유로" 차별받지 않도록 보장했다.

> 「교육기본법」 제4조(의무교육)는 "법률이 정하는 바에 따라"라는 헌법 조항을 다음과 같은 방식으로 구체화했다. "국민은 자신의 보호 아래 있는 아동에게 9년제 의무교육을 받게 할 의무를 진다. 국가 및 지방 자치 단체가 설립한 학교의 의무교육에 대해서는 수업료를 부과하지 아니한다"(「교육기본법」, 1947).

이 법은 고등학교 및 고등교육과 같은 의무교육 제도의 한계를 설정한 기관의 상황과는 달리 중앙 정부와 지방 정부에 의무교육을 위한 학교 설립을 법적으로 의무화했으며, 모든 국민은 "보호 대상인 소년과 소녀"가 의무교육을 전 기간 받을 수 있도록 보장해야 할 의무를 지게 되었다. 즉 「교육기본법」은 헌법에 명시된 '평등하게 교육을 받을 권리'에 따라 전후 교육 시스템 전체의 기본 토대가 될 새로운 의무교육 방식을 법제화한 것이다.

여기서 말하는 의무교육은 모든 국민에게 공통적으로 적용되는 교육, 즉 일반적이고 보편적인 교육을 의미한다. 교육기회균등이라는 측면에서 의무교육의 보장은 의무교육 단계에서의 교육기회균등과 동의어로 간주되었다.

여기서 우리의 의도는 법률과 법규에 대한 세부 사항에 너무 함몰

되지 않으려는 것이다. 대신 전후에 공표된 헌법과 「교육기본법」 규정을 간략히 검토하는 목적은 전후 재건 초기에 어떤 종류의 이상, 즉 의무교육 제도화가 어떻게 이해되어야 했는지를 강조하기 위한 것이다. 평등에 대한 추진을 이해하기 위해서는 전쟁 후 사회적 무질서와 재정적 긴축의 영향을 고려해야 할 뿐만 아니라, 새로운 제도의 출발점에 존재했던 핵심 원칙, 즉 전후 폐허에서 의무교육이라는 새로운 제도를 구축하기 위해 노력하는 일본 정책 입안자들의 지침이 되었던 이상을 면밀히 검토할 필요가 있다.

문부성의 인식

정책 입안자들은 업무를 시작하자마자 이러한 원칙을 실현하는 데 큰 장애물을 발견했다. 그 장애물은 다름 아닌 전쟁 전의 부정적인 유산인 지역 간 교육 불평등과 전쟁의 폐허로 인해 크게 손상된 교육 인프라를 통해 불평등 문제를 해결해야 하는, 즉 "폐허 상태에서 시작"해야 하는 장해물이었다.

이러한 도전에 직면한 문부성은 전후 새로운 교육 이상을 실현하기 위해 어떤 노력을 했을까? 문부성 관리들은 기존 문제의 심각성을 분명히 인식하고 있었다. 1953년, 그들은 『교육의 현주소』(The Current State of Education)라는 제목의 교육백서를 발간했다. 전쟁이 끝난 지 이미 8년이 지난 시점이었지만, 이 백서에는 '교육기회균등이 가장 중요하다'는 제목의 섹션이 포함되어 있었다. 이 작업을 통해 당시 문부성이 상황을 어떻게 인식하고 있었는지 알 수 있다.

> 전후 교육 개혁은 언뜻 보면 철저한 민주화를 목표로 체계적이고 잘 짜여진 일련의 개혁으로 보인다. 그러나 실제로는 군사 점령이라는 특수한 상황과

새로운 이상을 급하게 추구하면서 극도로 짧은 기간에 서둘러 시행한 결과였다. 따라서 이러한 개혁을 뒷받침하는 재정적 조치가 반드시 적절하거나 건전한 것은 아니었다. 1951년 샌프란시스코 평화 조약이 체결되고 주권이 반환된 이후부터 오늘날까지 교육 분야의 주요 문제는 새로운 제도를 시행(또는 보완)하는 데 드는 재정적 비용과 관련된 문제였다. 이에 따라 「의무교육비 중앙정부 분담에 관한 법률」(Law Concerning the Central Government's Share of Compulsory Education Expenses), 「실업교육진흥법」(Industrial Education Promotion Law), 「공립 학교 시설비 국가 부담법」(Public School Facilities Expenses National Burden Law), 「부실학교건물 개축을 위한 임시조치법」(Temporary Measures for Reforming Dangerous School Buildings) 등 여러 가지 재건축 관련 법률이 제정되었고, 그 외에도 여러 가지 법률이 제정되었다(문부성, 1953, pp.13-14).

정부 당국은 이러한 민주화 개혁을 뒷받침하는 "재정적 조치"가 충분하지 않다는 점을 교육기회균등 실현을 가로막는 가장 큰 문제로 인식하고 있었다. 백서는 계속해서 설명한다.

도도부현과 지방 재정 운영의 자율성 부족과 지역 간 재정 수입의 불균형은 교사의 급여, 질, 양에 있어 현저한 불평등을 초래하고 있다. 예를 들어, 2년제 대학(구 체제의 사범학교 학력 분류 기준)을 졸업하고 5년 이상 계속 근무한 교사의 도쿄도와 시마네현의 급여 수준을 비교하면 도쿄도 교사의 기본급은 13,035엔, 시마네현 교사는 9,800엔으로 차이가 난다. 또한 1952년 도쿄의 보조 교사[조교] 비율은 초등학교 1.4%, 중학교 0.69%인 반면 홋카이도에서는 40.53%, 27.22%로 높았다. 또한 도쿄와 고치현의 학급당 교사 수를 비교하면 도쿄의 초등학교는 1.315명인 반면 고치현은 1.171명이다. 이러한 급여, 질, 양적 불평등은 교육 불평등을 가리킨다. 이러한 문제는 반드시 해결되고 시정되어야 한다(문부성, 1953, p.17).

이러한 방식으로 문부성은 확실한 데이터와 수치를 제공함으로써 지역 간 교육 불평등을 드러냈다. 실제 교육 여건과 새 헌법, 「교육기본법」에서 옹호하는 교육기회균등이라는 고상한 이상을 비교할 때, 그 격차는 모두에게 분명하게 드러났다. 게다가 교육기회의 달성 자체가 민주적이고 평화로운 국가의 중요한 시금석으로 여겨지던 당시의 상황을 고려할 때, 교육 재정과 관련된 문제는 1950년대 초 문부성이 직면한 가장 중요하고 시급하며 구체적인 문제가 될 수밖에 없었다.

그렇다면 교육 재정과 관련된 문제는 실제로 어떻게 논의되었는가? 어떤 정책적 해결책이 제시되었는가? 교육기회균등을 실현하기 위한 시스템은 어떻게 구축될 수 있었을까? 그 과정에서 어떤 이상과 원칙이 만들어졌을까? 그 시스템을 운영할 메커니즘은 실제로 어떻게 구축되었을까? 이 모든 질문이 이 장에서 가장 중요한 질문으로 이어진다. 교육기회균등을 실현하기 위해 노력한 전후 일본 교육 제도의 청사진은 실제로 어떻게 그려졌을까?

전후의 요구
교육 재정의 독립성

이하에서 우리는 "표준화의 세계"가 만들어진 역사를 탐구함으로써 이러한 질문들에 답하고자 한다. 우리는 이것이 일본의 특정 교육기회균등 달성 메커니즘의 '구심점' 또는 필수 요소라고 할 수 있는 공간적 평등을 제도화하는 과정이었음을 보여준다.

당시 문부성 초중등교육과 총무국장과 국가교육 재정위원회 위원장을 겸임했던 나이토 다카사부로(Naito Takasaburo)[2]가 제6회 지방 교육 행정가 연수과정(재정과)에서 강의한 내용을 정리한 것으로, 당시 문부성이 교육기회균등과 교육 재정 확립의 연관성을 어떻게 이해했는지에 대한 통찰을 발견할 수 있다. 「의무교육비 중앙정부 분담에 관한 법률」(Central Government's Share of Compulsory Education Expenses)이 대폭 개정된 바로 그 해인 1952년, 나이토는 강연에서 교육 이념과 교육 재정 이론의 기초가 되는 사상을 다음과 같이 제시했다.

> 전후 교육 개혁은 다음 두 가지 기본 원칙에 기반을 두고 있다.
>
> 1. 교육은 민주주의 국가에서 가장 중요하다.
> 2. 민주 사회는 모든 구성원에게 동등한 지위를 부여하고 교육 내에서도 평등한 기회를 보장한다. 이러한 보장 가능성은 건전한 재정적 지원에서 시작된다.
> 3. 민주적 교육 개혁과 교육 재정의 기본 원칙은 자유를 쟁취하기 위한 인류의 오랜 노력의 결실을 보장하는 것이다. 새로운 일본 헌법은 이러한 원칙을 현재와 미래의 일본 국민에게 영원한 불가침의 권리로 보장하고 있다. 헌법과 교육법은 이러한 기본 원칙을 바탕으로 교육기회균등 원칙을 규정하고 있다. 이 법은 인종, 신념, 성별, 사회적 신분, 경제적 지위 또는 출신 가정에 따른 차별 없이 모든 사람이 무상의무교육의 기본 원칙을 누릴 수 있도록 경제적 보장 원칙을 규정하고 있다. 이와 함께 교육의 양적 발전(의무교육 기간 연장)과 질적 향상에 대한 요구는 궁극적으로 교육 재정의 최우선 과제가 되고 있으며, 이는 우리에게 무거운 책임과 의무의 멍에를 지우기도 한다(국가교육재정위원회, 1952, pp.15-16).

"민주 사회는 모든 구성원에게 동등한 지위를 부여하고 교육 내에서 평등한 기회를 보장한다. 이러한 보장 가능성은 건전한 재정적 지원에서 시작된다." 여기에 명시적으로 표현된 것처럼, 문부성은 교육기회균등 보장이 교육 재정과 직접적으로 연관되어 있으며, 실제로 평등 방정식에 없어서는 안 될 부분인 것을 잘 알고 있었다. 이러한 인식은 1950년대 초에 개최된 문부성 후원 고위급 교육 재정 연구 세션에서 명시적으로 제시될 정도로 강력했다.

또한 나이토는 교육 재정의 중요성 때문에 교육 재정을 독립시키는 것이 필수적이라고 말한다.

> 특히 교육과 관련된 정책은 반복적인 지출이 필요한 경우가 많다는 것을 알 수 있다. 동시에 교육 재정을 구성하는 수많은 지출은 다른 정책 영역에 비해 상대적으로 많은 재원을 차지한다. 교육 재정 문제를 교육적으로 효과적으로 다루기 위해서는 일반 지출을 심의할 때와는 다른 시각으로 접근하는 것이 중요하다. 그럼에도 불구하고 [...] 현재 교육은 일반 회계에서 사용하는 항목별 지출 양식에 따라 다루어지고 있으며, 이로 인해 교육 활동을 정확하게 이해하고 재정적으로 보장해야 할 의무를 다하지 못하는 결과를 초래하고 있다(국가교육재정위원회, 1952, p.40).

나이토가 이 말을 할 당시에는 정책 영역에 대한 구체적 규정이 없어, 균등한 보조금 조치를 통해 도도부현 간 재정 조정을 하는 기존 제도 아래에서는 의무교육에 관한 특별 조항을 독자적으로 제정하는 것이 불가능했다. 그러나 나이토는 이것이 잘못된 접근법이라고 주장했다. 그는 교육 활동에 대한 재정적 보장을 이끌어내는 것은 교육 재정을 다른 일반 지방 정부 재정으로부터 독립시켜야만 가능하다는 것을 잘 알고 있었다. 그는 그 이유를 다음과 같이 설명한다.

> 위에서 언급한 여러 가지 이유로 우리는 교육 재정을 일반 재정 형태와 분리하여 독립시켜야 한다. 우리는 수입과 그에 따른 적절한 지출을 보장하기 위해 결심해야 한다. 교육 재정은 바로 교육이 민주 사회에서 중요한 기능을 수

> 행할 수 있도록 교육에 대한 재정적 보장을 창출하는 것이다. 이러한 보장의 존재 여부는 단순히 교육 내용과 그 효과를 결정할 뿐만 아니라 민주 사회의 발전을 결정짓는 요소이기도 하다. 이에 따라 교육 자체의 고유한 성격과 교육 재정의 특수한 재정적 특성을 고려하여 일반 재정의 규칙과는 다른 방법으로 독립적으로 다루어져야 한다(국가교육재정위원회, 1952, p.40).

일부 독자들은 이러한 아이디어를 수직적 관료주의의 맥락에서 문부성이 정책 영역을 확장하기 위한 '위장술'에 불과하다며 회의적으로 바라볼 수도 있다. 그럼에도 앞서 살펴본 지역 간 교육 불평등의 현실을 고려할 때, 교육이 "민주 사회의 발전을 형성한다"라는 주장은 현재로서는 매우 설득력 있는 주장이다. 이는 전후 일본의 치열한 재건 과정에서 민주 사회를 짊어질 새로운 세대를 양성하기 위한 새로운 형태의 교육이 추진되는 상황에서 전개되었기 때문이다. 당시의 긴축 재정으로 인해 교육 재정을 지방으로 분산하려는 시도가 난항을 겪는 가운데, 공평한 교육 재정이 전후 사회의 초석이자 토대라는 이 제안은 공평성의 주요 근간으로 부상했다.

교육 환경의 질적·양적 평등 보장

교육 재정의 확립을 통해 교육기회균등을 어떻게 보장할 수 있을까? 전후 교육에서 교육 재정 제도의 새로운 토대를 구축하는 과정에서 자원 배분의 원칙, 즉 재정과 불가분의 관계에 놓이게 된 것은 바로 이 공정성의 기초였다. 이에 대해서는 더 자세히 살펴보겠지만, 먼저 이 모든 것을 주도한 사상의 대표적 대변인인 나이토를 다시 한 번 언급하기로 한다.

> 교육에서 기회의 평등을 보장하기 위해서는 모든 어린이와 학생에게 양적, 질적으로 동등한 교육 환경이 제공되어야 한다는 것을 굳이 반복할 필요는 없다. 그러나 양적, 질적 평등은 기계적이고 그릇된 평등이 아니라 재정이 투입되는 교육 영역(cash school)의 특수한 조건을 고려하여 파악한 어떤 것이다. 구체적으로는 교사, 시설, 장비, 교재 등 질적, 양적 측면을 의미하는 것으로 해석할 수 있지만, 정확한 의미에서 이 모든 것은 제공되어야만 하는 것이다. 여기서 말하는 양적, 질적 평등은 최소한의 기준에서 모든 것의 양과 질이 평등하다는 의미이다. 그 한계선 이상이면 당연히 많을수록 좋은 것이다. 최소한의 기준을 충족했을 시는 양보다 질이 훨씬 더 중요하다는 점을 덧붙여야 한다(국가교육재정위원회, 1952, p.110).

여기서 핵심 문구는 "모든 어린이와 학생에게 양적, 질적으로 동등한 교육 환경을 제공해야 한다"이다. 여기서 나이토는 이를 "교사, 시설, 장비, 교재 등 모든 질적, 양적 측면"과 관련하여 언급하며 "여기서 말하는 양적, 질적 평등은 최소한의 기준에서 모든 것의 양적, 질적 평등을 의미한다"고 분명히 밝히고 있다. 다시 말해, 이는 궁극적으로 "양적, 질적 평등은 기계적이고 잘못된 평등이 아니며" 중앙 정부가 보장해야 한다는 생각으로 뒷받침되는 "최소한의 기준선"에 대한 호소에 해당한다.

이 발췌문은 이후 실제 정책을 수립하는 데 있어 중요한 방향성을 제시하고 정책의 기초가 된 사상을 명확히 드러낸다는 점에서 의미가 있다. 나이토는 "기계적이고 잘못된 평등"이 아니라 "교사, 시설, 장비, 교재 등의 평등"을 위해 중앙 정부가 재정을 확보해야 한다고 주장하지만, 미국 주정부가 교육 여건의 불평등을 시정하기 위해 정책을 개념화한 방식과는 미묘한 차이를 드러내고 있다. 실제로 미국 논쟁의 초창기에는 정부가 "조세 부담의 측면에서 국가를 통해 균등한 노력으로 국경 내의 모든 아동에게 동등한 교육 시설을 보장해야 한다"는 유사한 호소가 있었다(Strayer & Haig, 1924, p.173). 그러나 학습의 개별화 경향이 커지는 가운데 논쟁이 전개되면서 미국의 개념화는 결국 학습의 다양화를 통해 개인 간의 차이를 근본적으로 전제하는 방식으로 교육기회균등에 전념하게 되었다. 미국과 달리 1950년대만 해도 일본 정책 입안자들이 구상한 교육기회균등은 20세기 초 미국의 용어로 표현하자면 "균등한 교육 시설"을 보장하는 "균등한 노력"에서 멈춘 논리였다.

학교 최소 기준

그렇다면 이 '최소 기준'이라는 선은 어디에 그어야 할까? 양적/질적 평등과 교육 재정의 한계선은 어떤 논리로 연결되었을까? 이러한 질문을 살펴봄으로써 자원 분배의 논리와 실제 교육 제공을 뒷받침하는 사고방식이 교차하는 지점을 찾을 수 있다.

여기서 가장 중요한 것은 표준화 논리에 따라 최소한의 기준을 설정한다는 핵심 아이디어다. 바로 이 논리가 이후 일본 교육의 발전과 더 나아가 일본 사회 전반의 조직을 이해하는 데 중요한 단서를 제공한다. 나이토를 통해 이러한 통찰을 확인할 수 있다.

> 이제 문제는 이러한 최소 기준을 구성하는 교육 기준에 대해 생각하는 것이다. 이러한 최소 기준을 운영비 측면에서 생각하면 최소 교육비 지출에 대해 생각할 수 있다. 기존 학교의 재정 메커니즘을 구축하는 데 있어 가장 중요한 문제는 기본 수요의 문제이다. 실제로 교육이 이루어지기 위해서는 어느 정도의 지출이 필요한가? 이 점에 대해서는 필요한 연구가 부족한 실정이다. 지방교육재정교부금 제도(Local Finance Equalizing Subsidy System)에 따라 교육비 재원 마련에 필요한 기본경비가 예산으로 편성되고 있지만, 이는 단순한 재정

> 배분에 불과할 뿐 실제 교육 수요를 반영한 것이 아니다.
>
> 이것이 바로 우리가 최소 교육비를 책정해야 하는 중요한 이유이다. 최소 교육비 지출을 측정할 때는 각 학교의 실제 지출을 분석하고 표준화해야 한다. 가장 좋은 방법은 이러한 수치를 취합하여 예산을 산출하는 것이다(국가교육재정위원회, 1952, p.110).

여기서 아이디어는 "최소 기준을 구성하는 교육 기준"을 실제 비용으로 분석하고 표준화함으로써 "최소 교육비 지출"을 계산할 수 있다는 것이다. 이렇게 산출된 최소 교육비 지출을 중앙 정부가 책임지고 지원한다면 교육 재정을 교육기회균등 실현과 연결시킬 수 있을 것이라는 생각에서였다. 이러한 사고방식은 "최소 기준을 구성하는 교육 기준"의 수립과 이러한 기준을 재정적으로 표현하는 방법이 문부성이 추구하는 교육기회균등을 보장하는 데 중요한 초점이 될 수 있도록 했다. 나이토는 이 점에 대해 계속 설명한다.

> 이미 논의했듯이 이러한 운영비는 각 학교의 모든 구성 요소에 따라 결정되므로 최소 교육 재정 지출은 단순히 재정적 용어로 표현된 학교의 최소 기준이다(국가교육재정위원회, 1952, p.110).

이 설명을 뒷받침하는 이상은 교육기회균등, 즉 달성해야 할 가장 중요한 목표가 무엇을 의미하는지 명시적으로 드러내는 것이다. 즉 "학교에 대한 최소한의 기준"에 재정적 지원을 제공한다는 의미이다. 이는 "모든 학생들에게 양적, 질적으로 동등한 교육 환경을 제공해야 한다"는 전후 상황에서 제기된 초기 과제에 대한 문부성 정책 입안자들의 대응이었다.

지방 정부의 독립적인 교육 재정 체계를 마련하고 교육기회균등이라는 교육 논리에 사실성을 부여하기 위해 학교에 대한 최소한의 기준을 만들어야 했다. 이렇게 학교 기준 설정을 교육 여건의 표준화(또는 표준화 기준)와 동일시하는 과정을 통해 교육 기회를 교육 자원 배분 체계와 연계할 수 있었다. 그 결과 평등화 방향으로 나아가는 교육 기회는 본질적으로 표준화/정상화 방향으로 나아가는 교육 조건으로 개념화될 수 있었다. 교육 여건의 정상화 자체는 최저 교육비 산정을 위한 필수적인 단계였다. 이렇게 해서 재정적으로 환산된 학교의 최저 기준을 전국 학교에 적용할 수 있었고, 이를 교육 기회의 실현으로 볼 수 있었다.

그러나 문제는 이러한 학교의 최소 기준에는 무엇이 포함될 것인가 하는 것이었다. 이것이 문제가 되는 이유는 이 기준이 포괄해야 할 대상을 얼마나 넓게 보느냐에 따라 그 범위가 달라지기 때문이다. 교육의 양과 질에 있어서 평등을 실현하기 위한 노력의 범위를 어디까지 넓혀야 할까? 양과 질의 평등을 얼마나 넓게 또는 좁게 개념화하느냐에 따라 재정적 가치로 표현되는 교육기회의 본질이 드러나게 된 것이다. 나이토는 이 문제에 대해 어떻게 생각했을까? 그는 다음과 같이 언급한다.

> 학급 규모와 교사 배치 기준, 최저 급여 기준, 시설 및 장비 등 이 모든 것이 어려움을 야기한다. 지금까지는 교육예산의 관점에서 배분이 가능한 현실을 바탕으로 만들어졌을 뿐이었다. 따라서 기준을 재정적/경제적 현실에 어떻게 맞출 것인가 하는 문제는 단순히 타협에서 비롯되는 것이 아니라 가능한 한 가장 높은 기준을 실현하기 위해 노력해야 한다(국가교육재정위원회, 1952, p.112).

학급 규모, 교사 배치, 급여, 시설, 장비 등 "최소한의 학교 기준"이 얼마나 다양하고 광범위하게 적용될 수 있는지 알 수 있다. 게다가 교육적 관점에서 기준을 수립하고 있었기 때문에 나이토는 “가능한 가장 높은 수준의 기준”을 실현할 것을 호소했다. 당시 문부성 정책 입안자들은 이러한 방식으로 교육 균등 실현을 재정적으로 표현할 수 있는 잠재적 교육 조건의 목록을 생각했다.

하지만 이 목록은 이러한 항목에만 국한된 것이 아니었다. 나이토는 교육과정에 대해서도 언급하며 여기에서도 표준화의 필요성을 제안한다.

> 학교 기준은 무엇보다도 현재 교육과정과 기준을 모두 설정하고 있는 개별 학교의 교육과정을 표준화하는 방안을 고민해야 한다. 이 점에 대해서는 현재 연구 중인 최소 기준치 연구회(Minimum Essentials research group)의 결과를 기다려 봐야겠지만, 교과서를 중심으로 전 교과에 걸친 최소한의 기준이 마련되는 것이 말처럼 쉽지 않은 일임은 분명하다. 하지만 이 문제는 하루빨리 연구가 진행되어야 하며, 교육 전문가들만이 할 수 있는 일이다.
>
> 이러한 문제에 관한 연구 없이는 최소한의 기준을 과학적이고 합리적으로 측정할 수 없다. 물론 이러한 결과를 빨리 얻는 것은 불가능하지만, 가능한 한 빨리 잠정적인 계획을 세우고 이러한 기준을 더 높이기 위해 교육에 헌신하는 모든 분의 적극적인 연구 노력을 호소하는 바이다(국가교육재정위원회, 1952, p.112).

교육과정을 포함한 학교의 기준을 정립하고 그 결과를 재정적으로 표현함으로써 교육 평등의 실현을 재정적으로 보장할 수 있을 것이다. 따라서 재정적 지원이 뒷받침되는 교육 평등의 실현은 단순히 교육비, 시설, 장비와 같은 ‘하드웨어적 요소’에 그치지 않고 교육 내용, 즉 소프트웨어적 요소에 대한 기준 설정과 그에 따른 중앙 정부의 통제까지 확대될 수 있을 것이다.

평등에 대한 접근법으로서 표준화의 세계

숨겨진 가정

교육기회균등에 대한 일본의 독특한 접근 방식은 재정적 지원을 제공하는 중앙 정부의 의무교육비 교부금과 함께 작동하는 최저 학교 기준 설정의 결합에서 나타났다. 좀 더 구체적으로 말하자면, 이 제도와 1958년 제정된 법이 서로 연계되어 공교육비 배분에 대한 일본의 구체적인 메커니즘을 도입하는 두 바퀴처럼 작동하면서 탄생한 것이다. 표준화 제도의 청사진이 어떻게 만들어졌는지를 이해하기 위해 우리가 탐구하는 중심이 되는 것은 바로 표준화 설정의 역사이다.

이제 핵심적인 질문으로 돌아가 보자. 표준화의 법칙은 어떤 제도였을까? 표준화의 법칙이 채택된 배경에는 어떤 조건이 있었을까? 「의무교육비 중앙정부 분담에 관한 법률」(The Law Concerning the Central Government's Share of Compulsory Education Expenses, 1952년)은 다음과 같이 법의 목표를 제시했다.

> 의무교육은 무상교육의 기본 원칙에 따라 모든 국민에게 적절하게 보장하기 위해, 필요한 운영비 일부를 중앙정부의 재원으로 충당함으로써 교육의 평등 실현과 현행 교육 수준의 유지 및 향상을 도모하는 것을 목적으로 한다.

즉 중앙정부가 교육비를 부담하는 첫걸음이 될 법제도의 길을 마련함으로써 교육기회균등을 실현하려는 시도였다. 이는 의무교육의 "적절한 규모와 내용"을 보장하고 "교육의 평등 실현과 현행 교육 수준의 유지 및 향상"을 위한 것이었다.

이를 위해 의무교육의 균등성을 기준으로 "적정 규모와 내용"을 규정하고자 한 것이 바로 공립 의무교육에 있어서 「공립 의무교육 학급 규모 및 학교 인원 비율 표준화에 관한 법률」(Law Concerning Class Size and the Standardization of School Personnel Ratios in Public Compulsory Education)이다. 당시 문부성에서 근무하며 법안 작성에 직접 참여했던 사토 미카토로(Sato Mikataro)는 "의무교육비 중앙정부 보조금 제도의 구체적인 목적은 재정 확보를 위한 것"이라는 견해를 가지고 있었다.

그는 이를 달성하기 위해 무엇이 필요한지에 대해 다음과 같은 사례를 제시했다.

> 중앙 정부의 「의무교육비 중앙정부 분담에 관한 법률」에 따르면, 확고하게 수립된 표준 계획에 따라 특정 목표 또는 기준을 달성하기 위해 노력하는 지자체에 대해 비용(실제 지출액)의 50%를 보조금 재정 지원의 형태로 신뢰할 수 있는 방식으로 제공해야 한다. 따라서 중앙 정부 보조금이 지향해야 할 적절한 목표나 기준은 무엇일까? 물론 교육기회균등과 의무교육의 무상화를 실현하기 위해 모든 국민에게 적절한 [교육] 규모와 내용을 보장해야 한다는 목표가 존재한다. 그러나 무엇이 적절한 의무교육의 규모와 내용을 구성하는지에 대해서는 체계적으로나 구체적으로 모호한 상태이다. 안타깝게도 이 부분에 대한 법적 체계가 불완전한 것이 현재 실정이다(Ogawa, 1991, p.253에서 인용).

> 중앙정부 보조금 제도가 개편되었다. 그러나 "적절한 규모와 내용"을 보장하기 위해 명시적으로 노력했지만, "적절한" 기준이 실제로 무엇을 의미하는지에 대한 의문이 남아 있었다. 이러한 기준이 확립되어야 했고, "중앙 정부 보조금이 그 목표를 달성하기 위한 재정을 보장해 주었기 때문에 이 제도의 근간이 되는 진정한 가치가 드러나게 되었다"(Ogawa, 1991, p.253에서 인용).

여기서 교육적 성격의 기준을 설정하는 것은 "교육기회균등과 무상의무교육"이라는 약속을 실현하는 것뿐만 아니라, 이러한 목표의 지속적인 보장을 위한 재정적 뒷받침이 "확고하게 수립된 표준 계획"과 결합해야 한다는 개념을 드러냈다. 이러한 방식으로 교육 기회의 실현을 위한 재정적 표현을 할 수 있으며, 일부 교육 내용이나 조건은 평등화 노력의 또 다른 근거가 될 수 있다. 기준을 설정함으로써 실제 자원 배분과 교육 기회 간의 관계가 처음으로 드러났다.

언뜻 보기에는 이들은 그럴듯한 관계처럼 보이지만, 사실 그 기준을 어떻게 설정하고, 어떻게 재정과 연결할 수 있는지에 대한 질문은 무수한 접근 방식의 잠재력을 품고 있었다. 접근 방식의 선택은 교육에 대한 사고 방식만큼이나 다양할 수 있었다. 하지만 이 수많은 가능성 중에서 단 한 가지를 선택해 제도화해야 했다. 따라서 어떤 접근 방식을 선택하느냐에 따라, 즉 기준과 재정을 어떻게 연결하느냐에 따라 교육에 관한 생각과 그 사회에서 교육 기회가 실현되는 방식에 대한 윤곽이 결정될 수밖에 없는 숨겨진 가정이 시스템에 포함될 수 있다. 이러한 연결고리를 확립하는 것은 세수(稅收)로 공교육 시스템을 운영하는 데 필수 불가결하지만, 관찰자로서 우리는 이 제도의 세부 사항을 통해, 특정 사회에서 궁극적으로 교육 평등을 뒷받침하는 숨겨진 가정, 즉 계획의 암묵적 논리를 엿볼 수 있다.

그러나 우리는 더 큰 논의의 맥락에서 이 전제가 반드시 처음부터 의도적으로 제정된 것은 아니라는 점을 인식해야 한다. 즉 정책 입안자들이 처음부터 특정 사고방식을 명시적으로 선택한 다음 이를 실현하기 위해 노력한 것이 아니다. 이제부터 분석해 보겠지만, 역사는 이러한 숨겨진 가정이 다양한 조건과 제약에 대처하는 구체적인 방법과 시간의 흐름에 따른 변화의 결과로 점차 구체화하였음을 보여준다. 이러한 접근 방식이 궁극적으로 어떻게 선택되었고, 이를 뒷받침하는 논리(즉 숨겨진 가정)가 다양한 역사적 조건 속에서 어떻게 구체화하였는지를 살펴봄으로써 우리는 그 논리를 채택하고 실현한 전후 일본 교육과 사회의 특수성에 대한 이해에 한 걸음 더 다가갈 수 있을 것이다.

계산 공식의 세 가지 핵심 요소

1958년에 제정된 「의무교육 표준화법」은 전국적인 의무교육 기준의 법적 토대가 되었다. 초등학교와 중등학교의 학급 규모 상한선을 의무교육 수준으로 설정함으로써 학령인구의 요구를 충족하는 데 필요한 담임 단위 수를 계산하고, 이 수치를 바탕으로 필요한 교사 수를 추가로 계산할 수 있게 되었다.[3] 이렇게 산출된 교사 수는 각 도도부현의 모든 교사에게 전국 초중등학교의 호봉제를 적용하기로 한 합의에 따라 각 도도부현의 의무교육 예산 중 필요한 인력 부분을 산출하는 근거를 제공했다.

이 기초적인 설명만으로는 평등에 대한 일본 특유의 접근 방식이 어디에 녹아 있는지 바로 알 수 없다. 사실 언뜻 보기에 이러한 공식은 전혀 주목할 만한 것으로 보이지 않았다. 그러나 다른 선진국에서는 과거와 현재 모두 교육비 배분에 사용되는 시스템이 학생 수를 반영하여 학생당, 특히 학생 시간과 같은 특정 단위를 기준으로 비용을 계산한다. 여기서 일본의 접근 방식은 먼저 학급 규모의 상한선을 설정한 다음 단가를 계산한다는 점에서 예외적이다.

물론 학생당 교육비 지출을 계상하는 것은 어느 나라에서나 가능하다. 이는 소위 학생당 교육비라고 하며, '1인당' 비용 수치로 계산할 수 있다. 그러나 학급 단위 접근 방식과 학생 단위 접근 방식의 교육비 산정/배분에서 발생하는 수치에는 차이가 있다. 이후 자세히 살펴보겠지만, 일본의 경우 학생 1인당 교육비를 산출하는 것이 가능하지만 그렇다고 해서 그것이 자동으로 교육비 배분에 활용되는 계산의 기준이 되는 것은 아니다. 따라서 여기서는 단순히 정책과 무관하게 언제, 어디서나 할 수 있는 학생 1인당 교육비 계산의 결과와는 구별되는, 실제 학생 1인당 자원 배분의 원칙으로 작용하는 공식을 '학생 1인당 세계'

라고 부르고자 한다. 전후 일본에서 등장한 표준화의 세계와 대비되는 개념으로 우리가 설정한 것이 바로 이 '1인당 교육비'의 세계이다.

1인당 세계와 표준화의 세계를 뒷받침하는 평등에 대한 근본적인 개념화를 살펴보면 극명한 대조를 이룬다. 하나는 개인이라는 단위로 자원 배분의 평등을 개념화하는 원칙에 뿌리를 두고 있지만, 다른 하나는 학급 규모 단위나 지리적 영역과 같은 집단적이고 공간적인 총체적 단위, 즉 공간적 평등(spatial equality)에 의해 정의되는 자원 배분의 원칙에 뿌리를 두고 있다. 단순화하자면, 평등의 핵심 단위가 무엇으로 설정되느냐에 따라 다르겠지만, 개인 간의 차이가 부각되는 정도에 따라 달리 규정할 수 있다. 6장에서는 이러한 차이가 사회적, 교육적 측면에서 어떤 영향을 미치는지 자세히 살펴볼 예정이지만, 여기서는 제도 자체의 역사적 구성에 초점을 맞추겠다.

역사적 기록을 검토해 보면 문부성 사람들이 처음부터 표준화의 세계를 목표로 삼지 않았다는 사실이 금방 드러난다. 여기서도 나이토는 당시 문부성 내부에서 어떤 일이 벌어지고 있었는지 이해하는 데 도움을 준다.

> 현재 초등학교와 중학교의 기본단위는 학생 수, 학급 수, 학교 수의 세 단위로 구성된다. 원래는 학생 수만을 기준으로 하고 소규모 학교나 지방의 경우에는 특별교부금 방식을 활용할 수 있다고 생각했지만, 우리나라의 의무교육을 둘러싼 여건 때문에 어쩔 수 없이 세 단위에 의한 계산을 할 수밖에 없었다 (Naito, 1950, p.190).

여기서 나이토는 이것이 가장 이상적인 방식이 아니라는 인식이 처음부터 있었음을 밝힌다.[4] 즉 문부성은 처음에는 다른 선진국의 관행에 따라 학생 1인당 교육비 단가를 사용하여 합리적이고 과학적으로 계산한 다음 그 수치에 따라 총 교육비 지출과 배분이 이루어져야 한다고 생각했다. 그러나 심각한 재정적 제약으로 인해 이상적인 계획은 실현 불가능하다는 것을 알게 되었다. 따라서 학교 수와 학급 수에 초점을 맞추게 되었고, 교육비 계산은 사후에 현실을 확인하듯 삼각 공식에 따라 이루어질 수밖에 없었다.

문부성은 각 지역에 이미 학교가 존재하고 그 학교에 다니는 학생이 있다는 전제하에 한정된 재원을 사용하여 기존의 교육 여건을 역으로 계산했다. 즉 한 학급에 몇 명의 학생이 있어야 한다는 이상적인 관점에서 계산한 것이 아니라, 잠재적 재정 부담의 가치만을 기준으로 계산한 것이다. 일본 정책 입안자들이 세운 원칙은 역사적 상황을 고려할 때 학생 1인당 세계에 대한 이상과는 달랐지만, 바로 이러한 원칙이 의무교육 표준화의 기원이 되었다. 학생 1인당 교육비 지출이라는 취지가 같더라도 도도부현과 지방의 재정력 차이에 따라 지역이 낙후될수록 1인당 교육 재정을 충분히 투입하기 어려웠기 때문이다. 정책 결정에 제약으로 작용하는 지역 불평등의 현실을 받아들일 수밖에 없었고, 그 결과 최후의 수단으로 이 정책이 나온 것이었다.

이 시스템에 관한 기획에 직접 참여했고 글을 쓸 당시 미국 시스템과의 비교를 염두에 두고 있었던 사토(Sato)는 이러한 제약에 뿌리를 둔 자원 분배에 대한 일본의 특정 접근 방식의 출현을 다음과 같이 설명했다. 원문의 분량이 다소 길어서 이후 논의와 관련성이 있는 핵심 내용만 발췌하여 소개하고자 한다.

> 교사에 대한 합리적인 보조금을 전제로 교사 수를 계산하는 최선의 방법을 결정할 때, 그 기준(단위)으로 삼아야 할 것은 무엇일까? 여기에는 두 가지 방법이 있다. 하나는 학급 단위 수를 기준으로 교사를 계산하는 것이다. 즉 "학급당 교사 수"를 계산하는 방법이다. 다른 하나는 학생 수를 기준으로 계

산하는 방법이다. 즉 '교사 1인당 학생 수'를 계산하는 방식이다. "학급당 교사 수" 계산 방식은 현재 우리나라 의무교육 기관에서 사용하는 방식이다. 학급당 교사 수 X를 계산한다. 물론 여기서는 단순 균등 비율에 따라 개별 학교의 규모에 적당한 교사 정원을 고정하는 방법도 고려할 수 있지만, 좀 더 세심한 방법으로는 특정 학교의 학급 수(X)에 따라 교사 정원을 고정하는 방법이 있다. 즉 한 학교의 담임 수가 X라면 필요한 교사 수는 X이고, 다른 학교의 담임 수가 Y라면 필요한 교사 수는 Y가 되는 것이다. 학급당 필요한 교사 수를 세밀하고 정확하게 계산하려면 후자의 공식이 가장 좋은 방법으로 간주된다. 따라서 현재 각 도도부현에서 관할 초중학교에 교사를 배치할 때 이 공식을 활용하고 있다(Sato, [1965] 2002, pp.69-70).

현재 우리가 사용하고 있는 교사 배치/교사 할당량 설정 기준은 다소 보수적인데, 이는 학급당 교사 수를 고정하는 관습을 계속 유지하는 것이다. 그러나 이 공식은 한 학급의 학생 수가 많은지 적은지를 완전히 무시한다는 결함이 있다는 점을 기억해야 한다(Sato, [1965] 2002, p.130).

여기서 설명하는 것은 앞서 나이토가 학생 수, 학급 수, 학교 수를 "세 단위"로 계산하는 것으로 설명한 교사 배치에 대한 일본 특유의 접근 방식이다. 여기서 우리는 사토가 이 시스템이 "한 학급의 학생 수가 많든 적든 완전히 무시"하는 "결함"을 지니고 있음을 명시적으로 확인하고 있다는 점에 주목한다.

학생 1인당 세계

사토는 이어서 이러한 상황을 미국과 대조해 설명한다.

두 번째 문제는 학생 수를 기준으로 교사 수를 계산하더라도 교사 1인당 수업 시수를 어떻게 결정할 것인가 하는 문제이다. 이 문제를 간과하면 교사 1인당 학생 수를 X 또는 Y로 고정하더라도 수업량은 여전히 균일하지 않게 된다.

그러나 미국에서는 "학생 시간"이라는 개념이 사용되고 있다. 예를 들어, 교사가 40명의 학생으로 구성된 학급을 하루 3시간 동안 가르친다면 학생 시간은 120시간으로 계산된다. 교사가 하루 4시간 동안 30명의 학생을 가르친다면 업무량은 동일한 것으로 간주한다.

이 개념에 따라 교사 한 명당 일일 학생 수가 얼마나 되는 것이 적절한 수업량인지가 문제가 된다. 미국에서는 대부분은 (중학교의 경우) 과중한 수업량은 150 학생 시간이며, 이상적인 수업량은 일반적으로 120 학생 시간으로 간주한다.

한 학급당 학생 수가 30명이라고 가정하면, 하루에 4시간 또는 5시간의 수업이 적절하다는 뜻이다. 이 개념을 도입하면 하루 학생 수업 시간 수에서 필요한 교사 수를 계산할 수 있다. 예를 들어, 모든 학생이 주당 30시간의 수업을 받는 30명의 학생으로 구성된 학급을 가정하면, 이 학급 전체의 주당 학생 시간은 900시간이 된다. 이를 150 학생 시간으로 나누면 교사 수는 6명이 된다. 이는 학생 30명당 교사 1명이 적절한 비율이라는 생각에서 비롯된 것이다. 이러한 사고방식은 학생 수에 따른 교사 수 계산 공식, 즉 학생 대 교사 비율을 뒷받침한다. 그래서 많은 외국에서는 먼저 각 학교의 학생 수를 기준으로 교사 수를 산출한 다음, 학교장이 배정된 교사 수에 따라 학급을 편성하고 교사 1인당 수업 시수를 결정한다. 학교 운영은 이러한 방식을 기반으로 한다. 이 경우 학급당 학생 수에는 일정한 제한이 있다. 이를 미국에서는 "학급 규모"라고 부르는 것으로 보인다(Sato, [1965] 2002, pp.74-75).

사토는 여기서 학생 수를 먼저 생각하면서 단위 학생 수를 명확하게 설명한다. 이는 교육 노동의 기본 단위가 학생당 수업 시간에서 비롯된다는 믿음에 기초한 아이디어이다. 그리고 이것이 바로 앞서 3장 미국

교육사에서 살펴본 학생 시간이다. 사토는 계속해서 언급한다.

> 이러한 방식으로 교사 할당량을 계산하는 공식은 학생 수에서 직접 도출된 공식을 사용한다. 이러한 접근 방식은 적절한 학생 수를 기준으로 교사 1인당 수업량 단위를 상상할 수 있다는 생각에 기반하고 있다는 점을 인식해야 한다. 따라서 일본과 마찬가지로 학급을 학습 단위로 고정하고 학급 수를 (같은 학년에서) 설정하는 것과 같은 생각에 기반을 둔 사고에 있어서는 이러한 유형의 교사 계산 공식이 다소 이질적으로 느껴질 수 있다(Sato, [1965] 2002, p.77).

학급 규모와 교사 수 산정에 대한 미국과 일본의 서로 다른 접근 방식에는 여기에 적힌 단어보다 훨씬 더 깊은 의미가 숨어 있다. 3장에서 이미 살펴본 바와 같이, 학생 수에 대한 이상 뒤에 숨어 있는 또 다른 전제는 수업이라는 교육 노동의 정량화, 즉 수업은 교육과정과 교수법의 개별화에 대응해야 하고, 수업은 교육과정과 교수법의 다양성을 고려해야 한다는 생각이다. 교육과 학습의 개별화라는 측면을 고려한다면 학생 시간이라는 개념은 매우 합리적이다. 이를 바탕으로 재정적 지원을 제공하고, 이는 개별화되고 다양한 학습을 전제로 한 평등한 교육 학습 조건의 목표와 연결된다. 이는 학습의 개별화를 가시화하고 교육 평등을 재정적으로 표현할 수 있는 기준 단위를 설정한다.

이와는 대조적으로 일본에서는 어떤 일이 일어났을까? "한 학급[교실 단위]의 학생 수가 많은지 적은지는 완전히 무시"하고 대신에 학급 수에서 교사 수를 계산하는 일본의 공식에는 암묵적으로 교사 주도 교육과 국가교육과정이 내재하여 있다. 일부 독자들은 위 주장이 지나치게 단순화되었다고 생각할 수 있지만, 적어도 전체 단위 학급 수업과 공통 커리큘럼에 기반한 학교 풍토에는 어느 정도 공감할 수 있을 것이다.

이 제도의 청사진이 그려지던 당시 실제 학급당 학생 수는 50명을 훨씬 넘었다. 50명이 넘는 학생들로 꽉 찬 교실은 전국적으로 세 교실 중 한 교실은 존재할 정도로 일반적인 현실이었다(Sato, 1987, p.329). 당연히 50명이 넘는 학급에 앉은 학생들에게 개별화된 학습을 제공한다는 것은 거의 불가능했을 것이다. 학생 한 명, 한 명에게 가르치려는 의도가 있었다고 해도 그러한 조건을 실현할 수 있는 자원이 없었기 때문이다. 이를 통해 우리는 이 계산 공식이 개별화 학습이라는 가정과는 대조적으로 학급의 수업 원칙과 다른 관계를 염두에 두고 고안된 것임을 알 수 있다.

또한 일본의 경우 어느 것이 먼저인가 하는 고전적인 닭과 달걀의 문제에 직면한 것처럼 보이지만, 교육기회균등을 질적-양적으로 동등한 교육 제공으로 이해한 교육기회균등에 대한 특정 관점이 반영되어 있음을 알 수 있다. 이는 3장에서 살펴본 미국의 교육 평등 개념과는 다른 개념이다. 미국의 계산식에서는 개별화된 학습을 가능하게 한 학생 시간 개념, 즉 교육의 질과 양에 있어서 동일하지 않은 제공을 가능하게 한 개념 속에서 재정 지원이 학생 개개인의 필요에 반응하는 교육 평등의 개념을 지향할 수 있었다.

반면, 전후 일본에서는 학급 규모의 균등화를 통해 표준화가 이루어졌고, 이후 교육과정의 표준화로 확대되어 전국 학교의 같은 학년의 모든 학생이 질적, 양적으로 거의 동일한 내용을 배우도록 보장되었다. 이는 교육기회균등을 실현한 것으로 여겨졌다. 교육 표준화법은 자원 지출을 계산하는 방법으로, 평등 관점과 밀접하게 연관되어 있었다. 다시 말해,이 법과 평등 관점 사이에서 교육 표준화가 이 두 요소의 공통성을 창출하는 역할을 하였다. 이 과정에서 두 요소는 상호 보완적인 관계를 유지했다. 어느 것이 먼저였을까? 무엇이 무엇을 낳았을까? 여기서 명확한 인과관계를 규명할 수는 없지만, 이 둘의 관계가 상호 보완적인 관계였다는 사실은 강조할 수 있다. 그리고 이 두 공통의 논리가 작동하는 시스템에서 우리는 일본 교육 평등에 대한 접근 방식을 발전시킬 힘의 근원을 발견할 수 있다.

또한 이 모든 것을 재정적으로 보장하기 위한 제도로서 교육 재정제도가 마련되었는데, 그 핵심은 「의무교육비 중앙정부 분담에 관한 법률」(Central Government's Share of Compulsory Education Expenses)과 지방교육 재정교부금에서 도출된 기본 재정 소요액을 산정하는 공식을 개정하는 것이었다.

의무교육 표준화법에 근거한 교육 재정 배분 시스템, 특히 이를 바탕으로 산출된 최소 교육비 지출은 일본식 교육 기회균등을 실현할 수 있게 한 재정적 표현이 되었다.

또 다른 요인: 인구통계학적 변화

지금까지 우리는 표준화 세계가 문부성 당국의 초기 의도에 따라 설정되지 않았음에도 불구하고 재정 할당 공식이 당시 존재하는 다양한 구조적 제약의 범위 내에서 어떻게 작동하게 되었는지를 보여주었다. 교사 배치를 위한 조직적 청사진은 이러한 제약에서 벗어난 것이 분명하지만, 교육 여건에는 문부성 정책 입안자들의 초기 의도와는 거리가 먼, 또 다른 변화가 있었다. 바로 인구통계학적 변화였다. 전후 일본 베이비붐 세대의 제도권 진입과 이동은 표준화 세계 확립에 이바지하는 또 하나의 요인이 되었다.

의무교육 표준화법이 심의될 당시 문부성은 기존의 교육 여건에 맞춰 "안정적 재정 지원"을 제공하는 데만 집중하지 않았다. 오가와 마사토(Ogawa Masato)의 연구에서는 다음과 같이 설명한다.

> 1958년부터 초등학교와 중학교의 학생 수 증가가 둔화하거나 감소함에 따라 문부성 사람들은 가능한 한 많은 교사를 유지하고 대신 남는 인력을 활용하여 지나치게 큰 학급을 없애고 교사 할당량을 더욱 합리적으로 만들려고 시도했다(Ogawa, 1991, p.258).

즉 문부성은 베이비붐 세대의 대규모 인구 이동으로 인해 남은 여분의 정원을 또 다른 기준으로 삼은 것이었다.

여기서 문부성은 이후에 적극적으로 이상적 학급 할당량에 맞추고 있었다. 또한 지역 간 불평등도 시정하고 있었다. 이를 위해 교사 수 또한 늘렸다. 이 모든 것을 가능하게 한 것은 의무교육 표준화법이었다. 중앙정부는 「의무교육비의 중앙정부 분담에 관한 법률」 뿐만 아니라 지방교육 재정교부금 산정기준이 되는 기본소요재정액 산정을 포함함으로써 이를 실현하는 데 필요한 재원을 확보했다. 의무교육 표준화법은 오가와가 말하는 "교육적 기준과 재정적 기준의 통일"을 가능하게 하는 제도로서 교육기회균등 실현에 필요한 법적 토대를 마련한 것이었다. 그러나 이 제도가 순조롭게 시행될 수 있었던 것은 당시 학령 인구의 변동 때문이었다.

[그림 4.1]은 초등학교와 중학교 교사 수의 종단적 변화를 보여준다. 전반적으로 증가 추세이다. 초등학교와 중학교 모두 1980년대까지 교사 수는 많이 감소하지 않았다. [그림 4.2]와 [그림 4.3]은 학생 수와 학생 대 교사 비율(pupil−teacher ratio: 이후 PTR)을 모두 보여준다. 학생 수의 정점은 1958년 초등학교와 1962년 중학교에서 발생한다. 이러한 정점 이후에는 학생 수가 급격히 감소한다. 이러한 학생 수 증가와 감소와는 대조적으로, [그림 4.1]은 교사 수의 변화 정도가 이와 유사한 급격한 변화를 보이지 않았다는 점을 상기시켜 준다. 결과적으로 [그림 4.2]와 [그림 4.3]에 표시된 PTR 추정치를 통해 학생 수가 정점

을 통과한 후 감소로 인한 교사 잉여분을 학급의 최대 규모로 줄이는 방식을 통해 교육 여건을 개선하는 데 재투자했다는 결론을 내릴 수 있다.

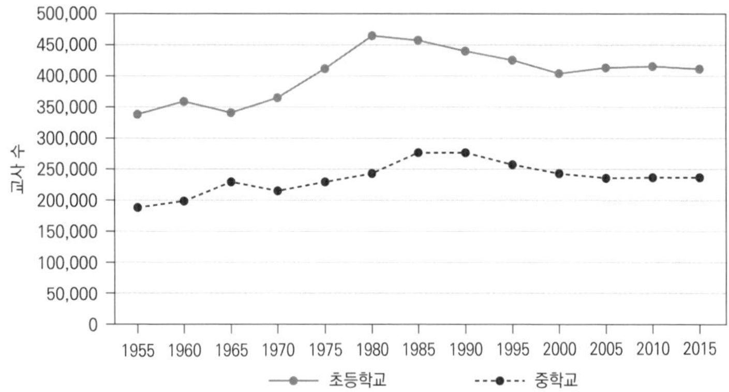

Ⅰ그림 4.1Ⅰ 공립 초등학교 교사 수 시계열적 변화
출처: MEXT. (2018). "Statistical abstract of education, culture, sports, science, and technology".

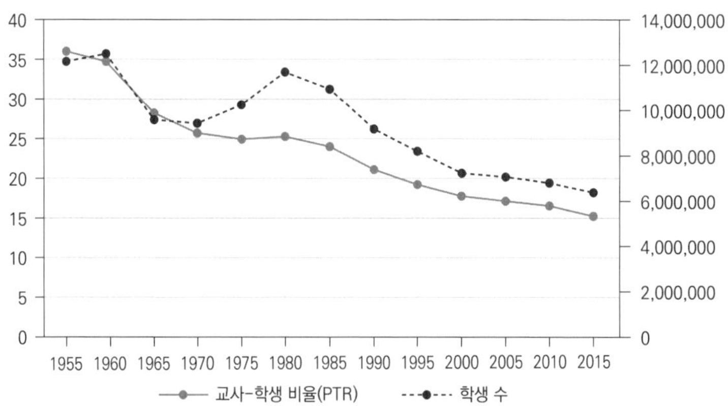

Ⅰ그림 4.2Ⅰ 초등학교의 교사 1인당 학생 수 변화
출처: MEXT. (2018). "Statistical abstract of education, culture, sports, science, and technology".

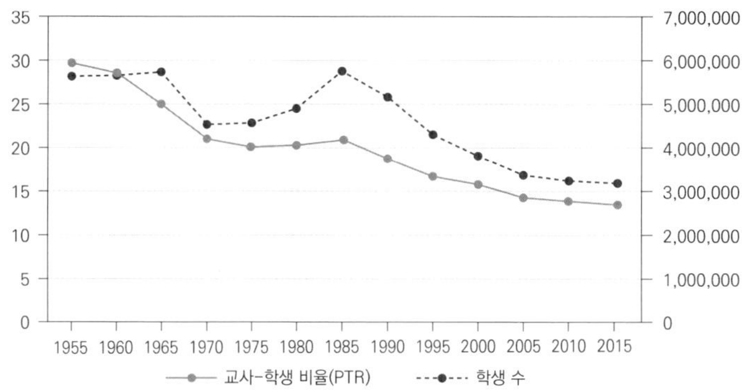

| 그림 4.3 | 중학교의 교사 1인당 학생 수 변화
출처: MEXT. (2018). "Statistical abstract of education, culture, sports, science, and technology".

차선책

베이비붐 세대의 제도권 진입이라는 특수한 역사적 상황에서 벗어나 기존 교사 수를 줄이지 않고 달성한 결과, 이제 전국적으로 교육 평등주의를 추진할 수 있는 여건(교사 처우와 담임 할당제)이 마련되었다. 평준화의 기본 삼각 계산 공식은 정책 입안자들의 초기 생각과는 달랐지만, 학생 수와 기존 교원 수 유지에 따른 재조정을 통해 지역 간 교육 여건의 불평등을 해소하고 전반적인 교육 여건을 개선할 수 있는 길이 열리게 된 것이다.

하지만 이러한 방식으로 의식적으로 구축된 표준화의 세계는 처음부터 그렇게 계획된 것은 아니었다. 문부성 관계자들로서는 자원이 부족한 상황에서 어쩔 수 없이 채택해야 했던 차선책이었기 때문에 여전히 이상적인 정책은 아니었다. 게다가 이 차선책이 교육 여건 균등화에 기여하기 위해서는 학령 인구 급증이라는 역사적·우발적 요인이라는 원동력이 필요했다. 만약 재원 배분 공식이 1인당 학생 수에 따라 정해졌다면, 학생 수 감소는 교육비 지출의 상당한 감소를 수반했을 것이다. 물론 이러한 인구 변동이 고도 경제 성장기의 도래와 거의 동시에 이루어졌다는 점을 잊어서는 안 된다. 이러한 세수 증가를 배경으로 교육비 지출이 증가했지만, 교육 정책 수립 자체의 측면에서는 여전히 외부 환경의 변화에 머물렀다.

이러한 외부적(인구통계학적) 변화와 함께 표준화의 세계 자체도 이러한 공간적 평등을 지속해서 만들어 냈다. 교육 표준화는 교육의 동질성과 평등화라는 방향을 가리키는 새로 형성된 길을 따라 흘러갔다. 이러한 변화의 총체는 교육 평등이라는 일본의 이상을 구체적으로 실현하는 지속적인 과정이 될 것이다. 이 모든 것을 움직인 기본 청사진은 바로 이 장에서 되짚어 보는 표준화 세계 탄생의 역사였다.

• Note •

1. 교육기본법은 2006년 12월에 개정되었다. 간결성을 위해 원서에서는 2006년까지 사용된 개정 전 버전을 지칭하기 위해 FLE라는 용어를 사용했다. 하지만 번역서에서는 다시 「교육기본법」이라는 용어를 사용했다.
2. 나이토는 이후 차관으로 승진하여 전후 교육 재정 시스템의 제도화에 크게 기여한 것으로 인정받았다.
3. 가장 간단한 예는 최대 학급 인원이 50명으로 설정되어 있고 한 학교의 한 학년 코호트(학년 수준)에 50명의 학생이 있는 경우를 들 수 있다. 이 경우 학급은 한 개만 구성된다. 그러나 한 코호트에 51명의 학생이 있는 경우에는 50명을 초과하므로 두 개의 학급으로 나뉘게 된다. 이 경우 한 교실에서는 한 교사가 26명을 가르치고, 다른 교실에서는 두 번째 교사가 25명의 학생을 가르친다. 또는 다른 경우를 상상해

볼 수 있다. 최대 학급 인원이 45명으로 설정되어 있고 학생이 50명인 경우 각각 25명의 학생이 있는 두 개의 교실로 나뉘며, 이 경우 두 명의 교사가 필요하다.

4. 이 설명은 의무교육 표준화법을 겨냥하거나 특별히 의무교육 표준화법과 관련하여 작성된 것이 아니라 지방교육 재정교부금에서 정한 균등교부금의 기본재정수요액 산정기준에 대한 설명에 나온 문구이다. 당시 문부성이 교육기준을 어떻게 개념화했는지를 알 수 있는 대목으로 받아들일 수 있다. 이후 표준화법의 제정에 따라 지방교육 재정교부금에 의한 기본재정수요액 산출은 교원 수와 학교 수라는 다른 측정 단위로 바뀌게 된다(Sato, [1965] 2002, p.193). 그 이유는 의무교육 표준화법의 제정으로 교원 수 산정 자체가 표준화되었기 때문이다. 이에 따라 교육 표준화법이 제정된 이후에도 학생 수, 학급 수, 학교 수라는 세 가지 요소는 여전히 예산 지출을 계산하는 기준으로 남아 같은 방식으로 계속 유지되었다.

제5장

미지의 혁명

제5장

미지의 혁명

공간적 평등

1950년대에 들어서면서 표준화 세계는 제도화되었고, 이 시점부터 표준화의 세계는 일본 교육과 일본 사회에 깊은 영향을 미쳤다. 자전거의 두 바퀴처럼 재정 지원 제도(「의무교육비 중앙정부 분담에 관한 법률」)와 학급당 교사 할당제(「의무교육 표준화법」, 즉 1958년 법)가 결합하여 교육 표준화를 진전시키는 시스템을 만들어 냈다. 두 법안은 궁극적으로 메이지 이후 일본 교육에 많은 문제를 초래했던 지역 간 불평등을 바로잡아 당대의 가장 시급한 문제를 해결하는 것을 목표로 했다.

이 새로운 표준화 세계는 전후 교육에 어떤 영향을 미쳤을까? 정책입안자들의 본래 의도가 정책 청사진에 반영되어 구상한 대로 실행되었을까? 새로운 정책 실행과 운영에 영향을 미친 요인은 무엇이었을까? 교육기회균등에 관한 일본적 특색이 담긴 표준화의 세계(공간적 평등)를 실현하기 위해서는 어떤 추가 조정이 필요했을까? 이 장에서는 이러한 질문들을 다루면서 표준화 세계가 실제로 어떻게 전개되었는지에 대한 역사를 추적한다.

교육 재정 동향과 지역 간 불평등

3장에서는 전쟁 전 시기에 도도부현 간 불평등의 심화 정도를 살펴보았다. 이때는 정규/비정규직 교사 비율, 교사 급여 규모 등 교육과 관련된 다양한 불평등이 존재했다. 전쟁이 끝났다고 해서 이러한 지역 간 불평등이 갑자기 사라진 것은 아니었다. 대신 표준화의 세계가 결실을 보기까지 상당한 시간이 필요했다. 사실 이러한 시차 자체가 교육 여건의 균질화를 통해 교육 평등을 실현하고자 했던 일본만의 독특한 메커니즘이 존재했음을 증명한다. 표준화 세계가 본격적으로 작동하기 전과 비교함으로써 표준화 세계의 작동 기제를 명확하게 파악할 수 있을 것이다.

<표 5.1>은 1954년 이토 카즈에(Ito Kazue)가 발표한 「교육기회 균등: 의무교육 재정분석」이라는 제목의 연구에서 찾은 데이터로 구성했다. 의무교육 지출에 대한 재정 분석인 이 자료는 전후 5년(1949년부터 1953년까지) 동안 초등학교와 중학교 학생 1인당 지출을 최대값, 최소값, 평균, 표준편차, 불평등을 나타내는 지표인 '분산 계수'[1] 등 다양한 차원으로 보여준다. 이 표를 보면 1951년까지만 해도 최고 지역과 최저 지역 간에는 200%가 넘는 심각한 불평등이 존재했음을 알 수 있다. 이러한 값은 3장에서 제시된 전쟁 전 기간의 값만큼 크지는 않지만, 1950년대 전반에도 도도부현 간 교육비 지출의 불평등이 여전히 심각했음을 알 수 있다. 게다가 분산 계수의 값도 16~17%로 큰 편차를 보였는데, 이는 가난한 지역일수록 교육비 지출이 적었다는 것을 의미한다. 이러한 수치는 전쟁 전 불평등의 유산이 전후에도 그대로 계승되었을 뿐만 아니라 불평등이 비교적 많이 남아 있었다는 것을 나타낸다.

| 표 5.1 | 현 단위 학생 1인당 학비 지출 변화의 시계열적 변동(엔)

회계 연도	최대	최소	평균	표준편차	CV(%) 평균/표준편차
		초등학교			
1949	7,558(후쿠이)	3,630(사이타마)	4,912	863	17.57
1950	9,526(도쿄)	4,624(이바라키)	6,079	986	16.22
1951	11,905(도쿄)	5,944(이바라키)	7,766	1,317	16.96
1952	14,421(도쿄)	7,661(이바라키)	9,932	1,500	15.10
1953	16,421(도쿄)	9,723(이바라키)	12,248	1,663	13.58
		중학교			
1949	12,733(시지오카)	7,445(미에)	9,166	1,245	13.58
1950	14,094(도쿄)	8,702(도치기)	11,166	1,189	10.65
1951	17,543(돗토리)	9,932(도치기)	13,451	1,741	12.94
1952	19,010(시가)	11,139(도치기)	15,095	2,236	14.81
1953	20,581(돗토리)	12,302(가고시마)	16,650	2,062	12.38

출처: Kazue(1965, p.466).

공공 투입 확대

표준화가 제도화된 이후 지역 간 교육 불평등에는 어떤 변화가 있었을까? 이후 추세를 이해하기 위해 이 부분을 간략히 살펴보겠다. 여기서는 표준화된 분산 척도를 나타내는 분산 계수를 계산했다. 이를 통해 1930년부터 1949년, 그리고 이후 2003년까지 약 5년 간격으로 학생 1인당 교육비 지출(총액)의 지역 간 불평등을 확인할 수 있다([그림 5.1]). 여기에서 명확하게 드러나듯이 1970년까지 도도부현 간의 불평등은 현저하게 감소했다. 1930년 0.26이었던 분산 계수는 1949년 0.18로 떨어졌고, 1970년에는 0.1 이하로 더 떨어졌다. 데이터에 따르면 1970년에는 최대값(도쿄 151,126엔)과 최소값(구마모토현 95,553엔)의 차이가 1.58배로 줄어든 것으로 나타났다. 1940년대 말, 두 배 이상의 격차와 비교할 때, 불과 20년이라는 비교적 짧은 기간 동안 불평등이 현저하게 감소했음을 알 수 있다.

이러한 불평등 감소의 기저에는 교육비 지출의 전반적인 증가가 있었다. [그림 5.2]는 학생 1인당 교육비 지출(총액)의 변화를 보여주며, 국가 단위의 모든 수치를 2000년 엔화 가치로 환산한 것이다. 1955년 학생 1인당 약 1만 엔이었던 의무교육비가 1970년에는 40만 엔으로 증가했고, 1975년에는 60만 엔으로 계속 증가했음을 알 수 있다.

[그림 5.3]은 1955년을 기점으로 전체 국가 예산의 확대와 초등학교와 중학교의 학생 1인당 교육비 지출의 증가를 함께 보여준다(1955년 금액에 따라 이후 증가율을 표시함). 특히 주목할 만한 것은 1965년부터 1975년까지 10년 동안 국가 예산 총액의 성장과 함께 학생 1인당 교육비 지출이 얼마나 빠른 속도로 증가했는지를 보여준다.

하지만 전반적인 교육비 지출의 증가가 반드시 지역 간 불평등의 직접적인 해소로 이어지지는 않았다. 이는 미국에서 불평등의 지속성에 대한 잘 알려진 논의를 떠올리면 쉽게 이해할 수 있다(Coleman, 1966, Kariya 2009b). 교육 시스템이 불평등을 완화하는 방식으로 조정된 것은 전반적인 교육비 증가와 자원 배분 메커니즘이 결합하였을 때만 가능하다. 바로 이러한 이유로 표준화 세계가 어떻게 불평등의 축소를 가져왔는지에 대한 질문에 답하기 위해서는 이러한 예산 증가에 수반된 자원 배분의 메커니즘을 이해하는 데 집중해야 한다. 이것이 이 장에서 다루는 중요한 분석 내용이다. 그러나 그 이야기를 시작하기 전에 먼저 불평등의 급격한 감소 이후 일본 교육에서 나타난 구체적인 성과를 먼저 살펴보도록 하겠다.

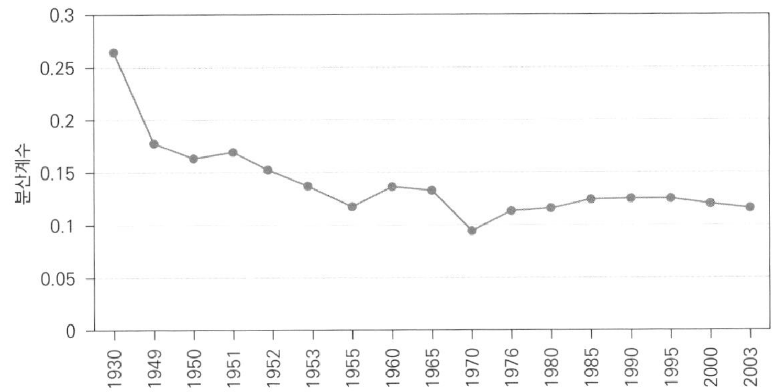

| 그림 5.1 | 학생 1인당 총 공립 초등학교 교육비 지출의 분산 계수의 시계열적 추세

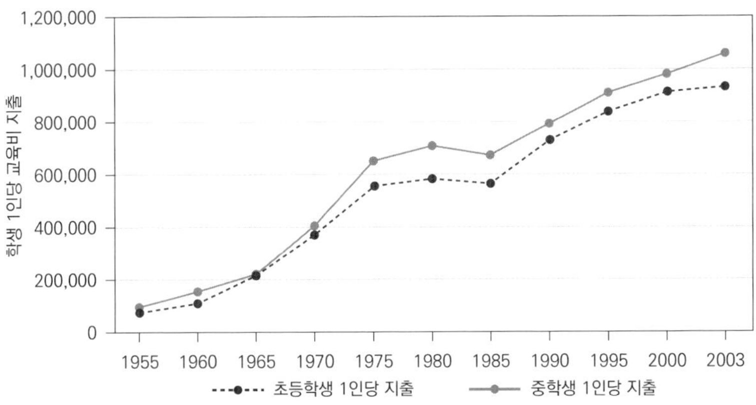

| 그림 5.2 | 학생 1인당 총 공립 초등학교 및 중학교 교육비 지출의 시계열적 추세(2000년 가치로 환산)

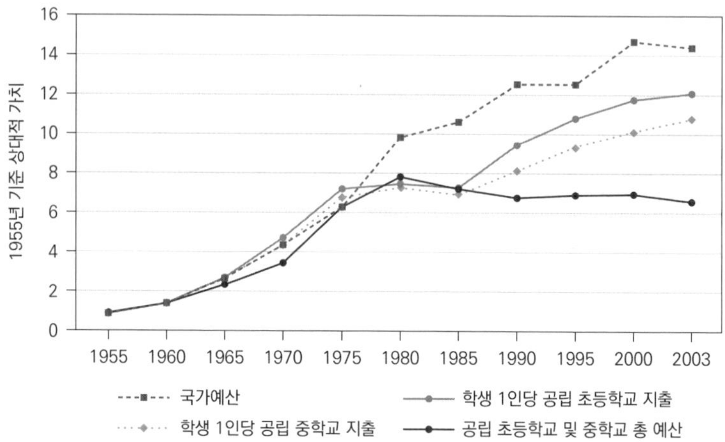

| 그림 5.3 | 국가 예산 및 의무교육 재정 지출 증가율

교육비 지출 배분의 구조적 변화

[그림 5.1]에서 볼 수 있듯이, 지역 간 불평등을 나타내는 분산 계수 변화를 계산함으로써 이토의 이전 연구와 연결하여 현재까지의 추이를 통해 불평등이 전반적으로 감소하는 경향을 확인할 수 있다. 그러나 이러한 수치에만 초점을 맞추면 한 가지 중요한 질문을 간과할 수 있다. 교육비 지출 분포에서 지속해서 큰 차이를 보이는데, 이러한 차이가 구체적으로 무엇을 의미할까? 현의 재정력이 약할수록 교육비 지출이 줄어드는 전쟁 전과 같은 관계가 존재했을까? [그림 5.1]을 보면 분산 계수의 감소 추세가 1975년경에 멈춘 것을 알 수 있다. 액면 그대로 받아들이면 이 시점 이후에는 불평등이 더는 줄어들지 않았다는 의미로 해석할 수 있다. 하지만 실제로는 그렇지 않았다.

[그림 5.4(a−i)]는 이 점을 확인시켜 준다. 이 산점도는 1955년부터

1995년까지 5년 단위로 각 도도부현의 재정 지수와 학생 1인당 교육비 지출(기반 시설 구축, 학교 신설, 학교 개보수 비용 등 반복 지출 제외) 간의 관계를 보여준다. 타임랩스 사진처럼, 우리는 변화하는 분포에 관심을 집중할 수 있다. 여기서는 교육 지출의 총액 대신 가장 큰 비중을 차지하는 교사 급여인 반복 지출을 활용한다. 이렇게 하는 이유는 단순히 이러한 반복 지출이 교육 지출의 대부분을 차지하기 때문만이 아니라, 표준화 세계가 교육 재정에 미친 영향이 주로 교사 할당제와 이를 지원하는 지방교육 재정교부금을 통해 발생했기 때문이다. 이러한 메커니즘을 더 잘 이해하기 위해 반복적 비용의 대부분을 차지하는 인건비에 집중하면 궁극적으로 학교 건설과 같은 교육 지출 총액을 활용한 계산보다 더 많은 것을 알아낼 수 있다.

먼저 [그림 5.4a(1955년)]와 [그림 5.4b(1960년)]를 보면 1928년보다는 약하지만 여전히 비례 관계가 있음을 알 수 있다(3장의 [그림 3.1] 참조). 이 상승하는 근사선은 다소 약한 관계가 여전히 존재한다는 것을 확인시켜 준다. 즉 현의 재정력이 강할수록 학생 1인당 교육비 지출이 증가한다는 것을 의미한다.

그러나 1965년에 이르러 역사적으로 일관된 비례 관계는 대부분 상쇄되었다([그림 5.4c]). 근사선이 기본적으로 평탄하지 않았을 뿐만 아니라 결과가 너무 산발적이어서 상관 관계 측정이 사실상 의미가 없어졌다. 따라서 표준화 시대가 도래한 지 약 7~8년이 지난 1960년대 중반에 이르러서는 도도부현의 재정력과 초등학생 1인당 교육비 지출 사이의 양의 상관관계가 사라졌다. 따라서 부유한 현일수록 학생 1인당 교육비 지출이 많다는 지배적인 역사적 패턴은 이미 1960년대 중반에 종언을 고했다.

여기서 특히 흥미로운 점은 그 이후에 일어나는 일이다. [그림 5.4d(1970년)]와 [그림 5.4e(1975년)]에서 볼 수 있듯이, 실제로는 반비례 관계로 반전된다. 1975년에는 이러한 추세가 상당히 강화된다. 근사치의 하강선이 더욱 가파르게 내려가면서 분산은 더욱 촘촘해진다. 이는 도도부현의 재정력이 약할수록 초등학생 1인당 교육비 지출이 많아지는 관계의 역전뿐만 아니라, 이러한 경향 자체가 계속 강화되고 있음을 의미한다. 간단히 말해, 가난하고 재정적으로 취약한 현일수록 초등교육에 더 많은 예산을 투입한 것이다. 이는 궁극적으로 진보적 재정관계의 출현과 강화를 의미했다. 이 수치에서 알 수 있듯이, 1970년대에 시작된 이 강력한 진보적 관계는 1980년대 중반까지 지속되었다.

그러나 [그림 5.4h]와 [그림 5.4i]에서 볼 수 있듯이 1980년대 이후부터 이러한 역관계가 약화되기 시작했다. 여전히 재정적으로 취약한 도도부현의 초등학생 1인당 교육비 지출이 더 높은 것이 지배적인 경향이었지만, 이러한 점진적인 재정 관계의 강도는 1980년대 후반에 이르러 1970년대와 비교하여 약화하기 시작했다. 그럼에도 불구하고 3장에서 검토한 전후의 추세와 1960년대까지의 재정 배분 구조와 비교하면 이는 일본 공립 초등학교의 학교 교육 재원 배분 원칙에 큰 균열이 생긴 것으로 볼 수 있다. 1960년대부터 오늘날까지 상관 관계의 지배적인 방향은 진보적 추세로 향하는 것이었다.

중학교에 대한 교육비 지출에 대해서도 비슷한 분석을 수행했지만, 여기서는 수치를 생략한다(Kariya, 2009b 참조). 초등학교의 경우보다 약간 늦은 시기인 1970년경에 약한 반비례가 발생했다. 그 후 1970년대부터 1980년대 중반까지 강한 음의 반비례 관계가 나타났고, 1990년대에 이르러서야 최종적으로 약화되었다. 이는 곧바로 인구 변동, 즉 학생 수 변화의 영향을 시사한다. 초등학교에 비해 중학교에서 반비례 관계로 전환된 것은 몇 년의 시차를 두고 발생했다. 이 점에 대해서는 조금 더 자세히 살펴보겠다.

이런 식으로 전후 전체 기간 동안 학생 1인당 교육비 지출과 재정력 간의 관계를 종단적으로 살펴보면 1970년대에 자원 배분 구조에 큰 변화가 일어났다는 것을 알 수 있다. 그것은 진보적이었다. 이러한 변화는 교육기회균등과 관련하여 절대적으로 중요한 의미를 지니고 있었다. 미국의 논쟁과 현실을 떠올리면 이것이 중요한 이유를 금방 알 수 있다.

미국에서는 퇴행적 교육비 할당 구조가 지배적이다. 부유한 지역일수록 교육에 더 많은 비용을 지출한다. 이러한 상황을 개선하기 위한 논의는 수십 년 동안 끊임없이 이어져 왔다. 그럼에도 불구하고 현실은 오늘날까지 이 구조에 큰 변화가 없다는 것이다(Kariya, 2009b). 미국의 경우 지방 정부가 교육을 책임져야 하고 따라서 연방정부가 개입해서는 안 된다는 헌법적 보장이 흔들리지 않는 것처럼 보이지만, 일본의 상황은 실제로 진보적 구조로의 전환이 이루어졌다는 점에서 미국과 분명히 다르다.

<표 5.2>는 학생 1인당 교육비 지출이 가장 높은 일본의 5개 도도부현과 각각의 재정 건전성 및 1인당 소득 지수를 보여준다. 이를 재정 건전성(0.425), 1인당 소득(연간 2,752,000엔), 학생 1인당 교육비 지출(779,730엔)의 전국 평균과 비교하면 재정 상태가 취약하고 1인당 소득이 낮은 현이 교육비 지출 면에서 상위권을 차지하고 있음을 알 수 있는데, 이는 <표 5.1>에서 이토가 설명한 1950년대 초반의 상황과는 완전히 달라진 모습이다. 이러한 결과는 중앙 정부의 개입, 즉 의무교육비 지출이 실제로 기존의 지역 간 불평등을 조정하고 평준화시키는 기능을 하고 있음을 보여준다.

| 표 5.2 | 초등학생 1인당 교육비 지출 기준 도도부현 상위 순위

순위	현	2005년 초등학생 1인당 교육비(엔)	2005년 1인당 평균 소득(엔)	2004년 재정 지표
1	시마네	1,292,436	2,453,000	0.207
2	고치	1,180,769	2,146,000	0.215
3	돗토리	1,102,916	2,308,000	0.230
4	야마가타	1,100,516	2,427,000	0.295
5	이와타	1,099,388	2,363,000	0.271

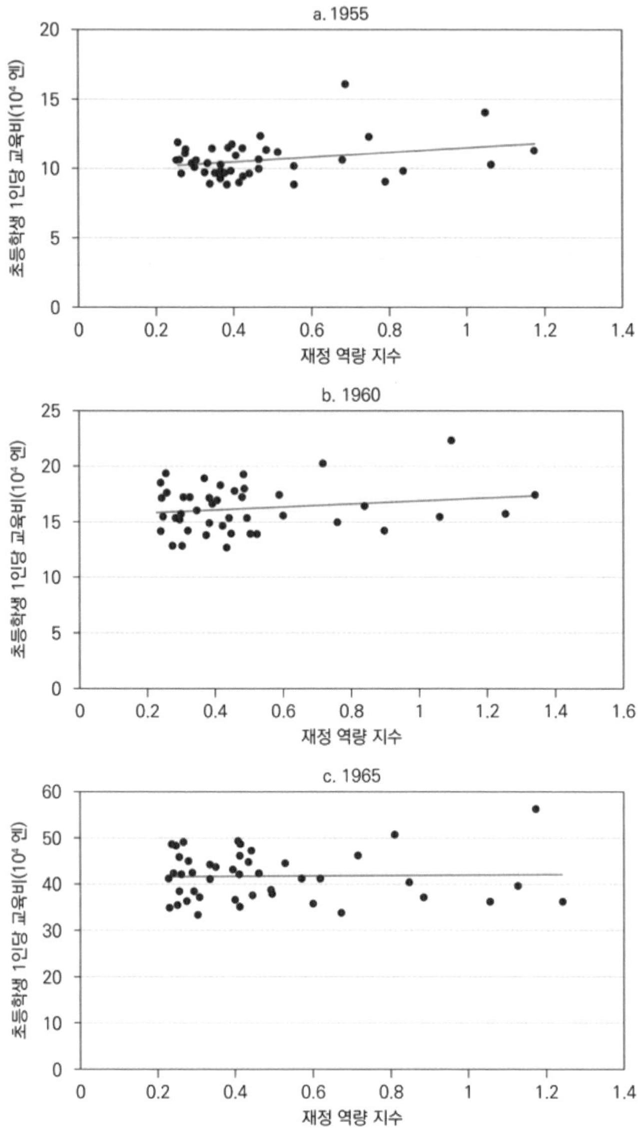
a. 1955
초등학생 1인당 교육비(10^4 엔)
재정 역량 지수
b. 1960
초등학생 1인당 교육비(10^4 엔)
재정 역량 지수
c. 1965
초등학생 1인당 교육비(10^4 엔)
재정 역량 지수

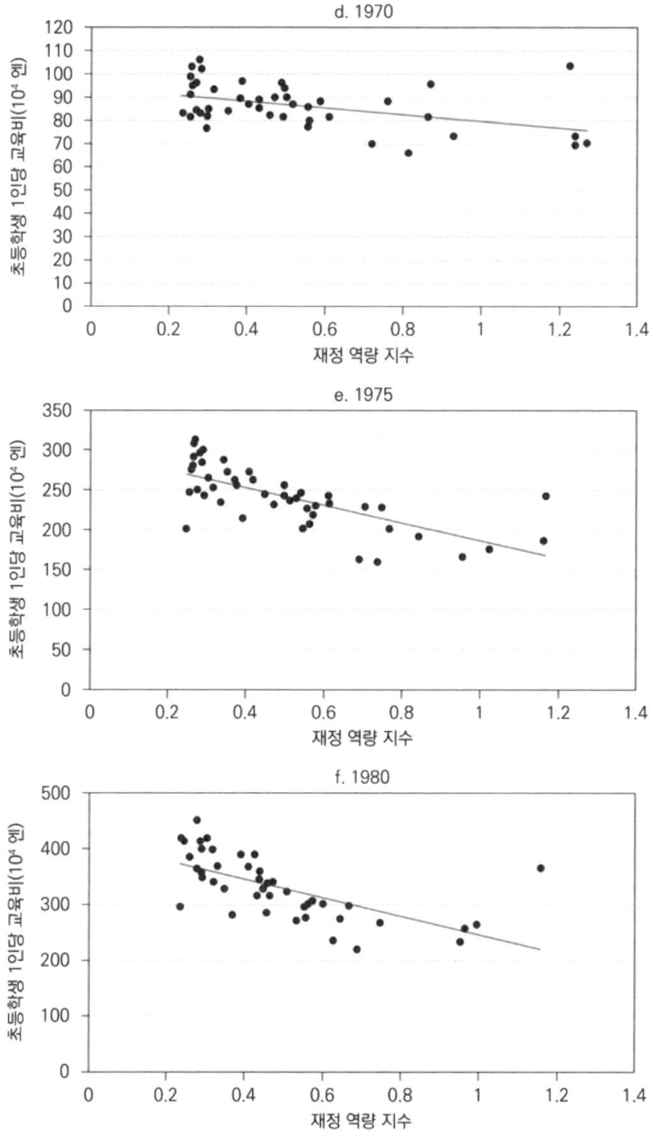
d. 1970
초등학생 1인당 교육비(10^4 엔)
재정 역량 지수
e. 1975
초등학생 1인당 교육비(10^4 엔)
재정 역량 지수
f. 1980
초등학생 1인당 교육비(10^4 엔)
재정 역량 지수

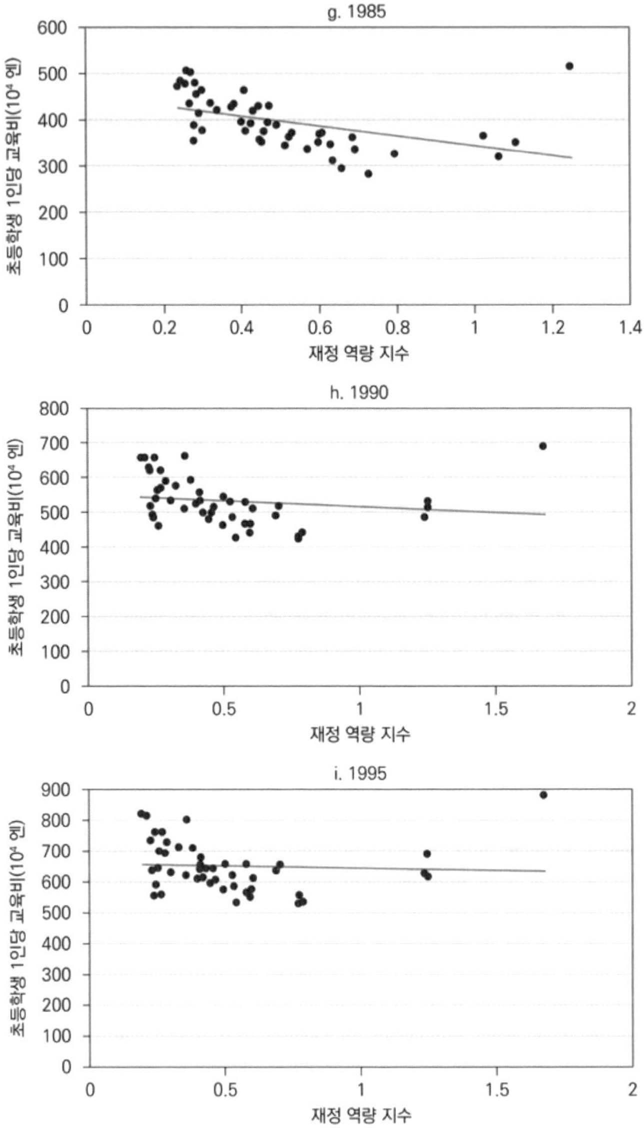

| 그림 5.4 | 초등학생 1인당 교육비 지출 및 재정 역량 지수

미지의 혁명-교육 여건의 균질화

교사당 학생 수

이제 어떤 메커니즘이 이러한 점진적 자원 배분 구조로의 변화를 주도했는지에 대한 질문으로 넘어가 보겠다. 또한 공교육 지출에서 재정 건전성과 학생 1인당 지출 사이의 관계가 교육 환경 개선과 구체적으로 어떻게 연결되었는지에 대한 질문도 다루어 본다. 마지막으로, 이러한 급격한 변화에 표준화 세계가 어떤 역할을 했는지 명시적으로 살펴보자. 이 조사를 위해 우리는 또 다른 중요한 차원, 즉 교사 1인당 학생 수라는 변수를 도입해야 한다. 교사 1인당 학생 수는 교육의 질을 평가할 때 비교적 표준적인 수치로 활용되는 지표이다. 흔히 PT 비율(PTR)이라고도 불리는 이 지표는 교사의 수업 부담과 교사와 학생 간의 참여 정도를 나타내는 지표로 볼 수 있다.

앞서 [그림 4.2]와 [그림 4.3]에서 초등학교와 중학교 모두에서 1980년대 이후 일본에서 이 PTR이 감소하는 추세를 보였다는 것을 확인했다. 이는 교육의 질적 향상을 가능하게 했다. 당시 논의에서 PTR은 교육의 질을 나타내는 지표로 활용되고 있었다.

그러나 본 논의에서 더 중요한 것은 이 PTR 지수가 표준화 세계와 관련하여 갖는 의미이다. 이전 장에서 살펴본 바와 같이, 표준화의 세계에서는 학급 편성의 기준(즉 학급의 상한선)을 설정하여 특정 학교에 필요한 교사 수를 계산할 수 있었다. 이는 교사 1인당 학생 수와는 다른 접근 방식이었다. 3장 학생 시간에 대한 논의에서 살펴본 바와 같이, 미국은 교사가 학생을 지도한 총 시간을 단위로 특정 학교에 필요한 교사 수를 결정한 다음, 그 수치에 따라 총 교사 수를 고정했다. 이는 학생 수의 변화가 반드시 학생 대 교사 비율에 직접적으로 반영되지 않는 일본의 경우와 다르다. 학생 1인당 계산의 세계에서는 이론적으로 학생 수의 변동은 교사 수의 변화를 자동으로 수반하게 된다. 적어도 기본 단위 학생 시간에 조정이 없는 한은 그렇다. 결과적으로 교사 수를 의도적이고 명시적으로 변경하지 않는 한, 학생 수 변화와 관계없이 PTR은 고정되어 있었다. 반면, 일본의 표준화 세계에서는 정책 입안자가 학급 규모에 대한 상한선을 어디로 설정하느냐에 따라 교사 1인당 학생 수가 변경될 수 있었다. 이러한 방식으로 일본의 접근 방식은 세 가지 지표를 살펴볼 수 있다. (1) 교사 수 변화, (2) 학생 수 변화, (3) 학급 규모 상한선의 변화(학급 규모 단위와 필요 교사 수 변화에 따라 달라짐). 이 세 가지 지표 중 하나 또는 각 지표의 변화는 자동으로 PTR의 변화를 유도한다.

이처럼 교사 1인당 학생 수라는 변수를 포함하면 교육의 질을 파악할 수 있을 뿐만 아니라, 교육 재정의 배분 메커니즘이 교육의 질 향상과 어떻게 연관되어 있는지를 이해하는 데 매우 중요한 의미를 갖게 된다. 이 재정과 교육의 질 사이의 연관성에 대해 먼저 표준화 이전의 상황을 간략히 살펴본 다음, 이 장의 뒷부분에서 더 자세한 분석을 진행하고자 한다.

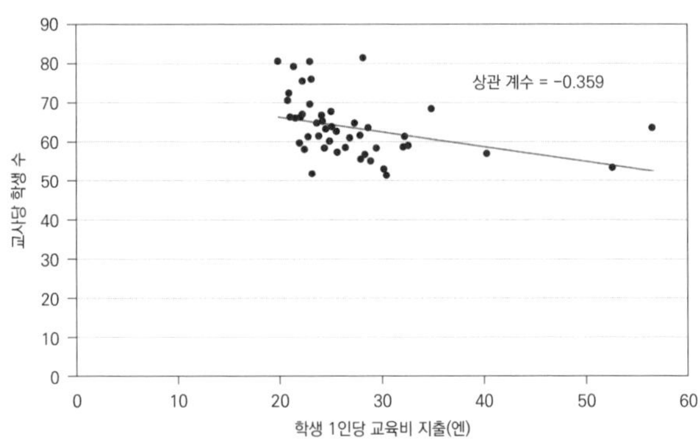

| 그림 5.5 | 1930년 공립 초등학교의 교사 1인당 학생 수 및 학생 1인당 교육비 지출액

[그림 5.5]는 1930년 각 도도부현의 학생 1인당 교육비 지출과 공립 초등학교의 PTR 간의 관계를 보여준다. 이 두 요소 사이에는 약하지만 분명한 반비례 관계가 있다(−0.359). 1930년대의 상당수 현에서 PTR이 70~80을 넘는다는 사실은 충격적이지만, 곧 살펴볼 최근 수치와 비교하면 전체적으로 분산돼 있다는 것은 분명하다. 도쿄와 같은 부유한 도의 이상치 그룹을 제외하더라도 학생 1인당 교육비 지출이 거의 같은 도도부현의 경우에도 교사 1인당 학생 수에는 여전히 큰 차이가 있음을 알 수 있다. 즉 학생 1인당 교육비 지출이 많은 도도부현일수록 PTR이 작아지는 추세이기는 하지만, 교육비 지출만을 전제로 한 단순 설명은 경계해야 할 정도로 큰 편차가 존재한다는 것을 알 수 있다. 아마도 재정적으로 취약한 도도부현에 벽지나 소규모 학교가 많다는 점이 영향을 미쳤을 것이다. 그럼에도 불구하고 교육비 지출 수준이 낮다는 것은 교육 여건이 열악하다는 것과 관련이 있으며, 공교육비 지출의 불평등이 도도부현의 재정력과 비례 관계를 갖는다는 것은 교육 환경의 불평등과 함께 작용하고 있음을 확인할 수 있다.

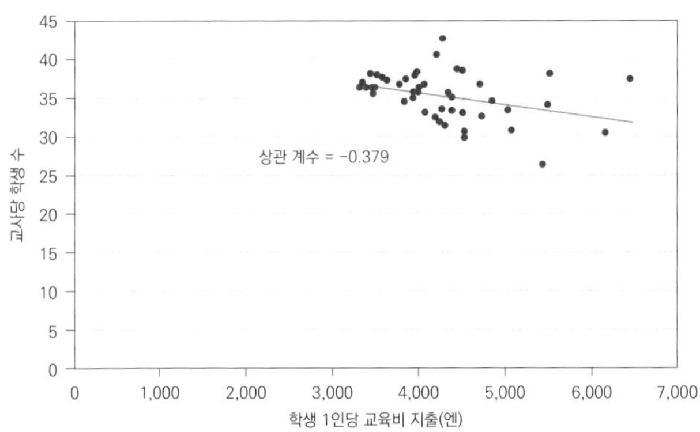

| 그림 5.6 | 1949년 공립 초등학교의 교사 1인당 학생 수 및 학생 1인당 교육비 지출액

[그림 5.6]은 1949년에 대한 동일한 결과, 즉 공립 초등학교의 학생 1인당 교육비(이 경우 교사 급여와 같은 반복적 지출로 한정)와 PTR 간의 관계를 보여준다. 여기서는 반비례 관계가 다소 강해진다(상관계수: −0.379). 즉 관계가 강화된 것이다. 학생 1인당 지출이 많은 지역일수록 교사 1인당 학생 수가 적었다.

그러나 [그림 5.4(a−i)]에서 볼 수 있듯이 1960년대까지만 해도 재정력 지수와 학생 1인당 교육비 지출 사이에 약하지만 비례 관계가 있었다는 사실을 잊어서는 안 된다. 학생 1인당 교육비 지출이 상대적으로 많았던 현의 경우, 외딴 지역에 있는 학교를 포함해 소규모 학교가 많이 존재했을 것이라는 점은 확실하다. 따라서 벽지 소규모 학교라는 불가피한 상황에 직면한 도도부현은 교사 채용을 늘릴 수밖에 없었을 것이다. 그 결과, 서류상으로는 PTR이 더 작아 보일지라도, 재정적으로 가장 취약한 지역인 이들 도도부현의 학생 1인당 지출은 큰 폭으로 감소할 것이다. 적어도 중앙정부의 재정적 개입이 이 부담을 줄이기 위해 효과적으로 기능하지 않는다면 그럴 것이다. 이러한 맥락에서 지방 당국은 학생 1인당 교육비 지출이 감소하지 않도록 최선을 다하기로 약속했다.

한편, [그림 5.7]은 1975년 학생 1인당 교육비(반복 지출)와 PTR 간의 관계에 관한 결과를 보여준다. 이 결과는 훨씬 더 강한 반비례 관계를 보여준다(상관 계수: −0.922). 즉 이전의 관계가 더욱 강해졌다는 뜻이다. 학생 1인당 교육비 지출이 많은 지역일수록 PTR이 낮아진다는 것이다. 더욱이, 여기에서의 분산은 전쟁 전보다는 전후 직후가 훨씬 적다. 여기서 우리는 학생당 교사 수의 표준화가 이미 진행 중이었음을 분명히 알 수 있다.

방금 살펴본 바와 같이, 1975년에 이르러서는 전후 1950년대 현의 재정력과 학생 1인당 교육비 지출 사이의 관계가 뒤집혔다. 즉 현의 재정력이 약할수록 학생 1인당 교육비 지출이 증가했다. [그림 5.7]을 보면 비슷한 사실을 알 수 있다. 현의 재정력이 약할수록 PTR이 낮아져 전전과 전쟁 직후는 완전히 반전되었다. 적어도 PTR로 측정한 교육 여건 측면에서 전전과 전쟁 직후의 도도부현 간 불평등은 단순히 개선된 것이 아니라 퇴행적 방향에서 진보적 방향으로 전환되는 근본적인 변화를 겪었다.

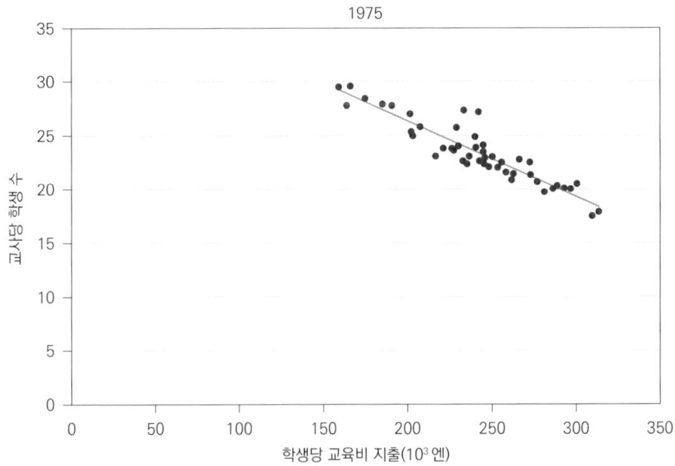

| 그림 5.7 | 1975년 공립 초등학교의 교사 1인당 학생 수 및 학생 1인당 교육비 지출액

[그림 5.8]은 1955년과 1980년의 중학교 결과를 나타낸 것이다. 1955년의 경우 상관 관계는 음의 값을 보이지만 결과가 광범위하게 분산되어 있다. 이 시기는 재정 건전성과 학생 1인당 교육비 지출이 비례 관계를 보였던 시기였다. 그러나 재정 건전성과 학생 1인당 교육비 지출의 상관 관계가 1980년에는 학생 1인당 교육비 지출과 PTR 사이에 매우 강한 음의 상관관계가 뚜렷하게 나타난다. 동시에 1980년에는 거의 모든 도도부현이 근사선을 중심으로 밀집되어 매우 작은 분산과 더 나은 적합성을 보여준다. 이러한 결과를 전체적으로 보면 초등학교와 중학교 모두에서 교육비 배분이 진보적으로 전환되는 변화의 과정이 교

육비 배분과 PTR 간의 관계가 강화되는 기간과 겹친다고 가정할 수 있다. 마지막으로, 여기서 우리는 익숙한 시간 지연을 볼 수 있다. 이러한 변화는 초등학교에서 먼저 일어났고, 이후에 중학교에 도달했다.

이를 뒷받침하는 [그림 5.9]는 1955년부터 1995년까지 매 5년마다 (1) 재정 건전성 대비 학생당 교육비 지출(반복 지출) 상관 계수의 변화와 (2) 학생당 교육비 지출 대비 교사 1인당 학생 비율의 변화를 보여준다.[2] 여기서 분명하게 드러나는 것은 두 변수 간의 회귀 관계가 강화되는 시기가 겹친다는 점이다. 이는 초등학교와 중학교 수준 모두에서 나타난다. 특히 초등학교의 경우, 1960년대 후반부터 1970년대 전반까지 이 두 지표의 관계 값이 갑자기 급락했다. 그러나 1980년대 말에는 이 관계가 점차 약화하였다.

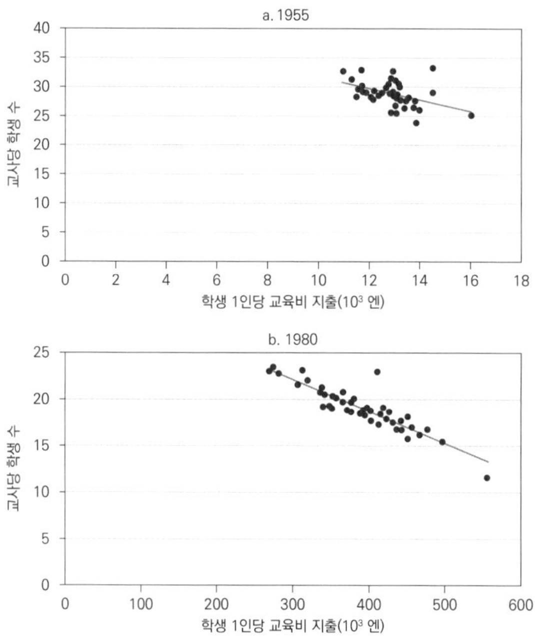

| 그림 5.8 | 공립 초등학교의 교사 1인당 학생 수 및 학생 1인당 교육비 지출액

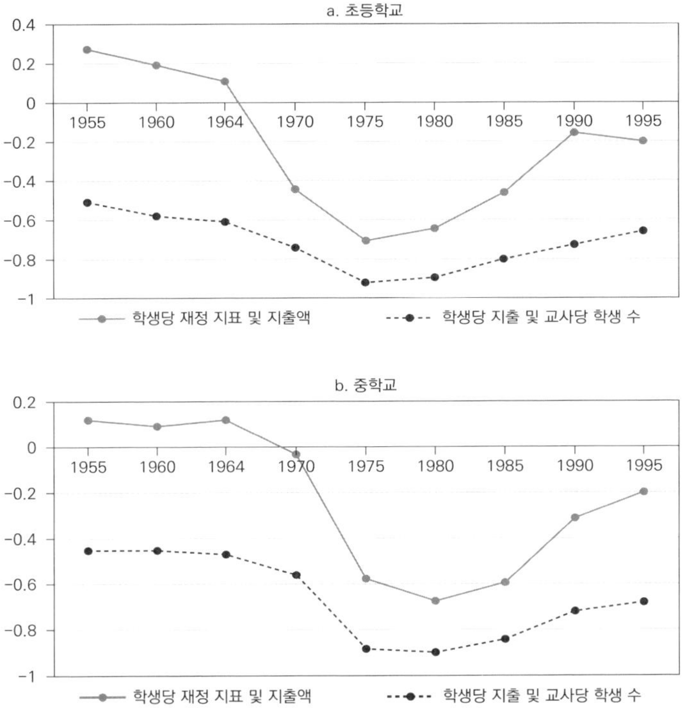

| 그림 5.9 | 두 상관 계수의 추세

교사 정원 개선

왜 이 두 가지 변화가 동시에 일어났을까? 이 질문 속에는 표준화 세계와 교육의 질을 연결한 메커니즘이 숨겨져 있다.

문부성은 학급 수 상한선을 정하고 기존 학교의 수치와 학생 수 변화 추이를 바탕으로 학급 단위 수를 계산했다. 이 계산 방식(필요 교사 수라는 단일 요건만 산출)에 따르면, 학생 수 상한선 아래 담임 단위 수가 늘어날수록 자연스럽게 학급당 학생 수는 줄어들게 된다. 동시에 학급 단위가 증가하면 할당된 교사 수도 자동으로 증가하게 된다. 그 결과 필요한 인적 자원 비용도 증가하는 관계가 나타났다. 중요한 것은 이 모든 것이 명시적인 정책 지침이나 정책 입안자들이 지방교육 재정교부금 가중치를 통해 재정적으로 취약한 지역의 학생 1인당 교육비 지출을 늘리려는 의식적인 시도의 결과로 PTR이 증가한 관계가 아니라는 점이다. 이는 역으로 생각해야 한다. 지방교육 재정교부금 감소로 인해 중앙 정부는 이를 충당하기 위해 중앙정부의 의무교육비 분담금을 통해 재정 조정을 실시해야 했다. 따라서 "상향식"으로 변화하는 학교 상황의 영향이 이 과정의 가장 강력한 동인이었다.

정책 결정에서 흔히 자동으로 가정되는 원인과 결과의 관계를 뒤집는 이 반전의 타당성을 뒷받침하는 것은 데이터에서 드러난 초등학교와 중학교 사이의 시차를 들 수 있다. 만약 의도적인 '하향식' 정책을 통해 교육 투자를 늘리고자 했다면, 이러한 시차가 발생할 이유가 없다. 그러나 여기서 초등학생 수의 변화는 대체로 몇 년 후 중학생 수의 변화와 자동으로 연결된다.

이 간단한 사실에 근거하여 교사 수에 갑작스러운 변화가 발생하지 않는다면(이에 대해서는 추후 자세히 설명하겠다), 초등학교와 중학교에서 몇 년의 시차를 두고 PTR의 변화가 필연적으로 발생할 것이다. 따라서 학생 수의 변화, PTR의 변화, 학생 1인당 교육비 지출의 변화라는 관계의 흐름은 명확하다. 여기서 강조하고 싶은 것은 정책 입안자들이 PTR을 개선하기 위해 갑자기 학생 1인당 교육비 지출을 늘린 것이 아니라, PTR이 감소하면서 학생 1인당 교육비 지출이 증가했다는 점이다.

4장의 [그림 4.1]에서 볼 수 있듯이, 이 기간에 교사 수는 거의 감소하지 않았다. 문부성은 학생 수 감소를 예측했음에도 불구하고 이미 고용된 교사를 유지함으로써 학급 규모의 상한선을 교묘하게 조정하는 정책을 선택했다. 즉 학생 수 감소에도 불구하고 교사 고용을 유지함으로써 교사를 늘려 학급당 학생 수 상한선을 50명에서 45명으로, 다시 40명으로 낮출 수 있는 공간을 확보한 것이다. 4장에 제시된 [그림 4.2]와 [그림 4.3]에서 볼 수 있듯이 교사 정원에 대한 이러한 점진적인 개선은 PTR의 완만한 감소라는 결과를 가져왔다.

일본의 교사 할당량 개선 메커니즘에 이미 익숙한 사람이라면 언뜻 보기에 이 모든 것이 다소 자명해 보일 수 있다. 그러나 [그림 5.9]에서 제시하듯이, 교사 1인당 학생 수 시스템 내 작동하는 상관 관계에 상응하는 공명 효과를 일으키기 위해 어떤 조치가 필요했을지 잠시 생각해 보면 일본 사례와 표준화 접근법의 구체적인 내용을 더 잘 이해할 수 있을 것이다.

학생 1인당 시스템의 반례에 대해 생각해 볼 때, 교사 수가 학생 수를 기준으로 했다면 이 두 상호 작용을 통해 이런 공명적인 변화가 일어날 수 있었을까 하는 질문을 던져볼 수 있다. 실제로 이런 변화가 발생했다면 어떤 메커니즘을 통해 일어났을까? 이러한 각도에서 질문을 던지면 이러한 중복된 변화가 얼마나 중요한지 더 명확해진다.

학생 수가 증가하는 동안 PTR을 개선하려는 시도는 학생 수 증가율을 초과하는 비율로 교사 수를 늘려야 한다. 이것이 유일한 선택지이다. 반대로 학생 수가 감소하는 시기에는 학생 수 감소율보다 느린 속도로 교사 수를 줄임으로써 PTR을 개선할 수 있다. 어떤 경우든 PTR을 개선하려는 시도(그리고 다른 교육의 질 지표도 마찬가지)는 교사 수 조정을 통해 이루어져야 한다. 따라서 교사 수는 교육의 질에 관한 생각의 초점이자 기초가 된다. 4장에서 사토는 학생 1인당 세계에서 단가 계산의 기준은 PTR이며, 따라서 PTR을 변경하려는 명시적인 의도가 실제 변경에 선행되어야 한다고 지적했다. 더욱이, 재정 능력이 취약하고 학생 1인당 교육비 지출이 낮은 지역에 더 많은 교사를 배정하려는 명시적인 목표와 점진적 배분 방향으로 PTR을 전환하려는 의도와 노력이 없다면 [그림 5.9]에서 볼 수 있는 상호 작용과 변화의 유형은 결코 이루어질 수 없다. 학생 수 변화를 기반으로 한 단순한 계산만으로는 PTR 자체의 변화를 이끌어낼 수 없다. 이것이 바로 학생 1인당 시스템의 기본 원칙이다.

따라서 한 세기가 넘도록 재정과 교육기회균등화(및 다양한 재정 제도)에 대한 논쟁이 결단력 있고 명시적인 정책 전환 없이, 즉 강력한 정치적 의지가 없이는 주(州) 단위(지역) 교육 자원의 퇴행적 배분이 지속되는 미국의 사례에서 볼 수 있듯이, 교육 자원의 퇴행적 배분은 계속되었을 것이다.

예기치 않은 결과

이러한 종류의 비교사회학적 사고 실험을 통해 우리는 표준화 접근법이 교육 기회를 균등하게 만드는 메커니즘적 특성을 더 깊이 이해하게끔 한다는 것을 알 수 있었다. 이 구체적인 특징은 바로 이러한 교육 여건의 변화가 처음부터 명시적으로 계획되지 않았다는 점이다. 일본 교육 제도를 기획한 사람들의 기록에서 알 수 있듯이, 원래의 의도는 미국식 노선을 따라 교육 자원을 분배하기 위해 유연한 단위를 설정하는 것이었다. 이렇게 하면 학생들의 요구와 변동하는 학생 수를 반영하여 교사들의 교육 노동의 양적, 질적 차원을 모니터링할 수 있게 된다. 원래의 의도는 이 모든 것을 보완할 수 있는 교육 재정 시스템을 구축하여 이 시스템을 재정적으로 지원하는 것이었다. 같은 시기에 새교육 패러다임이 도입되었다. 교실 수업은 명목상으로는 미국처럼 아동 중심의 교육적 접근 방식을 취하게 되었다. 요컨대, 이 시스템을 설계한 사람들은 처음에 학생 1인당 교육비를 목표로 했기 때문에 학습의 개별화와 밀접하게 연결된 교육 재정 지원 체계를 의도했다.

그러나 그들의 꿈은 실현되지 못했다. 열악한 재정 여건에서 중학교 의무교육(6-3 제도)을 신설하는 등 의무교육을 확대하는 것만으로도 엄청난 도전이었기 때문이다. 이러한 상황에서 정책 입안자들은 학생 수, 학급 단위, 학교 단위의 세 가지 기준 단위 계산으로 전환했다. 다른 실행 가능한 대안이 없는 상황에서 내린 선택이었다. 물론 이전 장에서 언급했듯이 시스템을 설계한 사람들은 임박한 인구 변동을 인지하고 있었다. 재정을 책임진 사람들도 이를 예견하고 표준화 세계 구축을 승인했다. 그리고 실제로 이 시스템을 계획한 사람들의 예측은 적중했다. 하지만 베이비붐 세대의 첫 번째 물결이 지나간 후, 이 제도를 통해 발생한 초과 정원은 추가 자원을 동원하지 않고도 학급 규모 단위의 상한선을 50명에서 45명으로 개선하는 데 사용되었다(Sato, 1987, p.333). 이 정도는 예상되었던 일이다. 하지만 그들이 예상하지 못한 것은 학생 수의 변동이 거의 동시에 전체 시스템의 할당 구조를 점진적인 방향으로 전환할 것이라는 점이었다. 이런 의미에서 이 장에서 추적한 변화는 의식적으로 의도한 것이 아니었다. 이러한 변화는 1950년대에 시스템 청사진을 작성할 때 명시적으로 약속된 것은 아니었다. 정책 입안자들이 설계한 시스템은 단순히 학생 취학률의 변동에 따라 PTR이 변경될 수 있도록 보장됐다.

이러한 기원을 바탕으로 표준화 세계는 이후 몇 년 동안 큰 변화를 겪지 않았다. 1960년대와 1970년대에 그랬던 것처럼 제도를 둘러싼 재정 상황이 개선되기 시작했을 때도 마찬가지였다. 의무교육에 대한 공공 투자가 증가했거나 때로는 이를 초과했을 때도, 엄청난 경제 성장에 따른 세수 증가 속도, 즉 교육에 대한 자원 증가는 표준화 세계 정책 청사진에 제시된 원래의 배분 구조에 따라 계속 이루어졌다. 이러한 후속 정책 조정은 1959~1963년 1차 계획 50명에서 1964~1967년 2차 계획에서는 45명으로, 1980~1991년 5차 계획에서 40명으로 변경된 학급당 최대 규모의 주요 변화에 요약되어 있다. 3차 및 4차 계획은 특수교육 및 기타 목적을 개선하는 것을 목표로 했다. 여기서 우리는 교육의 질을 개선하려는 시도가 학급 규모 또는 학급당 학생 수의 상한선을 점진적으로 조정함으로써 자원 배분의 기본 메커니즘을 그대로 유지했음을 알 수 있다. 문부성은 학생 수 변동과 교사 수 조정을 활용하여 학급과 교사 정원 개선을 연계하는 정책 수립 모델을 마련했다. 이 메커니즘은 "추가 정원" 교사의 범위를 다양한 방식으로 확대함으로써 특수교육과 같은 개별화된 수요에 대응할 수 있었다. 그러나 가장 근본적인 수준에서는 학생 수, 학급 수, 학교 수라는 세 가지 기준으로 계산하는 기존 방식이 유지되었다. 따라서 1958년에 수립된 표준화 체계는 큰 수정 없이 최근까지 계속 적용되어 왔다.[3]

일본 교육 시스템이 개성을 존중하고 개별화된 학습을 지향하는 방향으로 재편되기 위해 중앙교육위원회(Central Council on Education)의 다양한 보고서와 교육과정의 잦은 개정에도 불구하고, 교육 자원의 기본 메커니즘 자체는 그 자체의 관성에 힘입어 순조롭게 전진해 왔다. 이 제도가 암묵적으로, 그리고 문서로 만들어지지 않은 채로 유지되어 왔기 때문에 국가 교육 시스템과 같이 많은 자원이 투입되는 거대한 시스템에서도 퇴행적 자원 배분 체계에서 진보적 자원 배분 체계로 순조롭게 전환할 수 있었던 것이었다. 이런 의미에서 일본의 자원 배분 계획은 중대한 정치적 결정을 강요할 수 있는, 전 세계 어디에서든 분열을 초래할 수 있는 논쟁을 피할 수 있었다. 다시 말해, 일본의 계획은 침묵 속에 가려져 있었기 때문에 기본 원칙을 변경하려면 명시적인 투표, 즉 교육 재정을 둘러싼 상황과 변화하는 상황에 대한 인식을 보장하는 투표가 필요했을 텐데도 정치적 중심 무대가 되는 것을 피할 수 있었다. 침묵으로 인한 보다 공평한 시스템으로의 전환은 표준화의 세계에서 예상치 못한 결과였다. 우리는 오늘날 거의 모든 일본 시민, 심지어 당시의 정책 입안자들과 정치인들조차도 여기에 제시된 실증적 증거에 직면하기 전까지는 의무교육에 대한 자원 배분 체계가 1970년대에 급격한 변화를 겪었다는 사실을 깨닫지 못했을 것으로 추측한다. 이는 우리가 전달하고자 하는 요점을 더욱 잘 보여준다. 교사 1인당 학생 수 시스템에서 이와 유사한 반전을 가져오기 위해서는 이 재정 제도의 기본 원칙을 바꾸려는 강력한 정치적 의지가 필요했을 것이고, 이와 함께 이 제도가 어떻게 작동하는지에 대한 일반적인 인식이 공유됐어야 했을 것이다. 그러나 일본에서는 이러한 인식이 전혀 없었으며, 정치적 의지도 부재했음을 시사한다.

이런 의미에서 이것은 획기적인 변화였지만, 그 가치를 제대로 인정받지 못했다. 변화에 대한 무지는 암묵적인 지지를 의미했을 뿐이었다. 정치적 논쟁거리가 되지 않고도 일본에서는 자원의 점진적 배분을 위한 계획이 생겨났다. 이런 의미에서 전후 일본 교육은 일본 교육 시스템 전체를 교육기회균등으로 재편한 알려지지 않은 조용한 혁명으로 이해해야 한다.

공간적 평등성:
더욱 큰 균등화를 향해
도서 벽지의 현실

표준화 세계는 여러 변화를 가져왔지만, 표준화가 가져온 것은 도도부현 간의 불평등 개선에만 국한되지 않았다. 표준화를 통해 지역 간 불평등을 시정하고 교육의 평등을 재정으로 표현하고자 했던 표준화의 이념은 도도부현 내에서도 동질화 과정을 일으켰다. 여기서는 이러한 동질화 논리를 개별 도도부현 내의 정책 결정 과정에 도입하는 역할을 한 도도부현 교육 진흥 정책과 인재 육성 정책(교사)에 관한 전개에 초점을 맞춰 설명한다.

제1장에서 이미 살펴본 문부성의 「전국학업 성취도조사」(National Survey of Academic achievement, 1956년)에서 문부성은 그 결과를 검토한 결과, "도서 벽지의 열악한 교육 여건이 학력에 악영향을 미치는 것이 분명하므로 교육의 평등이라는 목표를 실현하기 위해서는 도서 벽지 교육 진흥을 위한 적절한 정책이 시급하다"라고 결론지었다(문부성, 1957, p. 277). 문부성은 실태 조사 2년 전인 1954년에 「도서 벽지 교육 진흥에 관한 법률」(Law for the Promotion of Education in Remote Areas)을 제정했다. 그러나 법이 제정되었다고 해서 실질적으로 달라진 것은 없었으며, "예산의 한계를 고려할 때" 이 법은 구체적인 실행 계획이라기보다는 향후 정책 의지 표현에 가까웠다. 즉 "먼저 법을 정한 다음 이를 달성하기 위한 재정을 확보"하려는 일본 관료주의적 책략의 전형적인 예였다. 이 정책을 수립한 관료 중 한 명이 나중에 밝혔듯이, 이 제도는 "내각 재무부 관료들이 '충분히 이해'하고 고개를 끄덕일 수 있는 제도였다. 내무부 관료들은 앞으로 필요한 예산이 확보될 것이라고 확신했다. 그들은 미래를 바라보는 우리의 노력에 협조적이었다"(Amagi, 2002, p.134).

문부성은 「도서 벽지 교육 진흥에 관한 법률」을 제정한 후 도서 벽지 교육 실태를 파악하기 위해 전국적인 실태 조사를 시행하여 1956년 『도서 벽지 교육 실태』라는 결과보고서를 발표했다. 서문에는 이 조사의 목표가 잘 나타나 있다.

> 우리는 일반적으로 '도서 벽지'라고 말하지만, 이 용어가 의미하는 바는 사람에 따라 크게 달라진다. 그 결과 정립된 정의가 없다. 또한 우리는 외딴 지역의 교육이 열악하다는 것을 인식하고 있지만, 이러한 지역이 도심의 교육 제공에 비해 어떤 방식으로 뒤처지는지에 대한 전체 그림을 아직 완전히 이해하지

> 못하고 있다 [...]. 이러한 문제를 염두에 두고 문부성은 두 가지 목표를 중심으로 전국적으로 「도서 벽지교육실태조사」를 실시했다. (1) 도서 벽지 교육 현실을 정확하게 파악하고, (2) 도서 벽지의 교육 현실을 반영하는 객관적인 오지(奧地) 정도를 나타내는 척도 형태를 고민하는 것이었다(문부성, 1956, 서문).

「도서 벽지 교육 진흥에 관한 법률」은 이미 제정되었지만, 실제로 정책 달성을 위한 예산 대책을 논의하기 위해서는 "낙후도를 객관적으로 측정할 수 있는 척도"가 필요했다. 중앙정부의 보조금, 즉 도서 벽지 근무 특별수당 지급 근거를 마련하기 위해서는 먼저 표준화된 측정 기준이 필요하며, 이것이 없다면 도서 벽지 교육 여건 개선에 대한 의지가 있더라도 교육기회균등이라는 취지를 재정적으로 표현하는 것은 불가능할 것이다. 서문에서 언급했듯이 "문부성이 전국 도서 벽지의 교육 여건 조사에 착수한 것은 바로 이러한 문제의식을 바탕으로 한 것이다."

이 조사에서 문부성은 도서 벽지 근무를 위해 특별수당을 받는 학교를 '도서 벽지'로 분류했다. 그 당시에는 교육과 관련된 특별한 법적 분류를 활용하지 않았다. 이 조사는 이렇게 분류된 도서 벽지 학교를 대상으로 실시되었으며, 전국에서 수집된 데이터를 사용했다. 오늘날 조사 보고서의 세부 사항만 간략히 살펴봐도 지역별로 교육 격차가 오늘날에는 상상할 수 없을 정도로 심각한 수준임을 알 수 있다.

<표 5.3>과 <표 5.4>는 도서 벽지 학교에서 근무하는 교사들의 학력 및 자격증 보유 현황을 보여준다. 전국 평균과 비교했을 때, 도서 벽지 지역의 교사 중 대학이나 전문대학을 졸업한 교사는 거의 없었다. 도서 벽지 초등학교의 경우 정규 교사 자격증을 소지한 교사도 극소수에 불과했다. 게다가 요약된 표에는 나타나지 않았지만, 초등학교의 10.8%, 중학교의 14.1%는 심지어 전기가 공급되지 않는 곳도 있었다. 전기가 들어오는 학교 중에도 초등학교의 91.8%, 중학교의 85.3%는 정

기적으로 전기가 들어왔지만, 나머지 학교의 경우 산발적으로 또는 정해진 시간에만 전기가 들어왔다(문부성, 1956). 이 부분적인 전력 사용의 원천은 종종 자가발전이었다. 학교 급식의 경우, 전국 초등학교의 70%가 급식을 제공하는 데 비해 도서 벽지 초등학교의 약 20%만이 완전 급식을 제공했다. 중학교의 경우 전국 평균 급식 비율은 50%에 육박했지만, 도서 벽지 지역의 경우 10%에 불과했다(문부성, 1956). 이 조사는 또한 도서관 시설과 같은 학교의 다른 측면, 더 정확하게는 거의 전무한 도서관 시설에 대해서도 집중 조명했다. 거의 모든 지표에 걸쳐 문부성 조사에서 분명해진 것은 "외딴 지역의 열악한 교육 여건"에 대한 정확하고 명확한 그림이었다. 문부성과 다른 사람들은 이러한 교육 여건의 개선을 지역 간 교육 불평등 개선의 연장선으로 보고 있었다. 즉 교육기회균등을 실현하기 위한 또 다른 수단으로서 말이다.

| 표 5.3 | 학력별 정규 교사 수 비율

	도서 벽지 지역 학교						전국평균	
	초등학교			중학교				
학력	총	도서 벽지지역 포함	도서 벽지 지역 미포함	총	도서 벽지 지역 포함	도서 벽지 지역 미포함	초등 학교	중 학교
대학 및 전문대	40.3	36.5	43.5	67.1	62.4	73.7	64.3	83.9
교사 연수 기관	7.7	9.3	6.3	5.3	5.4	5.2	-	-
고등 학교 및 구시스템, 중학교	46.0	47.4	47.4	24.3	29.1	17.8	31.7	13.4
기타	6.0	6.8	6.8	3.3	3.1	3.3	4.0	2.3

| 표 5.4 | 자격증 유형별 정규 교사 수 비율

자격증 종류	1955년 도서 벽지 학교			1953년 도서 벽지 학교			전국 평균
	총	도서 벽지지역 포함	도서 벽지지역 미포함	총	도서 벽지지역포함	도서 벽지지역미포함	
초등학교							
정교사 (Regular)	59.0	54.5	62.8	49.4	46.4	56.9	67.4
비정교사 (Part-time)	22.5	26.0	19.6	33.5	35.7	27.9	18.2
임시교사 (Temporary)	17.7	18.6	17.0	16.5	17.2	14.8	14.4
기타 (Others)	0.8	1.0	0.6	0.6	0.7	0.4	-
중학교							
정교사 (Regular)	73.1	69.6	77.8	57.6	55.0	65.1	74.4
비정교사 (Part-time)	17.3	19.8	14.0	32.2	34.8	24.7	19.9
임시교사 (Temporary)	8.1	8.7	7.2	9.4	9.4	9.6	5.7
기타(Others)	1.5	1.9	1.0	0.8	0.8	0.6	-

출처: 문부성(1956).

할당 기준

이 모든 것을 달성하기 위해 재정은 어떻게 배분되어야 하는가? 「도서 벽지 교육 진흥에 관한 법률」이 정책 의지 표명 이상의 의미를 갖기 위해서는 보조금 배분 기준을 마련할 필요가 있었다. 구체적으로는 "도서 벽지 정도를 객관적으로 측정할 수 있는 기준"(문부성, 1956, 서문)을 마련하는 것이었다. 이 문제는 다소 의아한 방식으로 개념화되었는데, 조사 연구가 진행되던 당시에는 도서 벽지 수당을 객관적으로 배분했지만, 이 객관성을 이해하는 방식은 도도부현에 따라 크게 달랐기 때문이다. 즉 지방 당국이 도서 벽지를 지정하는 방법, 할당 방법, 할당 보조금 등 거의 모든 면에서 객관성에 대한 개념화가 서로 달랐다. 중앙 정부가 도서 벽지 교육을 법제화하고 홍보하는 한편, 그 재정의 일부를 부담하려면 표준화된 배분 기준을 만들어야 했다. 최종 조사 보고서에 따르면 이러한 기준의 수립과 관련하여 니가타, 나라, 나가사키 등 3개 현에서 표준화된 도서 벽지 기준을 시범적으로 적용하려는 시도가 있었다. 이 초기 시도에서는 여러 중요 시설과의 거리를 측정하여 원거리성을 계산하는 데 성공했다.

보다 구체적으로, 이 지역의 초등학교에서 다음과 같은 시설까지의 거리를 측정했다. (가) 의료기관, (나) 가장 가까운 우체국, (다) 관공서, (라) 중학교, (마) 고등학교. 이러한 값(실제 거리)에 따라 문화적 여건 측면에서 지역 간 차이가 어느 정도인지 판단할 수 있었다. 이 판단을 바탕으로 문부성은 도서 벽지 정도를 객관적으로 분류하려고 했다. 그 결과 다음과 같이 조사 대상 지역이 선정되었다.

> 학교의 규모, 학교 주변 마을의 전등 유무, 학교 집수 구역 내 식수 공급 여부, 학교 취학 구역 내 라디오 보급률, 전화 보급률, 신문 보급률, 신문 배달 일 수, 우편으로 현청 소재지까지 도달하는 일 수, 학교 취학 구역 내 극장, 영화관, 병원, 고등학교의 존재 여부 등을 조사한다(문부성, 1956).

이러한 실증적 정량화를 통해 "객관적인" 척도가 만들어졌고, 이를 바탕으로 당국은 모든 학교의 도서 벽지 순위를 매겼다. 결과적으로, 이 외딴 곳 순위에 근거해, 각 지방 당국이 중앙정부의 지원을 받아 도서 벽지 지역에 지출 비용 일부를 할당하는 제도를 만들려고 시도했다. 이 조사와 계획의 결과를 바탕으로 1959년 「도서 벽지 교육 진흥에 관한 법률 시행에 관한 규칙」(Rules Governing the Implementation of the Law for the Promotion of Education in Remote Areas, 이하 1959

년 규칙)이 실제로 제정되어 1954년의 정책 의도를 선언한 법률에 구체성을 부여했다. 1959년 규칙에는 도서 벽지 정도(발췌문에 열거된 다양한 기관과의 거리)를 계산하는 방법과 "기준 점수"를 부여하는 방법이 매우 상세하게 명시되어 있다. 예를 들어 거리가 정확히 같지만 마을에 대한 물리적 접근 방식에 차이가 있어 점수가 달라지는 경우, 점수를 부여하는 방법에 대한 세심한 지침이 제시되었다. 예를 들면 "가파른 경사나 좁은 고개 때문에 특정 지역에 도달하기 어려운 경우"(1959년 규칙 제3조)와 같은 지침이 포함되어 있다. 이러한 수많은 세부 사항을 모두 반영한 단일 기준 점수로 도서 벽지성 순위를 매겼다. 이 도서 벽지 순위는 다시 도서 벽지 수당에 할당되는 재정 정도를 결정하는 기준이 되었다. 이처럼 1959년 문부성 규칙은 첫 번째로 지역 간 다양한 차이를 추상화하고, 두 번째로 특정 규칙에 근거한 정량화 방법을 고안함으로써 정량화 가능한 재정적 용어로 표현할 수 있는 방식으로 교육기회균등을 실현하기 위해 노력했다.

동시에 1954년에 제정된 「도서 벽지 교육 진흥에 관한 법률」은 1958년에 개정되어 그 틀을 갖추게 되었다. 도도부현별 도서 벽지 수당 배분이 목표에서 의무로 바뀌었고, 중앙 정부가 시설과 장비를 포함한 재정의 "절반"을 보조한다는 내용이 명시적으로 제시되었다. 1958년 법 개정으로 문부성 훈령인 「1959년 규칙」 제정이 추진되었고, 이를 통해 도서 벽지 교육 진흥을 둘러싸고 여전히 남아 있던 의문에 대한 구체적인 해답이 제시되었다. 중앙 정부는 도서 벽지 학교에서 근무하는 교사를 위한 주택 건설에 드는 비용을 얼마만큼 보조할 것인가? 중앙 정부는 지정된 도서 벽지 학교의 교육 장비와 교재에 얼마를 보조해야 하는가? 이러한 표준화 과정과 처방을 통해 중앙 정부가 전국적으로 단일하게 개입할 수 있는 메커니즘이 만들어졌다. 그리고 이러한 표준화 방식이 확고하게 제도화되면서 "낙후된 도서 벽지 교육 여건"(문부성,

1957, p.277)을 개선하는 방안에 대한 논의는 중앙 정부의 지원 수준을 조정하는 방향으로 전개될 수밖에 없었다.

이런 와중에도 사회 전반의 풍요로움과 정보 및 교통 기반 시설의 급속한 구축은 모두에게 분명한 진전이었다. 이에 따라 지역 간 문화적 조건 격차가 줄어든 것은 법적인 이유 외에도 여러 가지 이유가 있었다. 그런데도 1950년대 후반까지 지속된 "낙후된 도서 벽지 교육 여건"을 개선하기 위해 교육 표준화가 추진되고 있었다는 점을 간과해서는 안 된다. 특히 "도서 벽지 정도를 객관적으로 측정하는 척도"의 공식화에서 알 수 있는 것은 표준화를 통해 매개되는 교육기회균등이 재정적 용어로 표현될 수 있다는 당시의 지배적인 생각이 담겨져 있다는 것이다. 이 점은 일본식 교육 평등의 구체적 성격을 설명하는 중요한 차원이기도 하다.

교사를 위한 광범위한 지역 인적 자원 확보

이 모든 것을 재정적으로 아무리 잘 표현하고 해결할 수 있다고 해도, 학교에 교사를 배치하는 새로운 시스템을 만들지 않으면 "도서 벽지의 열악한 교육 여건"을 개선할 희망이 거의 없다는 공감대가 형성되고 있었다. 1950년대 후반에 논평가들이 기존 교사 배치 및 전보 시스템을 한탄하는 글을 자주 볼 수 있다.

> 흔히 도서 벽지 지역에서 근무하는 교사는 직업에서 하류에 속한 사람, 도시 학교나 인구가 밀집된 중심지에서 근무하기에 부적합한 사람, 능력이 부족하고 인격이 결여되어 교육계 주류에서 추방된 사람이라는 말을 한다. 그런 오해가 가득하다! [...] 연금을 받기 시작할 때까지 그런 자리에 묶여 있는 노쇠한 교사들, 징계의 수단으로 외딴 지역으로 쫓겨난 문제아들, 자격증이 없는 젊은

교사들의 자리를 확보하기 위한 장소, 이것이 사회가 도서 벽지 지역에서 수고하는 교사들을 조롱하는 방식이다(Baba, 1947, p.47).

표준화법이 등장하기 전인 전쟁 전과 전쟁 직후에는 교사 급여의 차이가 교사의 이동, 특히 지방으로의 전근에 큰 장애물이었다. 이 문제는 3장과 이 장의 서두에서 살펴봤다. 그러나 표준화 세계와 농어촌 및 도서 벽지 학교의 어려움에 대한 정부의 명시적인 관심이 결합하면서 이 주요 장애물을 제거할 수 있는 길이 열렸다. 하지만 교사들에 대한 형식적인 처우 개선만으로는 부족했고, 지역별로 교사를 채용하는 기존의 교사 배치 체계에 대한 수정 조치가 필요했다. 즉 교육에 필요한 물질적, 재정적 자원이 지역별로 크게 달라지는 문제가 해결되더라도 인적 자원(교사)에 대해 중요하면서도 어려운 문제가 남아 있었다. 어떻게 하면 개별 학군(취학 구역)에서 더 큰 형평성을 제공할 수 있는 교사 배정 시스템을 구성할 수 있을까? 마침내 나온 해답은 광범위한 지역 인적 자원이었다. 지금까지 지역별로 이루어지던 인사 결정의 책임을 각 현이 분담하여 도서 벽지 교육 개선을 촉진하는 수단으로 삼자는 것이었다.

1954년 국립교육정책연구소(National Institute for Educational Policy Research, NIEPR)에서 실시한 연구는 당시의 인적 자원 배분을 둘러싼 현실을 조명한다. 이 연구는 전국의 지역교육위원회와 홋카이도, 미야기, 군마, 니가타, 시즈오카, 미에, 교토, 오카야마, 가가와, 사가 등 10개 현 교육위원회를 대상으로 실시되었다(총 유효 응답 교육위원회 수는 1,525였다).[4] 설문 조사 결과는 <표 5.5>에 나와 있다. 이를 통해 인사 관련 행정 문제 정도를 알 수 있다. 설문 응답자의 48% 이상이 “지역 및 학교 간 불평등과 관련된 교원 인력 문제”로 응답했다. 또한 교육위원회의 약 1/3(33.2%)이 “교사 전보, 특히 인사이동 문제와 관련된 문제와 어려움"을 꼽았다.

| 표 5.5 | 교육 인사 업무의 문제점 및 어려움

	개인 문제에 대한 권한	인사 교류	인사 업무에 대한 외부 개입	지역 및 학교별 교사 조직 차이	관리 조직 구성	특정 과목 교사 확보	교사 복지 및 기타
교육 위원회 수	420	513	37	738	33	74	94
전체 대비 비율	27.5%	33.6%	2.4%	48.4%	2.2%	4.9%	6.0%

이러한 연구 조사 결과를 바탕으로 데이터 분석에 깊이 관여한 NIEPR의 나가오카 준(Nagaoka Jun)은 지역교육위원회의 문제점에 대한 자신의 견해를 제시했다.

> 설문 조사의 여러 결과 중 가장 눈에 띄는 것은 지역교육위원회의 지리적 여건이 불리하다는 점이다. 대부분의 경우 지역교육위원회는 통제할 수 없는 지리적 요인으로 인해 교사들이 불이익을 받기 때문에 인사 이동이나 순환 보직과 같은 옵션을 고려할 수 없게 된다. 즉 지역교육위원회가 관할 학교의 교육력을 향상시키려는 의지가 아무리 강해도 좋은 교사가 "도서 벽지에서" 일할 수 없다는 뜻이다. 구체적으로 살펴보면, (1) 교사들 사이에서 교통이 편리하고 쾌적한 지역으로 발령받기 위한 경쟁이 치열하며, (2) 산간 벽지나 연안 어촌 지역으로 자발적으로 발령받으려는 의지가 거의 없다는 점 등이 있다. 이것이 바로 교원 수급과 전보 및 순환 근무 정책이 다루기 힘든 문제가 되어 당국자 모두에게 골칫거리만 안겨준 주된 이유이다(Nagaoka, 1954, p.25).

중앙 정부의 「의무교육비 중앙 정부 분담에 관한 법률」과 「도서 벽지 교육 진흥에 관한 법률」이 제정되었지만, 현지에서는 “인사이동이나 순환 보직과 같은 방안을 고려하는 것이 불가능”하고, 따라서 “그들[지자체]이 통제할 수 없는 지리적 요인에 의해 불리한 지역에서는 교육 문제가 지속될 것”이라는 어려운 현실이 존재했다.

이러한 상황을 극복하기 위해 정책 입안자들은 지역교육위원회가 아닌 도도부현 교육위원회가 주도하는 광범위한 지역 인적 자원 계획에 관심을 집중했다.

NIEPR의 설문 조사에 따르면 1954년에는 대다수(92%)의 기초 자치단체 단위 중 시교육위원회가 인사 결정을 자율적으로 수행했다. 정촌단위교육위원회의 해당 수치는 이보다 다소 낮았지만, 그럼에도 불구하고 이러한 결과는 표준화 세계가 등장하기 전 몇 년 동안 인사 문제에 대한 지방의 자율적 재량권이 일반적이었다는 것을 보여준다(<표 5.6> 참조).

| 표 5.6 | 인사 업무에 관한 도도부현과의 관계

		도도부현에 위임됨	도도부현 결정 준수	자체 결정	기타
시(市)	교육위원회 수	-	5	137	7
	전체 대비 비율	-	3.3%	92.0%	4.7%
정(町)	교육위원회 수	34	53	163	26*
	전체 대비 비율	12.3%	19.2%	59.1%	9.4%
촌(村)	교육위원회 수	152	318	496	121*
	전체 대비 비율	14.0%	29.5%	45.6%	10.9%

* 정 단위 교육위원회의 기타에는 알 수 없는 관찰 항목이 7개 포함되어 있다. 촌 단위 교육위원회의 기타에는 알 수 없는 관찰 항목 45개가 포함된다.

그러나 1956년 「지방 교육 행정 조직 및 관리법」(Organization and Management of Educational Administration in Rural Areas Law, 지방 교육 행정법)이 제정되면서 인사 문제에 대한 도도부현 교육위원회의 권한이 강화되기 시작했다. 그러나 이 법이 제정되기 전인 1956년 전후에는 공립 초등학교와 중학교의 교사는 전후와 마찬가지로 시, 정, 촌 등 기초 자치 단체에서 공식적으로 고용했다. 그러나 1956년 「지방 교육 행정법」이 제정되면서 교사의 지위가 크게 변화했다. 교사는 도도부현의 직원이 되었고, 이에 따라 도도부현이 교사의 채용, 임용, 배치를 통제하게 되었다. 이 제도의 출범으로 교사에 대한 결정권이 지방에서 각 도도부현 교육위원회로 효과적으로 이전되었다. 지역교육위원회의 의견은 채용 및 순환 보직 문제에 대한 기밀 보고서를 도도부현 교육위원회에 제출하는 형태로 어느 정도 유지되었다. 이러한 방식으로 지역교육위원회로부터 실질적인 의견을 계속 받았음에도 불구하고 새로운 법은 "시, 정, 촌 사이의 행정적 벽을 극복하기 위해 인력을 더 쉽게 순환 배치"할 수 있도록 효과적인 변화를 설계했다(Sato & Wakai, 1992, p.19).

단순한 법률 개정이 실질적이고 자동적이며 즉각적인 광범위한 지역 인적 자원 시스템의 구축과 동일시하는 것은 신중해야 한다. 중앙 정부가 필요한 법적 기반을 마련했다고 해서 자격을 갖춘 교사를 벽지에 배치할 수 있는 지속 가능한 메커니즘이 즉시 구축된 것은 아니었다. 이 제도의 제도화와 확장을 이끄는 힘의 원천은 다른 곳에 있었는데, 바로 도서 벽지 지역 자체의 노력이었다. 원동력은 중앙 정부가 아니라 "지리적 요인으로 인해 불이익을 받는" 해당 지역의 당국, 즉 이전에는 "아무런 통제권이 없었던" 당국이 "지역 및 학교 간 불평등과 관련된 교원 인력의 문제와 어려움"을 해결하기 위해 교사 순환 근무라는 아이디어를 광범위하게 채택한 것이었다. 이는 이후 논의에 있어 매우 중요한 의미가 있다.

1964년 문부성에서 발행하는 월간지 「도도부현 교육위원회보」에는 '새교육 시책에 대한 고찰'이라는 제목의 기고문이 12회에 걸쳐 연재되었다. 기고문을 쓴 사람들은 몇몇 도도부현 교육위원회의 교육장들이었다. 그들은 원하는 주제에 대해 자유롭게 글을 쓸 수 있었다. 12편의 기고문 중 5편의 기고문에서 도도부현 교육장들은 도서 벽지 교육과 광역화 지역 인재 육성 문제를 명시적으로 다루었다(광역화 지역 인재 육성에 대해 간략하게 언급했지만, 다른 기고문만큼 깊이 있게 다루지는 않은 기고문도 한 편 더 있었다). 인적 자원 문제를 다룬 기사가 절반에 가까운 많은 수를 차지한 것은 결코 우연이 아니었다. 실제로 1960년대 전반기는 도서 벽지의 교육을 둘러싼 난해해 보이는 문제를 해결하기 위해 인적 자원 순환 배치와 광범위한 지역 인적 자원을 위한 메커니즘이 공식화되던 시기와 맞물려 있었다. 기고문 제목만 봐도 순환 보직과 인력 배치에 대한 새로운 방안이 참신하고 주목할 만하다는 것을 알 수 있다. 각 기고문에는 "새교육 대책"이라는 부제가 붙어 있었다. 비록 광범위한 지역 인적 자원 계획이 어떻게 구성되었는지에 대한 세부적인 이해를 돕는 1차 자료가 부족하지만, 이 기사들을 통해 1960년대까지 교육 표준화가 얼마나 진전되어 교사 임용 및 배치 계획에까지 영향을 미쳤는지 알 수 있다.

따라서 우리는 이제 새로운 인사 결정 메커니즘이 도도부현 내에서 어떻게 전개되었는지 살펴보고자 한다. 아래에서는 기후현과 후쿠시마현의 두 가지 구체적인 사례를 통해 제도 도입의 배경과 이 모든 것이 제도화되기까지의 과정을 이해하고자 한다.

기후 현 사례

기후 현의 사례는 광역 지역 인적 자원 시스템의 실제 구현에 대한 변형을 보여준다(Ito, 1964). 여기서는 이토 이치로(Ito Ichiro) 기후현 교육위원장이 문부성 회보에 기고한 글을 활용하여 주요 특징을 강조한다.

1960년대 초 기후 현에서 공립 초등학교 및 중학교 학생 수는 829명이었다. 여기에는 분교 학생 수도 포함된다. 기후 현 절반에 해당하는 지역이 일본의 알프스라 불리는 서부 끝자락에 걸쳐 있기 때문에 기후 현 학교의 23%는 소위 오지 학교로 분류되었다. 이 하나의 이유로, "기후 현 교육 당국에게는 오지 학교에서의 인력 관리 방법이 가장 큰 문제거리였다"(Ito, 1964, pp.28−29).

이토는 기후 교육 당국이 1957학년도 말부터 이 기고문을 쓸 때까지 새로 임용된 교사에 대한 "임용 계획"을 고수했다고 설명한다. 모든 신규 교사는 예외 없이 도서 벽지 학교에 먼저 발령받았다. 그는 1958년도 말부터 새로 임명된 모든 초등학교와 중학교 교장들에게도 이와 유사한 배치 계획이 시행되었다고 설명한다. 새로 임명된 교사와 교장에게는 이러한 도서 벽지 지역에서 2년을 성공적으로 마치면 개인의 선호에 따라 해당 지역에 배치하기 위해 모든 노력을 기울이겠다는 행정적 약속이 있었다.

동시에 이토는 이러한 방식에서 발생하는 몇 가지 문제점을 강조했다. 그중 하나는 "이 제도는 도서 벽지 지역을 신규 교사들의 훈련 장소로 만들어 학교를 단순히 실험하는 장소로 만든다는 점에서 해롭다. 교사들이 비교적 유능해지면 곧바로 전근을 가게 된다"라는 것이었다. 또 다른 비슷한 비판은 새로 임명된 학교 교장들을 겨냥했다. "이러한 제도를 통해 이루어진 유일한 교육은 교장들이 농촌 현실에 대해 배웠다는 것", "교장들은 3년 후의 전근을 바라보고 있어서 그 지역에 제대로 정착하지 못한다"(Ito, 1964, p.29). 이러한 이유로 이토는 "신규 임용"을 중심으로 한 신규 교사 및 교장 배정 계획이 교육 행정에 비교적 용이한 방법이라고 말할 수 있다"(Ito, 1964, p.30)며 신중한 접근을 권고했다.

1961년 기후 현 당국은 이러한 우려에 대응하기 위해 '중견 교사 도서 벽지 배치 제도'를 시행했다. 이 제도는 30~45세 사이의 경력 교사를 3년의 임기 동안 도서 벽지에 배치하는 것을 목표로 했다.

그러나 이러한 조정조차도 문제가 없는 것은 아니었다. 첫해에 이 제도로 파견된 중견 교사는 80여 명에 불과했고, 대부분 기혼이었지만 홀로 파견되어 "우울함만 동반했다"(Ito, 1964, p.31). 이 사실이 알려지자, 기후 현 당국은 각 지역교육위원회와 공동으로 "임명된 교사들을 당면한 임무에 대한 의욕을 불러일으키기 위해"(Ito, 1964, p.31) 동기 부여를 제공할 수 있는 환송회를 조직하도록 했다. 당국이 기본적으로 격려 집회와 환송 파티를 개최해야 했다면 이러한 배치가 실제로 교사들의 "우울함"을 불러일으켰던 것에는 의심의 여지가 없다.

그럼에도 이토는 이러한 배치에 수반되는 특별 유인책의 범위가 마침내 효과를 발휘하여 시스템이 점진적으로 수용되고 정착되었다고 보고한다. 이러한 유인책에는 특별 급여 패키지, 새로운 근무지와 이전 근무지 사이의 거리를 기준으로 계산된 특별 "연구 여행" 수당(사실상 고향 여행), 원래 지역교육위원회 관할 구역(사실상 고향 또는 더 바람직한 지역)의 학교로 복귀하겠다는 확고한 약속이 포함되었다. 이 제도에는 미래에 교장 또는 교감으로 승진하기를 희망하는 사람에게는 가산점을 부여하는 내용도 포함되어 있었다.

후쿠시마 현 사례

기후 현과 달리 후쿠시마 현은 제도화가 다소 깊은 수준까지 진행된 사례이다.

후쿠시마 교육위원회의 오리가사 요시로(Origasa Yoshiro) 교육장이 쓴 이 글은 후쿠시마 현 경계 안에 있는 광활한 땅덩어리를 강조하고, 산악 지대에 흩어져 있는 수많은 도서 벽지 학교에 매년 많은 양의 눈이 내린다는 사실을 조명하는 것으로 시작된다. 오리가사는 이러한 지리적, 기후적 이유로 인해 전체 현립 학교의 21.4%가 도서 벽지로 분류되었다고 지적한다. 그는 전후에 "교육기회균등에 대한 호소 속에서 후쿠시마 현은 즉시 도서 벽지 교육 진흥에 착수했다"고 말한다(Origasa, 1965, pp.29－30). 그는 1945년 하반기 이후 1952년까지 "원칙적으로 후쿠시마의 정책은 신규 교사를 도서 벽지 지역에 배치하는 것이었다"(Origasa, 1965, p.30)고 단언한다. 이 점에서 기후와 비슷한 접근 방식을 취한 것으로 보인다.

그러나 1962학년도 말 이후, 후쿠시마에서는 새로운 정책이 시행되었다. 오리가사는 이 새로운 정책이 "2~3년 만에 겨우 적응한 신규 교사를 바로 전근시키는 것은 용납할 수 없다"는 빈번한 비판과 "현 내 학교들 사이에서 도시 학교나 도서 벽지가 아닌 지역에서 근무한 경험이 있는 교사를 선호하는 경향"에 어떻게 대응했는지에 대해 이야기한다(Origasa, 1965, p. 30). 정책 개정은 다음과 같은 핵심 사항을 중심으로 이루어졌다.

1. 외딴 지역에서 비교적 오랜 기간 근무한 교사(교장 3년 이상, 교사 2년 이상)에게 전근을 우선 고려함
2. 1953년 이후 임용된 교원 중 도서 벽지가 아닌 학교에서 2년 6개월 이

상 근무한 교원은 도서 벽지 전보를 원칙으로 함
3. 학교장으로 승진하기 위해서는 도서 벽지 또는 소규모 농산어촌에서 근무한 경험이 있는 자를 특별 배려함(Origasa, 1965, p.30)

후쿠시마 당국은 이러한 새로운 규정을 마련하고 현내 모든 학교를 대상으로 하는 세부 분류 시스템을 보완하여 교사 배치 및 전보 문제를 규정하고 해결하려고 시도했다. 구체적으로 각 지역교육위원회의 관할 구역 내에 있는 학교를 세 가지 유형 중 하나로 분류했다. 대도시 지역 또는 대도시/마을(예: 후쿠시마시, 고리야마시, 아이즈와카마쓰시, 타이라시)에 위치한 A급 학교, 인구는 적지만 도서 벽지가 아닌 지역(A급이나 C급에 해당하지 않는 학교)에 있는 B급 학교, 그리고 도서 벽지 지역에 있는 C급 학교가 그것이다. 이러한 분류에 따라 당국은 다음과 같이 규정했다.

1. 지역 학군 내 전보는 두 개의 A등급 학교 또는 두 개의 C등급 학교 간에 이루어질 수 없음
2. 지역 학군 밖 전보는 두 개의 A등급 학교 또는 두 개의 C등급 학교 간에 이루어질 수 없음

즉 같은 학군 내 전보든 다른 학군 간 전보든 상관없이 한 도시에서 다른 도시로 또는 외딴 지역에서 다른 지역의 유사한 수준을 지닌 지역으로 전보하지 않는다는 원칙을 세웠다. 이러한 방식으로 후쿠시마 당국은 가능한 한 많은 교사가 각기 다른 유형의 배치를 경험하도록 보장하는 틀을 만들려고 노력했다.

또한 현 당국은 교장으로 승진하기 위해서는 후보자가 도서 벽지 학교 또는 농산어촌에서 근무한 경험이 있어야 한다는 것을 “절대적인 전제 조건”으로

> 삼았다. 또한, 중견 교사의 도서 벽지 근무를 장려하기 위해 "근무 실적이 우수한 중견 교사가" 도서 벽지 학교에 부임할 경우 "예외적으로 승진할 수 있도록 특별 조치를 했다"라고 한다. 이러한 승진과 관련된 급여 유인책 외에도 당국은 이러한 교사에게 "학교 교육 관리자"라는 직함을 부여했다. 이 도서 벽지 순환 근무에서 정해진 시간을 마치면 교사들은 승진 명부 맨 앞 순위로 이동했다(Origasa, 1965, p.31).

오리가사는 후쿠시마 현 당국의 이러한 단호한 노력으로 도서 벽지로의 전근이 뚜렷하게 개선되었다고 설명한다. 그는 이러한 주장을 뒷받침하기 위해 1962년에는 도서 벽지 학교의 교감이 교장으로 승진한 사례가 6건에 불과했지만, 1년 후인 1963년에는 23건으로 급격히 증가했다는 점을 예로 들었다.

> 또한 1963년까지 전체 인사 이동 중 도서 벽지 학교로의 전출 비율이 많이 증가했다. 오리가사는 학군 내 전근의 경우 33.1%, 학군 간 전근의 경우 38.4%라는 수치를 제시하면서 "주목할 만한 성과"라는 사실에 자부심을 느꼈다(Origasa, 1965, p.32).

그렇다면 후쿠시마 현의 사례는 광역화 지역 인재 채용의 독자적인 모델이라고 할 수 있을까? 현 내 모든 지역과 학교를 몇 가지 유형으로 분류한 후 유형별로 전보 규칙을 정한 것은 분명 독특한 특징이었다. 이와 함께 후쿠시마 현은 모든 교사가 승진을 위한 전제 조건으로 일정 기간 외딴 지역에서 근무해야 한다는 규정을 제정했다. 그러나 고유성 문제보다 더 중요한 것은 공통성 문제이다. 후쿠시마 당국은 교육기회 균등이라는 기치 아래 지역 내 학교의 인사 결정에 현이 개입함으로써 교사들의 도서 벽지 지역 전출 문제를 계획적이고 공정한 방식으로 해결하고 있다고 호소했다.

지방 분권의 공동화(空洞化) 현상

1960년대에 접어들면서 각 도도부현은 이러한 종류의 인사 이동과 광범위한 지역 인적 자원 계획에 대한 다양한 변형을 마련했다. 도도부현은 지방 행정 관할권을 초월한 방식으로 인사 이동을 장려함으로써 교육 자원의 배분을 균등하게 하고, 교사를 더욱 공평하게 배치하는 것을 목표로 했다. 「도서 벽지 교육 진흥에 관한 법률」, 등 다양한 조치를 통해 교육기회균등을 위한 재정적 기반을 마련한 정책의 제도화는 교사 배치를 통해 구체적으로 운용되었다. 학급 규모, 교사 임금, 교육과정이라는 기존의 익숙한 범주를 넘어 교육을 전달하는 주체, 즉 교사의 배치까지 포괄하는 교육 표준화 논리가 실현된 것이었다. 여기에는 교육기회균등이라는 표현형의 또 다른 분명한 표현이 있었는데, 그것은 가능한 한 정해진 공간 단위 내에서 모든 교육 조건을 동일하게 만드는 것을 목표로 하는 교육기회균등, 즉 교원의 구조와 배치를 목표로 하는 것이었다. 각 학교나 학군에서 인사 문제를 처리하고 교사가 한 학교에서 계속 근무할 수 있도록 하는 미국식 분권화 메커니즘을 실현할 수 없었던 일본은 대신 공간적 평등에 초점을 맞추고 이를 시스템의 더 깊은 층으로 밀어 넣었다. 기후 현과 후쿠시마의 사례는 이러한 상황이 어떻게 전개되었는지 잘 보여준다.

그러나 이러한 광범위한 지역 인재 자원 계획은 제도화 과정에서 다양한 문제에 부딪혔다. 예를 들어, 시즈오카 현 교육장 스즈키 겐이치(Suzuki Kenichi)는 이러한 제도가 처음부터 교육 분권을 주창하는 새로운 가치에 정면으로 반하는 정책 경향으로 인식되었다고 한탄했다(Suzuki, 1964, pp.22－23). 법적, 제도적 구조가 분권적 체제를 전제로 한 전후 교육의 맥락에서 인사 결정에 대한 지방의 특권을 존중하는 것은 자명한 가치이자 가정이었다. 이는 새로운 표준화 제도에 분명히 걸림돌이 되었다. 오늘날 우리는 이 점을 쉽게 잊고 있다. 1956년 지방교육 행정법이 성공적으로 제도화되어 도도부현이 교원 임용권을 넘겨받았다고 하더라도 지방 분권이라는 전제하에서 지방의 사전 추천을 완전히 무시하고 도도부현이 일방적으로 교원을 재배치하는 것을 허용하기는 어려웠을 것이다. 이런 의미에서 교원 배치 제도의 재조정을 통해 지방에 대한 도도부현의 상대적 권한이 강화된 것은 바로 광역 단위 인적 자원의 제도화라고 할 수 있다. 즉 이전에는 지방과 도도부현의 업무가 중복(예: 지방은 초중등학교 시설 및 인사 추천, 도도부현은 급여 및 특별 보조금 지급)되었지만, 논의 과정을 통해 상대적 균형이 도도부현에 유리하게 기울게 된 것이었다. 지역교육위원회는 이 모든 과정을 인사 문제에 대한 자신들의 의견이 점차 무시되는 단계에 도달하는 점진적인 과정으로 받아들일 가능성이 높았다. 따라서 도도부현 단위 교육 인사 결정의 점진적 제도화는 교육 분권의 점진적 공동화로 점철됐다. 요컨대, 교육기회균등을 추구한다는 명분으로 광역단위 교육 인적자원의 제도화가 진전된 만큼, 지방 분권 구조가 점진적으로 약화되는 결과를 낳았다. 이처럼 광역 단위 인적 자원 확보가 진전될수록 필연적으로 양면성을 띨 수밖에 없었다.

공정성을 기치로 내걸고 추진된 이 제도는 모든 교사가 도서 벽지에서 일정 시간 근무하는 것을 기계적으로 의무화했지만, '편안한 삶을 추구하는' 전후의 새로운 분위기와 교사 개인의 권리에도 정면으로 반하는 것이었다. 교사의 선호를 존중한다면 더 편리하고 쾌적한 학교에서 계속 근무하고 싶어 하는 교사를 강제로 전근시키는 것은 불가능에 가까웠다. 이러한 개별화된 권리 기반 접근 방식이 현실화되면 새로 임용된 교사와 교장을 도서 벽지 지역에 배치하는 제도에 대한 선택지가 거의 남지 않게 된다. 반면, 공간적 평등(여기서는 도도부현 단위의 넓은 공간이라는 의미)을 강조하면 개별 교사의 선호도는 고려되지 않는 것이다. 모든 교사가 일정 시간 이상 도서 벽지 학교에서 근무하도록 의무화하고, 승진이나 특별수당 등 유인책과 우대 조치를 통해 벽지 근무를 장려하는 것이다. 특히 개인의 권리 개념이 상당히 강화된 전후 시대에 교사 개개인의 직업적 권리와 충돌하는 것은 극복하기 쉬운 장애물은 아니었다.

"노조 와해 공작", "보복성 인사" 등의 용어를 만들어 낸 것처럼 전보 명령이 더 큰 정치적 동기에 의해 이뤄지지 않았다고 단정 지을 수 없다. 우리가 여기서 논의하고 있는 시기보다 다소 늦게 발간되었지만, 일교조에서 발행하는 잡지 『교육 비평』(Education Critique)은 교육 표준화라는 미명하에 행해지는 이러한 종류의 정치적인 동기에 의한 인사이동과 이에 대응하기 위해 현 노조가 펼친 활동의 유형에 대해 주의를 환기시켰다(Nakano, 1980). 진보적인 교육학자들의 모임인 교육과학연구회(Educational Science Research Association)가 발행하는 또 다른 잡지 『교육』 1960년 6월호에도 교육 인사이동을 주제로 한 히라하라 하루요시(Hirahara Haruyoshi)의 짧은 기사가 실렸다. 이 글에서 저자는 그 무렵에 발생한 차별적 인사에 대해 언급하고 있으며, 이는 1957~1958년 국가가 강제하는 교원 성과 평가 제도에 대한 일교조의 항의 시위와도 분명하게 연결되어 있다(Hirahara, 1960). 이 글들은 1955년 체제 통합 이후 좌파와 우파의 정치적 대치, 도도부현 교육위원회와 일교조, 진보적 학자들 간의 대립을 배경으로 광역 인재 양성 문제를 기존 정치 싸움의 중심에 놓을 수밖에 없었음을 보여준다.[5]

아래로부터의 강력한 의지

이렇게 볼 때, 특정 공간적 또는 지리적 영역 내에서 지역 간 불평등을 시정하려는 시도, 심지어 교원 재배치까지 시도하는 것은 단순히 자연적으로 발생한 것이 아님이 분명해진다. 교육 당국이 교원 전보 통제를 통해 실현하고자 했던 교육기회균등은 교육 분권의 원칙에 부합하지 않았고, 교원 개인의 선호를 존중하는 원칙과도 충돌했다. 따라서 이러한 제도를 실현하는 데 필요한 것은 각 기초 자치 단체 교육위원회의 강력한 의지였다. 즉 새로운 교사 배치 메커니즘이 일방적인 조치와 유인책 과정을 통해서만 이루어졌다고 주장하는 것은 잘못된 것이었다. 그러한 권력 행사를 정당화할 수 있었던 것은 오히려 교육기회균등이라는 더 큰 이상에 시스템을 맞춘 움직임이 절대적으로 필요하다는 인식이 있었기 때문이었다. 모든 교사가 공정성 실현의 부담을 분담해야 한다는 것이었다. 당시 교육기회균등을 실현하기 위해 교원 인사 결정에서도 평등 원칙이 주도적인 역할을 하게 된 것이었다.

이렇게 해서 광역화 지역 인재 육성 및 인사이동 계획은 각 도도부현의 특권과 추진력 아래 진행되었다. 계획과 실행 방식 모두 도도부현에 따라 각기 다른 방식으로 전개되었다. 이를 통해 전국적으로 통일된 제도화가 이루어지지 않았다는 점도 확인할 수 있다.[6] 중앙 정부가 1956년 지방 교육 행정법을 제정했다고 해서 광역 단위 인사 제도가 전국적으로 확산된 것은 아니었다. 모든 도도부현은 계획과 실행에 있어 상당한 편차와 깊이가 있었음에도, 광역 단위 인사 제도와 교원 전보 제도를 도입했다.

어떤 의미에서 중앙 정부가 일방적으로 준비한 것은 도도부현 간 교육 자원 배분 메커니즘이 퇴보에서 진보로 바뀌는 표준화 세계였다. 더 많은 영역을 포괄하기 위해 1959년 「도서 벽지 교육 진흥에 관한 법률」 개정과 「도서 벽지 교육 진흥에 관한 법률 시행에 관한 규칙」을 제정했다. 또한 「지방 교육 행정 조직 및 관리법」을 제정하여 도도부현에 교사 임용 권한을 부여했다. 지금까지 살펴본 바와 같이, 진보적인 자원 배분 구조는 미지의 혁명을 통해 실현되었다. 자연스럽게 형성된 누진적 (재)배분이라는 재정적 토대 위에 국가 정책 입안자들은 도서 벽지 교육 진흥을 위한 정책을 추가했다. 그리고 그 위에 이러한 제도를 더욱 효과적으로 만들기 위한 지방 당국의 노력, 즉 광범위한 지역 인적 자원의 제도화를 발견할 수 있었다. 여러 가지 반대와 갈등을 극복하고 지방으로부터 이양받은 새로운 권한을 행사하기 위해 노력하는 모습에서 알 수 있듯이, 도도부현 당국은 새로운 제도를 도입하려는 강한 의지를 엿볼 수 있다.

중앙 정부가 아무리 교육 시설과 교육과정 표준화를 추구하고, 학급 배치의 기준을 세우고, 교직의 전국적 평준화를 위한 제도적 장치를 마련하고자 했더라도 전국의 모든 의무교육 기관에서 교육 여건을 균등화하기 위한 가장 핵심적인 요소는 공간적 이동 통제 전략을 통한 교원의 평준화일 것이다. 그러나 공간적 평등 실현의 마지막 관문인 교원 이동 통제는 중앙 정부의 주도만으로는 이루어질 수 없었다.[7]

대신 각 지역 내에서 교육 불평등 문제를 해결하려는 강한 의지를 보인 것은 도도부현이었다. 교사 배치에 관한 권한을 행사한 것은 도도부현 당국이었으며, 이는 도도부현의 의지가 분명하게 드러나는 대목이다. 광범위한 지역 인적 자원 계획을 통해 교육 표준화가 전국 각지로 확산되어 교육 매개체인 교사 자체와 함께 외부로 확장될 수 있게 되었다. 그 결과 각 도도부현 내의 공간적 평등으로의 전환은 일본 전체 공간의 공간적 평등으로의 동시적 전환과 맞물려 중첩적으로 이루어졌다. 이러한 움직임은 동시다발적으로 진행되어 효과를 강화, 집중, 배가시켰다. 물론 교육기회균등이라는 이상은 각 영역의 인적 자원을 확대하고 각 영역의 동질적 융합을 발전시키는 궁극적인 원동력이었으며, 전후에 등장한 중요한 가치 중 하나이기도 했다. 그러나 이 평등 가치는 각 공간과 전국에서 펼쳐진 여러 표면적 평등 프로젝트가 겹치면서 다른 가치들보다 우선하여 실현된 것이었다.

• Note •

1. 분산 계수(상대 표준 편차라고도 함)는 표준 편차를 평균으로 나누어 구한 값이다. 평균값의 차이가 없더라도 상대적인 분산 정도를 나타낸다.
2. 여기서는 1965년 대신 1964년 데이터를 사용했는데, 이는 1965년 문부성 학교기본조사에 해당 연도 전국 초중등학교의 의무교육 교원 수에 대한 데이터가 없기 때문이다.
3. 2004년 문부성은 「의무교육비 중앙정부 분담에 관한 법률」(Central Government's Share of Compulsory Education Expenses)에 「재정 예산 사용 제도」(System of Discretionary Budget Use)를 도입하기로 했다. 이에 따라 교육비 산정 방식은 같게 유지되었지만 각 도도부현이 교육비를 활용하는 방식에는 현격한 차이가 나타났다. 그럼에도 교육재원을 산출하는 방법과 배분 방식에는 큰 변화가 없었다. 이를 통해 우리는 표준화 세계의 핵심 "DNA"가 살아남았음을 확인할 수 있다.
4. 초등학교와 중학교는 지역교육위원회에서 운영하며, 도도부현 교육위원회는 지역 학교를 재정적으로 지원하고 공립 학교 교사 배치를 포함한 인적 자원 관리에 관여한다. 도도부현 교육위원회의 인적 자원 관리에 대한 노력의 정도는 도도부현마다 다르다.
5. 1955년 체제란 1955년부터 여러 보수 정당이 모여 자민당을 결성하고 사회당의 좌우익이 다시 연립 정부로 복귀하면서 시작된 오랜 기간의 자민당 집권을 말한다(Curtis, 1999, pp.25-64 참조).
6. 실제로 (지금도 가나가와 현의 경우처럼) 광역 단위의 인적 자원 활용이 이루어지지 않고 각 지역교육위원회 내에서만 결정이 이루어지는 현도 있었다.
7. 이러한 주장에도 불구하고, 그리고 거의 모든 도도부현에서 이러한 종류의 변화가 일어났다는 사실에 비추어 볼 때, 우리는 문부성의 "지시"나 "지침"이 전혀 없었다고 말하고 싶지 않다(Kariya, 2009b, 4장 참조).

제6장

표준화의 양면성

제6장

표준화의 양면성

전국 학업 성취도 조사: 재분석
시험 시행

앞 장에서 살펴본 새로운 역사적 관점을 통해 우리는 그 시대 교육 정책에서 가장 논쟁적이고 중요한 발전 중 하나였던 1961년에 실시된 최초의 전국 단위 학업 성취도 조사의 의미를 새롭게 살펴볼 수 있다. 2년 후인 1963년 2월에 발표된 이 조사의 공식 보고서인 「중학교 학업 성취도 전국 조사 보고서」(Report of the National Survey of Academic Achievement for Middle Schools)(이하 「1963년 조사 보고서」)에 자세히 설명되어 있듯이, 의무교육의 마지막 단계(중학교를 졸업하는 학생)에 있던 8학년과 9학년 학생들을 대상으로 종합적인 학업 성취도 조사가 실시되었다. 중요한 부분은 1961년 조사가 전국적으로 이루어졌고, 이전 장에서 살펴본 낙후 지역의 교육 수준을 높이기 위한 정책을 포함하여 교육기회균등이라는 기치 아래 시작된 교육 표준화와 관련된 다양한 정책들이 추진되던 시점에 전국 단위 학업 성취도가 실시되었다는 점이다.

「1963년 조사 보고서」의 서문은 당시 문부성 연구과장이었던 아마기 이사오(Amagi Isao)의 지시에 따라 작성되었다.[1] 5장에서 살펴본 바와 같이 아마기는 「도서 벽지 교육 진흥에 관한 법률」(Law for the Promotion of Education in Rural Areas)을 관리하는 문부성 관리였다. 「1963년 조사 보고서」의 서문에서는 다음과 같은 목표, 특히 전국적인 범위와 관련하여 기술하고 있다.

> 이 조사의 목적은 중학교 교육 및 교육 시설을 개선하기 위해 전국적인 규모의 기초 데이터를 확보하는 것이다. 이를 통해 지역과 학교를 구분하는 불평등을 바로잡는 것을 목표로 한다. 특히 교육기회균등을 실질적으로 보장하는 것과 연계하여 학력 수준을 높이는 데 이바지하는 것을 목표로 한다[...]. 조사 보고서의 "성취도 불평등의 조건"과 "성취도 불평등의 분석" 장에서는 성취도와 교육 여건의 관계를 다양한 각도에서 고찰하고 비교한다. 이 장에서는 이러한 상황적 조건이 성취도에 어떤 영향을 미치는지 이해하기 위해, 첫 번째로 시도된 전국 학업 성취도 조사에서 얻은 풍부한 데이터를 활용한다. 이러한 각 상황적 제약과 학생 성취도 간의 상관 관계를 자세히 살펴보자(문부성, 1963, 서문).

이 서문에서 가장 명확하게 드러나는 것은 문부성의 문제의식, 개념화, 정책적 입장이었다. 교육기회균등을 실질적으로 보장하기 위해서는 "지역과 학교를 가르는 불평등"의 현실을 파악하는 것이 필요하다는 것이다. 이러한 기초 데이터를 바탕으로 불평등을 유발하는 조건을 개선하기 위한 관련 정책과 법률을 마련할 수 있을 것이다. 국가 차원에서 지역과 학교 단위로까지 조사 범위를 확대하겠다는 의지가 담긴 이번 조사 결과는 교육 여건 강화와 학력 향상 방안 마련의 토대가 될 것으로 기대되었다.

| 표 6.1 | 도서 벽지 지역 평균 점수(중학교)

과목	8학년		9학년	
	평균 점수	전국 평균과 차이	평균 점수	전국 평균과 차이
일본어	47.3	-9.1	52.2	-8.5
사회	41.4	-9.5	45.1	-8.6
수학	53.6	-10.6	45.6	-11.6
과학	50.3	-7.2	45.0	-8.2
영어	57.7	-10.5	55.1	-10.1

접근 방식에 대한 이해를 돕기 위해 「1963년 조사 보고서」의 도서 벽지 성취도 분석에 대한 내용을 살펴보자. 이 보고서의 결과는 <표 6.1>에 나타나 있다. 이러한 결과를 바탕으로 보고서의 본론에서 다음과 같이 결론을 내린다.

> 도서 벽지 학교의 성취도는 현저히 낮다. 평균 점수는 전국 평균에 비해 8점 이상 낮다(Ministry of Education, 1963, p.47).

이 보고서는 또한 기본적인 교육 여건과 성취도 사이의 도도부현 간 격차 관계를 파악하기 위한 분석을 수행했다. <표 6.2a>에 제시된 결과표에서 볼 수 있듯이, 이 보고서는 개별 도도부현의 이름을 명시적으로 밝히지 않고 분석을 수행했다. 1961년 조사를 통해 처음으로 각 도도부현의 성취도를 정확하게 파악할 수 있게 되었다는 점을 강조한 후, 다음과 같이 설명했다.

> 그 결과 고득점 지역과 저득점 지역 간에는 16점 이상의 차이가 있는 것으로 나타났다[표 6.2b]. 이는 도도부현 간 성취도의 편차가 매우 크다는 것을 강조한다. 이 격차는 뒤에서 살펴볼 다양한 유형의 지역 간 성취도 격차보다 훨씬 더 뚜렷하다[...]. 의무교육의 마지막 단계에 해당하는 중학교에서조차 도도

부현 간에 이러한 성취도 불평등이 존재한다는 것은 실망스러운 일이다. 우리는 잠정적으로 이러한 격차를 도도부현의 경제력 및 문화 발전 수준 차이를 반영하는 것으로 이해한다(문부성, 1963, p.30).

1960년대 초반에는 지역 간 학업 성취도 불평등뿐만 아니라 교육 여건의 차이 또한 불평등으로 간주하였다. 그럼에도 조사 보고서는 국가, 현, 지방 및 민간 자원의 합계인 총 공교육비(학급당 기준)와 학업 성취도 평가 결과 사이에 명확한 관계가 없음을 지적한다. 따라서 이 조사 보고서는 지역 간 성취도 격차가 교육비 지출의 불평등에서 직접적으로 발생하는 정도에 대한 문제를 실증적으로 다룰 수 없었고, 시도하지도 않았다. 하지만 이 연구는 각 지역이 제공하는 교육비, 학부모가 부담하는 사교육비, 학생의 학업 성취도 사이에 분명한 상관 관계가 있다는 생각을 담고 있다. 또한 대도시와 소규모 농어촌 등 지역 유형과 학업 성취도 사이에 명확한 연관성을 도출함으로써 이러한 사실을 뒷받침했다. 그럼에도 이 조사 보고서는 지리적 특성에 의한 교육 성취도의 격차가 각 현 사이의 불평등보다 더 작다는 점을 지적한다. 이 모든 것이 1960년대까지 지역 간 교육 불평등이 일본 교육의 지속적인 과제로 남아 있었다는 사실을 뒷받침한다. 지역 간 교육 불평등은 더 이상 간과할 수 없는 정책적 문제로 주목받았다.

중요한 점은 이 조사 보고서에는 가정 경제 상황과 학업 성취도 간의 관계에 대한 자세한 분석이 포함되어 있지 않다는 것이다. 또한 학업 성취도와 학교 시설의 수, 교사 수 등의 요인 간의 관계에 대한 분석도 시도하지 않았다. 그럼에도 본 보고서를 통해 학생 간 학업 성취도 차이는 가정 경제력 수준에서 기인한다는 아이디어를 확인할 수 있었다.

| 표 6.2a | 1961년 도도부현 간 학업 성취도 분포

점수	일본어	사회	수학	과학	영어
8학년: 도도부현 수					
38.0-39.9	-	1	-	-	-
40.0-41.9	-	2	-	-	-
42.0-43.9	-	3	-	-	-
44.0-45.9	1	5	-	-	-
46.0-47.9	2	6	-	1	-
48.0-49.9	5	11	-	2	-
50.0-51.9	7	3	2	2	-
52.0-53.9	4	8	1	10	-
54.0-55.9	11	4	1	7	3
56.0-57.9	7	3	6	10	1
58.0-59.9	5	-	7	3	1
60.0-61.9	2	-	3	8	1
62.0-63.9	1	-	8	2	9
64.0-65.9	1	-	6	1	3
66.0-67.9	-	-	7	-	9
68.0-69.9	-	-	3	-	7
70.0-71.9	-	-	1	-	7
72.0-73.9	-	-	1	-	5
9학년: 도도부현 수					
38.0-39.9	-	-	-	-	-
40.0-41.9	-	-	-	-	-
42.0-43.9	-	1	1	2	-
44.0-45.9	-	2	2	1	-
46.0-47.9	1	2	1	5	-
48.0-49.9	-	10	4	8	-
50.0-51.9	-	7	7	8	1
52.0-53.9	5	7	3	7	2
54.0-55.9	8	6	6	7	1
56.0-57.9	5	7	3	5	1
58.0-59.9	8	3	8	3	1
60.0-61.9	10	1	4	-	7
62.0-63.9	6	-	5	-	9
64.0-65.9	1	-	2	-	5
66.0-67.9	1	-	-	-	10
68.0-69.9	1	-	-	-	6
70.0-71.9	-	-	-	-	3
72.0-73.9	-	-	-	-	-
계	46	46	46	46	46

| 표 6.2b | 최고 · 최저 점수의 차이(점)

	일본어	사회	수학	과학	영어
8학년	20	18	22	18	18
9학년	22	18	22	16	20

"교육기회균등을 실질적으로 보장"(문부성, 1963, 서문)한다는 이 프로젝트의 명시적인 목표에 따라 당시 문부성 관리들은 지역 간 큰 성취도 격차를 "실망스러운 것"으로 여겼다. 그들은 이러한 격차를 가정 경제 상황의 차이와 "지역 간 경제력 및 문화 발전 수준의 차이를 반영하는 격차"(문부성, 1963, p.30)로 생각했다. 그렇다면 이 문제를 해결하려는 방안은 무엇이었을까? 사실 당시 당국은 이미 이 문제를 학업 성취도 조사 설계에 반영하고 있었다. 전국적으로 학업 성취도를 조사한다는 것은 이미 전국적으로 교육기회균등을 실질적으로 보장하겠다는 의도를 전제로 한 것이었다.

특히 「1961년 학업 성취도 조사」를 교육 표준화가 추진되기 시작한 시기를 고려해 본다면, 우리는 이 조사를 표준화 전개 내에서 다음 단계로 간주할 수 있다. 표준화된 국가 평가에서 제공하는 전국 평균은 시험 점수와 연계된 여러 교육적 조건이 정량화된 형태로 제시된 특정 유형의 측정치를 산출했다. 이러한 표준화된 기준을 기준점으로 삼아 각 지역과 학교에서 교육 여건을 개선하고 학생의 성취도를 향상하기 위한 정책들이 등장했다. 이는 표준화의 진일보한 모습을 보여준다.

문부성은 조사 결과를 공식 발표할 당시 "불합리한" 경쟁을 피하고자 개별 도도부현의 실명이 포함된 결과를 공개하지 않았다. 그러나 각 도도부현과 지자체는 교육 성취도를 높이고 교육 여건을 개선하기 위해 경쟁에 동참했고, 교육 당국은 불가피하게 각 학교의 점수를 전국 평균과 주변 및 유사 지역의 상황과 비교했다. 평가 결과를 익명으로 처리하는 것이 과도한 경쟁 분위기를 막거나 단순 비교를 방지하는 데 거의 도움이 되지 않았다는 것은 의심의 여지가 없다. 일본의 많은 연구에서 이러한 표준으로 전환하면서 조성된 분위기가 실제로 어떤 해악을 끼쳤는지 자세히 밝혀졌다.

업적 조사 논쟁의 의의

전후 일본 교육사의 정설에 따르면, 전국 학업 성취도 조사는 뜨거운 반응을 불러일으키며 엄청난 부작용을 낳았다. 좌파와 우파가 점점 더 첨예하게 대립하는 가운데 실시된 이 조사는 여러 반발을 일으켰다. 이 충돌은 전국 언론의 주목을 받을 만큼 중요했기 때문에 일본어로 '가쿠테 토소(gakute toso)'라는 이름이 붙었는데, 번역하면 "시험을 둘러싼 다툼"이라고 할 수 있지만, 반대파는 이를 단순한 "다툼" 이상의 의미로 받아들인 것이 자명했다. 하지만 이러한 학업 성취도 조사가 정확히 어떤 종류의 반대를 불러일으켰을까? 이에 대한 아이디어를 얻기 위해 당시 일교조 이사회 부의장이었던 스즈키 치카라(Suzuki Chikara)의 발언을 살펴보자. 스즈키는 학업 성취도 조사에 반대하는 사람들의 선봉에 서 있는 일교조의 입장을 직접 설명했다. 그의 말을 길게 인용하는 이유는 대립의 초점이 어디에 있었는지를 정확히 짚어보고 싶기 때문이다. 그렇게 함으로써 표준화를 추진한 숨겨진 메커니즘을 밝히는 데 한 걸음 더 다가갈 수 있다. 스즈키의 설명은 그 전선을 이해하는 데 도움을 준다.

> 이 조사는 처음부터 국가 경제 성장에 필요한 노동력을 공급하기 위해 경제기획국(Bureau of Economic Planning)의 요청에 따라 설계되었다. 문부성 연구과가 이 시험을 담당했지만, 처음에는 이 시험을 인적 자원 개발을 위한 노력이라고 주장했고, 실제로 이 모든 것의 기원은 바로 여기에 있다. "인적 자

> 원 개발 시험"이라는 이름이 교육의 광범위한 목표에 반한다는 공격을 받고 대중의 반발을 우려한 문부성은 "수업 개선"과 "교육 시설에 관한 정보 제공"이라는 이 조사의 교육적 목표를 엄숙하게 선언하는 것으로 선회했다. 이에 따라 학업 성취도 조사에 대한 책임이 초중등 부서로 이관되었다. 이 모든 과정이 어떻게 전개되었는지는 이미 널리 알려져 있다. 따라서 이 조사의 주요 목표 중 하나가 경제 계획 목표에 따라 노동력을 할당하기 위해 학교를 정찰하고 학생에 대한 데이터를 분류하는 것임을 짐작하는 것은 어렵지 않다(Suzuki, 1961, p.10).

여기에 제시된 바와 같이, 일교조가 주도하는 견해는 문부성이 지지하는 학업 성취도 조사를 문부성의 "진정한 의도"를 보여주는 증거로 간주했다. 그들은 "경제 계획 목표에 따라 노동력을 할당하기 위한 목적으로 학교를 정찰하고 학생에 대한 데이터를 분류하는 것"이 진정한 의도라고 생각했다. 스즈키의 비판은 계속된다.

> 또한 문부성은 교육 시설에 대한 자료를 수집하고 있다고 말하지만, 우리는 이러한 성취도 조사의 진정한 목적이 이것이 아니라는 것을 알고 있다. 교육 시스템을 통해 달성하고자 하는 것은 무엇일까? 어떻게 달성할 수 있을까? 교육학자들은 이미 이러한 질문에 대해 광범위하게 글을 썼다. 우리는 1956년에 무작위 추출로 시행된 시험 결과도 가지고 있다. 이러한 사실에 비추어 볼 때, 문부성은 교육 시설/장비 개선에 소홀히 하고 있으며, 따라서 현재 시험의 "목표"로 내세우는 것은 의도적인 교묘한 속임수에 지나지 않는다(Suzuki, 1961, p.10).

이 학업 성취도 조사는 "의도적인 교묘한 속임수"라는 신랄한 비판을 받고 있었다. 그러나 중요한 것은 이러한 조사에 반대하는 사람들조차도 교육 시설과 장비의 추가 개선이 실제로 중요하다는 가정과 주장을 하고 있다는 점이다. 차이점은 전국적 학업 성취도 조사가 이러한 공통의 목적을 달성하기 위해 꼭 필요한 필수적인 수단인지에 대한 인식 차이에 있다.

교원 성과 평가와의 연결

시험에 반대하는 사람들이 문부성의 조치에서 읽어낸 일종의 숨겨진 의도는 이 시기 교육계에서 정치적 논쟁의 주요 발화점 중 하나였던 교원 성과 평가를 둘러싼 오랜 논쟁에 근거를 두고 있다. 예를 들어, 오사카 남서쪽 시코쿠 지방의 가가와 현과 에히메 현의「문부성 학업 성취도 조사의 문제점」이라는 제목의 학업 성취도 조사 결과에 대한 비판적 검토에서 다수 학자가 조사에 많은 결함이 있다고 지적했다. 학업 성취도 조사에 앞서 행정 당국이 집중적이고 과도한 준비 수업을 시행했고, 시험 준비 시스템을 자체적으로 만듦으로써 결과의 객관성을 훼손했다는 것이었다. 학자들은 이 모든 것을 성과 평가 시스템과 연결하려는 은밀한 의도가 있었다고 비판했다.

> [전수 조사에서 드러나는 네 번째 문제는] 학업 성취도 평가 결과가 교원 성과 평가와 연계될 가능성이 있다는 점이다. 이는 분명 교육 "파탄"으로 이어질 것이다. 교사들은 학업 성취도 평가에서 학생의 점수를 높이기 위해 노력함으로써 자신의 근무 성적 평정을 개선하려고 할 것이다. 그러기 위해서는 이미 다른 곳에서 기록된 바와 같이 부정과 기만이 필연적으로 발생할 것이다. 결론적으로 우리는 이 모든 것에 대해 깊이 숙고할 것을 호소한다. 교권 침해와 그에 따른 필연적인 학생들의 옳고 그름에 관한 의식 붕괴를 상상하는 것은 그리 어렵지 않다(일교조, 1964, p.96).

이념적, 정치적 대립(문부성 대 일교조)이 심화하고 교원 성과 평가제의 강제적 시행 가능성이 높아진 상황에서 학업 성취도 결과가 성과 연봉제의 이전 단계로 여겨지는 것은 어쩌면 당연한 결과였을지도 모른다. 이 때문에 반대 여론은 더욱 거세졌다. 이런 치열한 대립을 바탕으로 강경해진 반대 측은 교수-학습 개선, 기존 시설의 역량과 요구사항에 대한 기초 자료 축적 등 합리적으로 간주한 중립적인 목표조차 거부하기에 이르렀다. 이 모든 것을 국가주의 교육 정책의 복귀를 알리는 전조이자 "의도적인 교묘한 속임수"로 간주하여 전면 거부했다. 반대파는 이 전국 학업 성취도의 "진짜 의도"를 자본주의 체제에 순응하는 인력풀을 만들어 알곡과 쭉정이를 분리하려는 의지와 교원 성과 평가제를 허울 좋은 명분으로 구축하려는 암묵적인 정치적 기회주의에서 찾았다. 이러한 견해가 너무 확고했기 때문에 반대파는 학교 시설에 대한 기초 데이터를 확보하려는 목적에 동의할 수 없었고, 조사 일부 항목이나 그 결과조차 긍정적으로 평가할 수 없었다.

학업 성취도 평가에 대한 이러한 의견과 노골적인 정치적 대립은 학교와 교실에서 다양한 형태의 저항과 무질서를 초래했다. 교실에서 물리적으로 피켓 시위를 벌이는 등 "힘의 과시"를 통해 특정 장소에서 학업 성취도가 실시되지 못하도록 방해하는 일도 있었다. 더욱이 국가 학업 성취도 조사 및 시험 시행의 적법성에 대한 최초의 법원 판결이 내려진 아사히카와 사건(Asahikawa Incident)[2]으로 인해 국가가 주도하는 학업 성취도 조사의 전제가 모두 불법으로 여겨졌다. 이러한 법원의 결정에 따라 1965년에 실시된 학업 성취도 평가 이후 학업 성취도 조사는 중단되었고, 1982년에 이르러서야 교육과정 및 개편 계획의 일환으로 조사가 재개될 것이라는 일부 언급이 있었다. 실제로 1982년에 또 다른 평가가 시행되었지만 매우 조용히 진행되었고, 그 결과에 대한 공식적인 보고서는 발표되지 않았다(Kariya, 2002). 이는 1965년 이후 일본 교육 정책이 “국가 시험 금기의 시대”에 접어들었음을 의미한다. 교육 정책은 계속 수립되고 발표되었지만, 그 과정에서 지침이 될 국가 차원의 학업 성취도 측정이 부재했다(Kariya, 2009a).

역사를 되짚어 보면 국가 수준 학업 성취도 평가를 통한 교육 표준화가 어떤 의미에서는 교육에 대한 국가 통제의 심화, 시험 체제의 강화와 맞물려 있었으며, 따라서 치열한 비판의 대상이 될 수밖에 없었다는 사실을 알 수 있다. 그러나 우리의 주된 관심이 교육 표준화라는 주제에 있다는 점을 고려할 때, 시험 점수 올리기에만 몰두하는 벼락치기식 교육이나 학생을 편 가르고 줄 세우는 차별적 선발 교육 등 경쟁 분위기로 인한 피해에만 시선을 한정하지 않는다면 우리는 더 많은 것을 얻을 수 있다. 따라서 우리는 이러한 첨예한 대립과 충돌에 초점을 맞추는 대신, 반대파에게서도 일정 부분 추진했던 교육 표준화와 성취도 조사의 관계에 초점을 맞추고자 한다. 전국 각지로 확대되어 평균 점수를 비교하는 성취도 조사가 교육 표준화를 한층 더 깊숙이 밀어붙여 표면적 평등의 길을 닦는 기준을 제공했음을 보여줄 것이다. 여기에 다음 논의의 중요성과 초점이 있다. 이러한 연관성을 살펴보기 위해 다음 논의는 두 가지 핵심 질문으로 구성된다.

표준화는 어떻게 진행되었나?

학업 성취도 평가 자체의 세부 사항으로 돌아가 보자. 학업 성취도 평가는 이미 표준화 경향을 보이는 국가교육과정의 내용을 바탕으로 만들어진 문항으로 구성되었다. 각 지역과 도도부현의 교육위원회에서 평가 결과를 보고했다. 이 결과를 바탕으로, 단순하지만 공통적인 목표가 제시되었다. 즉 각 영역의 평균 점수를 올리는 것이었다.

도서 벽지 지역의 열악한 교육 여건을 개선하고 다른 형태의 교육 불평등도 해결해야 한다는 문부성의 잦은 요청에 따라, 성적이 우수한 지역의 점수를 더 올려서 각 영역의 평균 점수를 높이려는 시도는 효과가 없었다. 그보다는 전체 평균을 낮출 수 있는 요인을 보완하는 것이 더 중요했다. 일부 영역에서는 평균을 낮출 수 있는 최하위권 학생이 시험을 치르지 않는 방법을 찾는 등 부정직하고 교묘한 방법으로 평균을 끌어올렸다고 가정하는 것이 타당하다. 그러나 대다수의 지역교육위원회가 편법을 사용하지 않았다고 가정하는 것도 타당하다. 학업 성취도 평가에서 나타난 성취도 측정 유형에 대해 비판적인 교사들이 있었던 것도 사실이었다. 그러나 지역교육위원회가 열악한 교육 환경으로 인해 지역이 어려움을 겪고 있다는 사실을 알면서도 반대파가 의도적으로 개혁을 방해하려 했다는 역사적 사료는 없다. 불복종 대신 문제를 해결할 수 있는 정책 대안에 관한 토론은 찾아볼 수 있다. 문부성이 "교육 시설－인프라 개선에 소홀했다"(Suzuki, 1961, p.10)라고 주장했던 일교조조차 1960년대와 1970년대에 걸쳐 표준화를 통해 제시된 정책 대안에 대해 격렬한 반대를 하지 않았다. 다시 말해, 초기의 정치적 열기가 식은 후 일교조조차도 이 시험 결과를 교육 개선에 어떻게 활용해야 하는지에 대해 논의하는 데 시간을 보냈다. 물론 전국적으로 이러한 시험 점수 향상만을 목적으로 하는 교육에 대한 반대가 존재하는 것은 사실이지만, 각 현 내에서 교육 여건과 교육 방법의 개선을 통해 학업 성취도를 향상하려는 전체 추진에 반대하는 단체가 있었다는 증거는 거의 없다.[3]

그 결과 표면적으로는 격렬한 반대와 마찰이 지속되고 있지만, 더 깊은 수준에서는 공감대가 형성되었음을 의미한다. 중앙 정부의 확고한 의지가 없었다고 가정하더라도, 교육 표준화를 위한 틀과 재정과 같은 지방 당국의 노력이 각 행정 구역 내에서 공간적 평등과 연결될 수 있다는 것이다. 이러한 정책의 한 가지 예는 이전 장에서 이미 자세히 설명한 바 있는 상향식 지역 인적 자원 구축이다.

간접적인 증거이기는 하지만, 여기서 우리는 문부성의 강압이 가장 결정적인 요인이 아니었다는 주장을 뒷받침하는 또 다른 사료를 발견했다. 바로 이전 장에서 활용했던 홋카이도 교육위원장 니혼기 미노루(Nihongi Minoru)가 월간 『현 교육위원회 보고서』에 기고한 글이다. 니혼기는 「광역 지역 인재 육성(5개년 계획) 추진에 관한 소고」라는 제목의 글 서두에서 다음과 같이 밝혔다.

> 1963년 학업 성취도 조사 결과에 따르면 홋카이도의 초등학교와 중학교는 전국에서 가장 낮은 점수를 받았다. 이러한 실패를 반성하며 1964년 교육 정책의 주요 골자는 "학생들의 학업 성취도 향상"이었다. 우리는 계속해서 이 한 가지 목표를 향해 모든 노력을 기울이고 있다. 교육의 효율성을 높이기 위해서는 학생들이 학습하는 여러 가지 물질적 교육 여건을 개선하는 것이 중요하다는 것은 분명하다. 하지만 아무리 물질적인 교육 여건을 개선해도 이를 가르치고 실제로 활용할 수 있는 우수한 인적 자원이 없다면 교육 효율을 높일 수 있는 가능성은 거의 없다고 본다. 따라서 학업 성취도 향상의 핵심은 교사에 대한 인적 자원 관리가 어떻게 이루어질 것인가의 문제로 귀결된다. 그러므로 홋카이도 교육위원회는 지금까지의 인적 자원을 둘러싼 문제를 자세히 조사하고 이를 시정하기 위해 부단히 노력할 것이다(Nihongi, 1965, p.20).

같은 글의 다음 장에서 니혼기는 홋카이도의 5개년 계획의 세부 사항을 소개하며, 교육위원회가 새로운 광역 인적 자원 접근 방식을 어떻게 구현하고자 했는지 구체적으로 설명했다. 하나의 사례를 통해 일반화하기에는 조심스럽지만, 이 글을 통해 조사 결과와 광역 인적 자원의 추진이 정책 입안자들의 머릿속에 어떻게 연결되었는지를 확인할 수 있다.

이처럼 의무교육이 명목상 지방 분권적 의사 결정에 머물러 있는 상황에서 각 행정 단위 내에서 공간 평등을 진전시키는 정책을 스스로 채택한 것은 지방 당국이었다. 이러한 지역적 추진은 공간 평등에 대한 전국적인 추진과 중첩되고 연결되었다. 그러나 더 깊은 수준에서 이 모든 것을 뒷받침하고 궁극적으로 교육의 동질성을 전국적으로 확산시킨 것은 평균 시험 점수를 상호 비교하는 실험, 즉 개별적이고 다양한 주체가 아닌 실제 조사 이전에 이미 구축된 교육 표준화의 공통 기반 위에서 이루어진 비교였다.

우리가 여기서 제시하는 관점은 교육에 대한 중앙 정부의 통제력이 점차 강화되고, 일련의 일방적인 문부성 정책을 바탕으로 일본 교육이 전국적으로 획일화되었다는 전통적인 관점과는 확연히 다르다. 물론 학업 성취도 평가를 둘러싼 치열한 반대와 마찰은 허구가 아니었다. 그러나 더 깊고 강력한 저류에는 교육의 표준화와 동질화를 통해 교육기회 균등을 달성하고자 하는 암묵적인 가정이 자리 잡고 있었다. 우리는 일부 인사 이동에 불만, 이른바 승진/징계 전보와 일교조의 전보 무산 시도 등 자주 부각되는 것을 부정하고자 하는 것은 아니다. 실제로 이러한 사건들이 저항과 강압이 동시에 작용한 주요 원인이다. 하지만 각 지역이 광역화 지역 인재 제도를 제도화하기 위해 나름대로 강력한 의지를 발휘했다는 사실을 놓쳐서는 안 된다. 그렇기 때문에 이 제도가 서서히 받아들여지고 도입될 수 있었던 것이었다. 공간적 평등은 중앙과 지방의 정책 결정이 공명함으로써 상당한 힘을 발휘하여 전국적으로 확산되었다. 이런 의미에서 교육의 평준화는 단순히 중앙 정부의 일방적인 조치나 힘으로 이루어진 것이 아니었다. 국가 수준 학업 성취도 평가가 중단될 정도로 표면적인 대립이 극명하게 드러난 이후에도 평균 시험 점수를 높이기 위한 교육 표준화 추진이 꺾이지 않았던 이유가 바로 여기에 있었다.

공통 잣대

이 장에서 이미 언급한 내용과 밀접한 관련이 있는 교육 표준화 자체의 본질에 초점을 맞추고자 한다. 이 시기에 교육 평등이라는 개념이 등장했을 때 정책 입안자들이 가장 먼저 떠올린 것은 바로 학업 성취도 결과였다. 이 시점에서 평등에 대한 근본적인 개념화를 제공하고 공고히 한 것은 바로 이 학업 성취도였다. 좀 더 구체적으로 언급하면, 이 조사는 공통의 척도인 기준을 만들고, 이 기준의 표준 편차를 바탕으로 불평등이 무엇인지 정의하고, 그 격차를 얼마나 줄여야 평등하다고 할 수 있는지에 대한 개념을 형성한 조사였다.

결정적으로, 표준편차를 계산하는 데 사용되는 단위는 거의 모든 경우 지리적 공간 또는 지역, 즉 공간적 단위였다. 도서 벽지 지역, 부라쿠민(Burakumin),[4] 석탄 채굴과 같은 오래된 산업이 새로운 산업으로 전환된 지역 등 이러한 공간 단위는 명확하고 고정된 규칙과 구분된 경계에 따라 설정되었다. 문제가 된 것은 이러한 공간 단위가 점점 더 큰 공간 단위로 포함될 때 파생되는 편차였다. 이러한 편차를 용납할 수 없는 불평등으로 간주하고 이를 바로잡기 위해 다음 단계로 나아갔다. 다시 말해, 이러한 공간을 균질화하려는 노력은 교육 기회에 대한 동등한 조건을 마련하는 것과 동일한 과정으로 간주하였다. 이 조사는 공간적 의미에서도 교육 여건의 불평등을 평준화하여 각 공간 내 평균 점수 차이에 영향을 미치는 것으로 보이는 조건을 집중 조명함으로써 그 임무를 수행했다. 따라서 교육 여건 자체가 표준화의 초점이자 주요 대상이 되었으며, 여건 자체를 평준화하는 방식은 표준화와 동질화를 동일시하는 방식에 따라 진행되었다. 바로 이러한 관점이 일본인의 평등 개념의 암묵적 토대가 되어 오늘날까지 지속되고 있는 개념이다. 즉 거의 모든 일본인이 사용하는 암묵적인 가정은 개인 간의 차이를 포착하지 않는 방식으로 평등한 조건을 개념화하는 것이다. 이러한 공간적 평등 개념은 개인 단위의 평등 개념에 기반을 둔 개인적 평등 개념과는 극명한 대조를 이루며 상반되는 개념이다.

교육 자료 표준 설정

앞서 간략히 언급했듯이, 전국 단위 학업 성취도 평가가 마지막으로 실시된 것은 1965년이며 그 이후에는 조사가 중단되었다. 그럼에도 역사적 기록에 따르면 조사가 중단된 이후에도 이전 조사에서 지적된 현실, 특히 지역 간 불평등의 지속성은 교육 정책 결정에 계속해서 큰 영향을 미쳤다. 교육을 더욱 표준화하여 이러한 문제를 해결하려는 조치에 대한 요구는 줄어들지 않았고, 오히려 1965년 이후 더욱 가속화되었다. 중앙 정부가 교육용 자료의 표준을 재정적으로 지원한 제도가 대표적인 예이다. 1967년에 발표된 이 문부성 정책은 원래 「의무교육비 국고 분담에 관한 법률 및 국립특수학교 특별조치법에 근거한 교육용 교재에 대한 국고 재정 활용」(Utilization of National Treasury Funds for Educational Materials Based on the Law for National Treasury's Share of Compulsory Education Expenses and Special Measures for National Schools for the Handicapped)이라는 제목으로 10년 간 한시적 정책 수단으로 구상되었다(문부성, 1967).

해당 정책 공문의 세부 내용에는 시스템 구축의 주요 목적이 전국 교실에서 활용될 교육 자료의 표준을 만드는 것이라고 명시되어 있다.

> 의무교육 및 특수교육 제공에 필요한 교육 자료 문제와 관련하여, 지금까지 많은 학교의 자료 상황이 부적절했으며 "적절"하게 구성하는 것에 대한 정의도 매우 다양했다. 따라서 이 시점부터 문부성은 모든 의무교육 학교와 특수

학교에 대한 표준 기준을 수립할 것이다. 학교는 이 공문의 부록에 자세히 설명된 "교육 자료 기준"에 명시된 기준을 준수해야 한다. 이러한 기준에 따라 문부성은 교구를 강화 또는 향상하는 정책에 따라 향후 10년간(즉 10개년 계획의 틀 내에서) 교육 자료에 대한 재정 지원을 늘릴 것이다. 이를 통해 문부성는 학교 교육 자료의 현재 상태를 개선하는 것을 목표로 한다(문부성, 1967, p.123).

새로운 제도에 따르면, 교육용 자료비의 50%는 국고에서 부담하고 나머지 50%는 지방세 수입("표준화된 일반재정수요액 기본산식에 의한 단위경비 산출액을 합산")에서 충당하게 되어 있었다(문부성, 1967, p.123). 즉 지방세 수입의 균형을 맞추기 위해 표준화된 지방교육 재정교부금에서 산출된 국비로 지방 자치 단체가 부담하는 부분까지 지원한다는 의미였다. 이런 식으로 중앙 정부는 지방 정부에 배분된 세수를 통해 예산을 편성할 수 있었다. 더 놀라운 것은 공문의 첨부 내용에 각 학교가 준비해야 할 교육용 자료의 기준이 매우 상세하게 제시되어 있다는 점이다. 이 목록은 초등학교의 경우 7페이지, 중학교의 경우 8페이지에 달한다(<표 6.3> 일부 내용 제시).

여기서 우리는 단계별 학교 시설과 장비, 교과서와 국가교육과정이 각본이 되고, 교사라는 배우, 교육용 자료가 전국적으로 표준화되고 예산이 지원되어 교육이라는 연극을 완성하는 소품 역할을 한다는 것을 알 수 있다. 이것이 모든 학교에서 동일하게 진행되어 학교 간 차이가 드러나지 않도록 했다. 이러한 목적을 위한 국고 지원 체계는 교육 자료 규격과 같은 기준 형성과 함께 등장했다. 정부는 활용 단가 산정에 대한 세부 기준을 설정하여 재정을 제공하기로 합의했다. 이러한 접근 방식은 교육 표준화의 진전을 이어가면서도 더 깊은 수준, 즉 일상적인 교수 학습에 활용되는 교육용 자료로까지 나아갔다.

ㅣ표 6.3ㅣ 초등학교 구비 교육용 자료 기준

No.	물품	학교 규모(학급 수)					
		5학급 이하	6-12	13-18	19-24	25-30	31학급 이상
모든 과목							
1	단계별 그림 카드	1	1	2	2	3	3
2	슬라이드 프로젝터	1	2	3	3	4	4
3	8mm 무비 프로젝터	1	1	1	1	1	1
4	8mm 캠코더	1	1	1	1	1	1
5	16mm 무비 프로젝터	-	1	1	1	1	1
6	오버헤드 프로젝터	1	1	1	1	1	1
7	매직 랜턴	-	-	1	1	1	1
8	프로젝션 스크린	2	3	4	4	5	5
9	휴대용 전축기	1	2	2	3	4	4
10	레코더(Recorder)	2	3	4	5	6	6
11	텔레비전 수신기 (기본 장치)	1	1	1	1	1	1
12	텔레비전 수신기(핸드셋)	-	1	2	3	4	5
13	마이크 증폭기	1	2	3	3	4	4
14	카메라	1	1	1	1	1	1
15	라디오 수신기	5	12	18	24	30	36
16	방송 시설	1	1	1	1	1	1
17	슬라이드	150	150	150	150	150	150
18	레코드(Record)	60	60	60	60	60	60
19	자(Measure)	5	10	15	20	25	30
20	스톱워치	2	3	4	5	6	7
일본어							
1	쓰기 지도용 칠판	1	2	4	5	6	7
2	로마자 교육용 칠판	1	2	4	5	6	7
3	서예 교육용 칠판	1	2	4	5	6	7
4	교육용 그림(저학년용)	2	4	6	6	8	10
5	교육용 그림(서예용)	1	1	2	2	3	3
사회							
1	지역 및 도도부현 지도	1	2	3	3	4	5
2	일본 지역 지도	1	1	2	2	2	2
3	일본 지도	1	2	3	3	4	5
4	지역 및 도도부현 재해 구호 지도	1	1	1	1	1	1
5	일본의 지역별 재해 구호 지도	1	1	1	1	1	1
6	일본 재난 구호 지도	1	1	1	1	1	1
7	세계 지도	1	2	3	3	4	4

8	세계 지역별 지도	1	1	2	2	2	2
9	일본 역사 지도	1	1	2	2	2	2
10	지역 및 현 단위 지도 칠판	1	2	3	3	4	4
	수학						
1	단면 칠판(저학년용)	1	4	6	8	10	12
2	단면 칠판(고학년용)	4	8	12	16	20	24
3	그래프 교육용 칠판	2	4	6	7	8	9
4	숫자, 수량 및 도형용 교구	1	1	2	2	3	3
5	분수용 교구	2	4	6	7	8	9
6	고리 던지기 교구	3	6	6	12	12	12
7	교육용 자	1	2	3	4	5	6
8	교육용 주판	2	4	6	7	8	9
9	측정용 줄	1	1	1	1	1	1
10	계량 바퀴	1	1	1	1	1	1

성과와 연결
성과 순위 뒤집기

이러한 교육 표준화는 일본 교육에 어떤 영향을 미쳤을까? 특히 교육 성과에 어떤 영향을 미쳤을까? 도도부현 간 불평등의 관점에서 시간 경과에 따른 변화를 보여줄 수 있는 비교 가능한 종단 데이터가 부족하므로 이러한 질문에 대한 명확한 답을 내리는 것은 쉽지 않다.

이러한 제약에도 불구하고 우리는 지금까지 지역명을 밝히지 않은 1961년, 1962년, 1963년의 국가 학업 성취도 조사 결과에서 우연히 무엇인가 발견하는 큰 행운을 누렸다. 이 발견은 도도부현별로 결과를 세분화한 실명 자료였다. 앞서 언급했듯이 문부성의 공식 조사 보고서에는 도도부현의 이름이 개별적으로 식별되지 않아 이후 시점의 결과와 비교하려는 시도에 혼란을 주었다. 어느 도도부현이 어떤 점수를 받았는지는 문부성만 알고 있었다. 그러나 우리는 각 도도부현의 문부성 조사를 독립적으로 추적하여 모든 결과를 수집하고 통합한 한 신문사의 자료를 발견했다.[5] 이 자료(특히 1962년 자료)를 바탕으로 42년 만에 재개된 2007년에 시행된 국가학업성취도 조사의 결과와 이전 결과를 비교할 수 있게 되었다(2007년 조사에서는 도도부현별 평균 시험 점수가 공개되었다).[6] 따라서 이 두 가지 조사 데이터 세트(42년 간격을 둔 두 번의 조사)를 활용하여 다음 두 가지 질문을 파악하기 위한 조사를 시행했다. 현의 재정 상황, 기타 사회 경제적 지표와 학업성취도 시험 결과 사이에는 어떤 관계가 있는가? 이러한 관계는 시간이 지남에 따라 어떻게 변화했는가?

동일한 과목(일본어와 수학)의 1962년과 2007년 시험 점수 간의 피어슨 상관 계수를 계산해 보았다. 초등학교 6학년 학생의 경우 상관 계수는 일본어는 −.052, 수학은 −.017로 두 과목 모두 통계적으로 유의하지 않았다. 중학교 3학년 학생의 경우, 일본어는 1962년과 2007년 시험 점수 간에 통계적으로 유의미한 상관 관계가 발견되지 않았지만, 수학은 1962년과 2007년 사이에 유의미하고 중간 정도의 상관 관계가 발견되었다(.472). 여기서는 축약되었지만, 스피어만 서열 상관 계수(Spearman's rank correlation coefficien)도 계산해 보면 거의 동일한 결과가 나온다. 즉 지난 40년 동안 학업 성취도 평가 결과에 따라 도도부현의 순위가 크게 변화했다는 것을 알 수 있다. 데이터에서 1960년대에 가장 높은 순위를 차지한 도도부현이 40년이 지난 후에도 여전히 가장 높은 순위를 차지했다는 증거를 찾을 수 없으며, 가장 낮은 순위를 차지한 도도부현이 이후 조사에서도 여전히 가장 낮은 순위를 차지했다는 증거도 찾을 수 없었다.

상관 계수를 계산하는 비교적 간단한 분석에서 도출된 결과이지만, 이 결과는 매우 유의미하다. 즉 1960년대에 도도부현 간에 큰 성취도 격차가 존재했다는 기존의 연구 결과와 결합하면 실질적인 변화를 발견할 수 있다. 점수의 상관 계수나 도도부현의 순위 중 어느 쪽을 선택하든 1960년대와 2007년 사이에 일관된 결과가 나지 않는다는 것은 기존의 성취도 격차에 큰 변화가 있었음을 시사한다.

경제적 지표와 성과

사회 경제적 지표와 점수 간의 관계를 살펴보자. <표 6.4>는 1962년 초등학교 5/6학년과 중학교 8/9학년의 시험 결과에 대한 상관 계수를 보여준다. 이 계수는 각 도도부현의 평균 점수와 다음 관계를 나타낸다. (1) 도도부현의 재정력 지수, (2) 도도부현의 1인당 평균 소득, (3) 1,000가구당 사회 복지 혜택을 받는 가구의 비율(복지 보급률). 재정 건전성은 도도부현의 재정 자원을 나타낸다. 1인당 평균 소득은 현의 경제적 부를 나타내는 지표이다. 복지 보급률은 현 내 빈곤 가구의 수를 파악할 수 있다. 1인당 소득과 현의 재정 자원 사이에는 분명히 강한 비례 관계가 있다. 여기에는 표시되지 않았지만, 각 도도부현의 인구 중 대학 졸업자 비율을 나타내는 문화 지표에서도 이러한 비례 관계가 나타난다. 경제 지표는 단순히 경제력을 나타내는 지표가 아니라 다양한 문화적 성취 수준을 나타내는 지표로 간주해야 한다.

<표 6.4>에서 볼 수 있듯이, 1962년에는 현의 재정 건전성, 1인당 평균 소득, 학업 성취도 시험 점수 간에 비교적 강한 비례 관계가 있었다. 즉 현의 재정력이나 전반적인 경제적 부가 높을수록 초등학생의 학업 성취도 평가 점수가 높은 경향이 있었다. 현 인구 중 사회 복지 혜택을 받는 인구 비율이 높을수록 그 반대의 효과가 뚜렷하게 나타났다. 즉 현의 빈곤 가구 수가 많을수록 학업 성취도 평균 점수가 낮았다.

<표 6.5>는 동일한 지표 세트에 따른 상관 계수와 2007년 시험의 평균 점수를 보여준다.[7] 결과는 1962년의 결과와는 상당히 다르다. 지

방의 재정 건전성, 1인당 평균 소득, 시험 점수 간에는 통계적으로 유의미한 상관 관계가 거의 없다. 재정이나 경제 측면에서 볼 때 현의 학업 성취도 평가 결과 사이의 관계는 사라졌다. 반면 2007년에도 사회복지 혜택을 받는 가구의 비율은 여전히 반비례 관계를 보였다. 즉 현의 전체 부와 성취도 사이의 상관 관계는 사라졌지만, 빈곤 가구의 비율이 높을수록 시험 점수가 낮아지는 경향은 지난 40년 동안 일관되게 유지되고 있다.

| 표 6.4 | 1962년 도도부현의 평균 성취도 시험 점수 및 사회 경제적 지표와의 상관 계수

	5, 6학년(초등학교)			
	일본어, 5학년	수학, 5학년	일본어, 6학년	수학, 6학년
1962년 재정 역량 지수	0.636**	0.509**	0.593**	0.479**
1962년 1인당 평균 소득	0.553**	0.435**	0.479**	0.328**
1962년 인구 1,000명당 공공 지원금	-0.511**	-0.466**	-0.489**	-0.512**
	8, 9학년(중학교)			
	일본어, 8학년	수학, 8학년	일본어, 8학년	수학, 8학년
1962년 재정 역량 지수	0.672**	0.480**	0.652**	0.482**
1962년 1인당 평균 소득	0.784**	0.611**	0.777**	0.607**
1962년 인구 1,000명당 공공 지원금	-0.483**	-0.478**	-0.500**	-0.483**

*5% 수준에서 통계적으로 유의미함(양측검정)

**1% 수준에서 통계적으로 유의미함(양측검정)

| 표 6.5 | 2007년 도도부현의 평균 성취도 시험 점수 및 사회 경제적 지표와의 상관 계수

	정답 비율			
	일본어A	일본어B	수학A	수학B
6학년(초등학교)				
2004년 재정 역량 지수	-0.123	0.147	-0.095	0.150
2006년 1인당 평균 소득	0.022	0.258	0.048	0.274
2006년 인구 1,000명당 공공 지원금	-0.337*	-0.399**	-0.273	-0.348*
9학년(중학교)				
2004년 재정 역량 지수	-0.074	-0.012	0.019	0.054
2006년 1인당 평균 소득	0.100	0.106	0.215	0.204
2006년 인구 1,000명당 공공 지원금	-0.523**	-0.631**	-0.434**	-0.562**

*5% 수준에서 통계적으로 유의미함(양측검정)
**1% 수준에서 통계적으로 유의미함(양측검정)

그렇다면 학생 1인당 교육비 지출과 학업 성취도 시험 점수 사이의 관계는 어땠을까? <표 6.6>은 1962년의 결과를 보여준다. 이 표에서 흥미로운 점은 초등학생뿐만 아니라 중학생의 경우에도 학생 1인당 교육비 지출이 시험 점수와 통계적으로 비례 관계를 보인다는 점이다. 학생 1인당 교육비 지출이 많은 지역일수록 평균 시험 점수가 높아진다는 것을 확인할 수 있다. 학생 1인당 교육비 지출의 영향력이 중학생과 비슷하지는 않지만, 1960년대에는 초등학교 수준에서 높은 교육비 지출과 높은 시험 점수 사이의 관계가 분명히 존재했다.

2007년 시험 결과를 유사하게 분석한 결과, 대부분은 통계적으로 유의미한 관계가 발견되지 않았다(<표 6.7>). 유일하게 통계적으로 유의미한 관계가 발견된 것은 중학생의 학생당 교육비 지출과 중학교 9

학년 학생의 일본어 및 수학 B형 문항 사이의 관계였다. 그러나 여기에서도 관계는 반비례 관계이다. 즉 학생당 교육비 지출이 낮을수록 점수가 높다는 것을 의미한다. 이를 바탕으로 초등학교에서 사교육비가 높을수록 성취도가 높았던 1960년대의 관계는 이후 40년 동안 거의 사라졌다고 추측할 수 있다.

물론 이 분석은 두 변수 간의 단순한 상관 관계만을 살펴본 것이다. 이러한 종류의 분석에서는 다른 요인들을 통계적으로 통제하지 않는 한, 각 요인이 시험 결과에 미치는 독립적인 영향이 얼마나 강한지 알 수 없다. 따라서 이전 분석에서 통계적으로 유의미한 영향력이 나타난 1962년 초등학생 결과에 대해 다중 회귀 분석을 추가로 시행했다. 그 결과는 <표 6.8>에 나와 있다. 모든 요인이 학업 성취도 평균 점수에 통계적으로 유의미한 독립적인 영향을 미치는 것으로 나타났으며, 유의수준은 0.1로 설정되었고, 8개 독립 변수는 유의수준이 0.01 이하로 나타났다. 특히 학생 1인당 교육비 지출은 다른 두 가지 요인을 통제한 후에도 성취도 시험 점수에 유의미한 영향을 미치는 것으로 나타났다. 1962년 조사에서 각 도도부현의 평균 시험 점수는 도도부현의 재정 건전성 정도에 따라 달라졌으며, 이는 학생 1인당 교육비 지출과 상관 관계가 있었다.

| 표 6.6 | 1962년 교육비 지출과 학업 성취도 시험 평균 점수 간의 상관 계수

	5학년(초등학교)		6학년(초등학교)		8학년(중학교)		9학년(중학교)	
	일본어	수학	일본어	수학	일본어	수학	일본어	수학
초등학생 1인당 지출액	0.606**	0.506*	0.554**	0.423**	0.515**	0.437**	0.548**	0.402**
중학생 1인당 지출액	0.321*	0.203	0.261	0.111	0.208	0.119	0.251	0.064

*5% 수준에서 통계적으로 유의미함(양측검정)
**1% 수준에서 통계적으로 유의미함(양측검정)

| 표 6.7 | 2007년 교육비 지출과 학업 성취도 시험 평균 점수 간의 상관 계수

	6학년(초등학교)				9학년(중학교)			
	일본어 A	일본어 B	수학A	수학B	일본어 A	일본어 B	수학A	수학B
초등학생 1인당 지출액	0.209	0.105	0.176	0.082	0.087	-0.080	0.000	-0.089
중학생 1인당 지출액	-0.002	-0.063	-0.002	-0.099	-0.188	-0.313*	-0.270	0.329*

*5% 수준에서 통계적으로 유의미함(양측검정)

| 표 6.8 | 1962년 교육비 지출과 학업 성취도 시험 평균 점수 간의 상관 계수

	일본어, 5학년(초등학교)		수학, 5학년(초등학교)		일본어, 6학년(초등학교)		수학, 6학년(초등학교)	
	일본어	수학	일본어	수학	일본어	수학	일본어	수학
	표준 회귀 계수	유의 확률	표준 회귀 계수	유의 확률	표준 회귀 계수	유의 확률	표준 회귀 계수	유의 확률
상수		0.000		0.000		0.000		0.000
재정 역량 지수	0.430	0.000	0.313	0.019	0.397	0.001	0.273	0.047
인구 1,000 명당 공공 지원금	-0.208	0.053	-0.234	0.077	-0.213	0.074	-0.326	0.019
초등 학생 1인당 교육비 지출	0.423	0.000	0.349	0.007	0.380	0.001	0.250	0.055

독립 변수는 1962년 기준.

수월성과 평등성 달성

지금까지 살펴본 바와 같이 1960년대에는 교육비 지출 규모와 현의 학업 성취도 평가 점수 사이에 분명한 관계가 있었다. 그러나 국가 성취도 조사의 공식 보고서에서는 개별 현의 이름을 공개적으로 밝히지 않는 방식으로 결과를 분석했다. 보고서의 결과와 우리의 분석 결과는 거의 일치했지만, 재분석을 통해 이를 더욱 정확하게 확인할 수 있었다. 적어도 1960년대 중반까지만 해도 각 지역의 재정력, 학생 1인당 교육비, 학업 성취도 시험 평균 점수 사이에 어느 정도 고정된 관계가 있다는 것을 알 수 있었다. 이는 적어도 지필 시험에서 사회 경제적, 교육 재정적 측면에서 더 나은 지역과 그렇지 않은 지역 간에 학업 성취도 결과의 불평등이 존재한다는 것을 보여주었다.

바로 이 시기에 표준화 세계가 탄생했지만, 교육 여건의 균질화는 하룻밤 사이에 이루어지지 않았다. 교육비 배분이 점진적 구조로 전환된 것은 1965년 이후, 그것도 초등학교 수준에서 처음 이루어졌다. 광범위한 지역 인적 자원의 도입은 1960년대에야 시작되었다. 이러한 변화가 실제로 학업 성취도에 실질적인 영향을 미쳤다고 가정한다면, 이러한 효과가 나타나기까지는 논리적으로 상당한 시간이 걸릴 것이다. 이런 의미에서 1962년 국가 학업 성취도 시험은 교육 표준화가 제도화되던 시점의 성과를 포착한 순간 장면으로 보는 것이 가장 적절하다.

그러나 2007년에는 평균 시험 점수와 재정력, 1인당 소득, 학생 1인당 교육비 지출 등의 요인 간에 유의미한 관계가 거의 없는 것으로 나타났다. 지난 45년 동안 현을 분석 단위로 삼은 사회 경제적 요인과 시험 점수 간의 관계는 사라졌다.

이것이 진보적 교육비 배분 구조가 마련한 재정적 토대 위에서 진행된 교육 표준화의 직접적이고 유일한 결실인지 아닌지는 알 수 없다.

그 이유는 같은 40년 동안 사회, 경제, 문화 등 다른 여러 영역에서 동시에 다른 변화가 일어났기 때문이다. 우리의 분석은 이러한 변화까지 확장하여 설명해야 한다. 즉 고도 성장기의 풍요로움으로 인한 부의 확대, 텔레비전과 같은 뉴미디어의 보급, 부모의 교육 수준 향상 등 일본 사회의 역동적인 변화 시기에 일어난 수많은 변화들이다. 하지만 본 연구는 다른 개입 요인들을 체계적으로 적용할 수 없는 한계가 있다.

그럼에도 이번 조사에서 나타난 성과만 놓고 보면, 한때 도도부현 간에 존재했던 큰 불평등은 크게 줄어들었다. 게다가 45년 동안 도도부현의 재정 및 재정력, 교육비 지출, 재정과 밀접한 관련이 있는 지방교육 재정교부금과 학생 성취도 사이의 오랜 관계가 큰 변화를 겪었다는 것은 의심할 여지가 없다. 또한 [그림 6.1]과 [그림 6.2]에서 볼 수 있듯이 도시화가 진행될수록 시험 점수가 높아지는 등 지리적 유형에 따른 기존의 시험 점수 격차도 이 기간에 크게 줄어들었다. 이러한 전반적인 변화가 교육 여건의 평준화가 점진적으로 진전된 결과라고 단정 짓는 것은 조심스럽지만, 그럼에도 오랫동안 제도의 주요 문제로 여겨졌던 지역 간 교육 불평등이 크게 개선되었음을 확인할 수 있다. 평균 점수에 부정적인 영향을 미치는 사회 복지 수혜자와 낮은 시험 점수 사이의 반비례 관계는 2007년 시험에서도 강하게 유지되었지만, 1950년대 교육 표준화를 추진한 정책 입안자들의 진지한 의도가 이 모든 것과 인과적으로 연관되어 있음은 의심할 여지가 없다. 이는 괄목할 만한 성과로 인정받아야 한다.

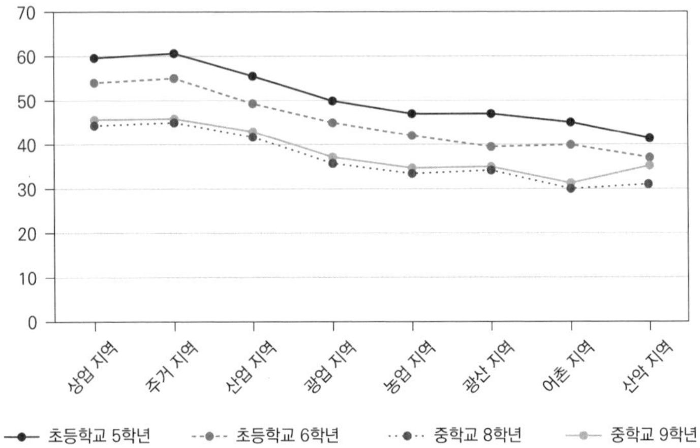

| 그림 6.1 | 1962년 각 지역 범주별 평균 수학 점수율

참고: 원본 데이터는 1962년 문부성 전국 초등학교 학업 성취도 평가 보고서와 1962년 전국 중등학교 학업 성취도 평가 보고서에서 발췌.

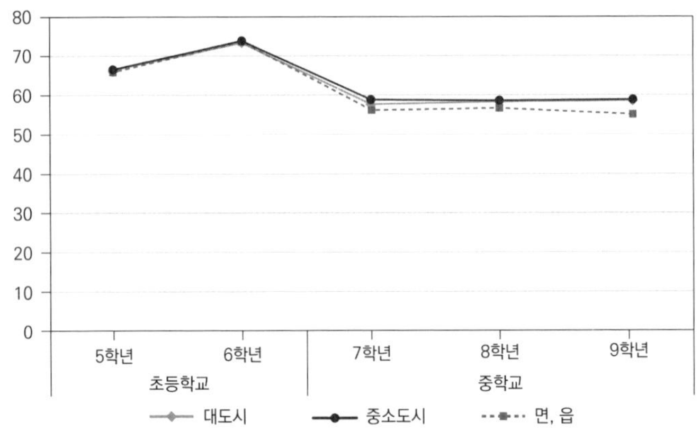

| 그림 6.2 | 2003년 평균 정답 비율

참고: 원본 데이터는 MEXT의 2003년 교육과정 시행 분석 결과(Results of Analysis for Curriculum Implementation)에서 발췌.
[그림 6.1]과 [그림 6.2]는 MEXT(2006)의 「일본 초중등 교육의 여건」(Conditions for Japanese Elementary and Lower Secondary Education)에서 발췌.

실제로 일본의 학업 성취 평등 실현은 학습에 대한 국제 비교에서 자주 확인되는 사실이다. 1980년대 미국 사회학자들이 놀라움과 경외감을 표시하며 보고한 바와 같이, 일본의 의무교육은 점수 편차를 최소화하면서도 세계에서 가장 높은 평균 시험 점수를 달성했다. 일본의 제도는 "수월성"과 "형평성"을 모두 달성한 것으로 보이며, 국제적으로 우수한 제도라는 찬사를 받았다(Cummings 1980). 그러나 아이러니하게도 국제적으로 칭찬과 긍정의 합창이 커지고 있던 바로 그 순간, 일본 내부에서는 이미 교육 표준화 자체에 반대하는 흐름이 나타나기 시작했다.

공간 평등과 양면성: 학급, 집단적 질서, 시험 경쟁

학급: 평준화 기술

그러나 공간 평등을 완전히 이해하려면 다음 사항을 살펴볼 필요가 있다. 전후 일본은 왜 개인의 차이를 가시화하는 것을 금기시했을까? 교육 표준화 이후 드러난 공통성/차이성의 양면성에 대응하기 위해 공간 평등이라는 구체적인 정책적 해법이 채택된 이유는 무엇일까? 이러한 질문은 공간 평등 정책의 근간이 되는 표준화 세계를 더 깊이 이해할 수 있는 중요한 출발점을 제공한다. 이 모든 질문에 답할 수 있는 핵심 단서는 공간적 평등의 가장 작은 단위인 학급에 초점을 맞추는 데서 찾을 수 있다.

4장에서 분석했듯이, 표준화 세계를 제정한 정책 입안자들은 원래 미국의 선례에 따라 전후 교육 재정 시스템을 교사 1인당 학생 수 원칙에 따라 설립하려고 했다. 그러나 당시의 열악한 재정 상황으로 인해 좌절되었다. 따라서 그들은 학생 수, 학급 수, 학교 수라는 '세 가지 기준 계산'을 통해 공식화된 기본 경비 단위를 기반으로 한 교육 재정 시스템을 채택할 수밖에 없었다(Naito, 1950, p. 190). 여기서 다시 한번 이를 비판적으로 재검토하면서 구체적으로 질문해 보자. 이것이 정말 선택의 여지가 없는 것이었을까?

여기서 표준화 세계의 최고 기획자 중 한 명인 사토의 성찰은 우리에게 다시 한번 고찰할 기회를 제공한다. 다음은 미국의 학생 시간 개념과 대조되는 일본의 접근 방식을 설명하기 위해 4장에서 이미 인용한 구절에서 발췌한 것이다. 사토는 이렇게 말한다.

> 일본에서는 "학급"에 속한다는 생각이 굳건히 자리 잡고 있고, 동시에 같은 학년이라는 단일 조건에 따라 학급을 편성해야 한다는 믿음이 지배적인 한, 교사 수에 따라 계산하는 방식이 통용될 여지는 없다. 그것은 일본의 맥락에서 작동할 수 없다(Sato, [1965] 2002, p.77).

4장에서 논의한 나이토가 강조한 재정적 제약과 달리, 사토는 여기서 우리가 교육적 관점이라고 부를 수 있는 것을 도입하고 있다. 즉 재정의 비용 단위를 반드시 학습 단위라는 가정에서 파생된 것으로 생각해야 한다고 주장하고 있다. 사토는 "같은 학년, 같은 반" 원칙에 따른 전쟁 이전까지 거슬러 올라가는 관행이 있는 학급 편성을 통한 "학급 유지"가 일본 교육의 실제 관행에 깊이 뿌리내리고 있어서, 미국식 접근법의 성공적인 도입에 대해 매우 비관적인 태도를 보인다. 즉 "일본의 상황에서는 효과가 없다"라는 것이다.

질문을 역으로 제기해 보자. 학교에서 동년배에 따른 학급 편성을 통해 학급을 고착하는 방식이 일본적 맥락에서 잘 작동한다고 생각되어 일본의 접근 방식을 뒷받침하게 된 이유는 무엇일까? 안타깝게도 여기서는 일본적 맥락에서 학급 개념의 복잡한 역사에 대해 자세히 설명할 지면이 충분하지 않다. 하지만 야나기(Yanagi)의 탄탄한 기존 연구를 바탕으로 요점을 전달할 수 있다.

야나기의 종합적인 『학급의 역사(History of the Homeroom)』(2005)에 따르면, 다이쇼 시대(1912~1926)에 이미 일본 학교에서는 학급이 단순히 학습 내용에 중점을 두는 것 이상의 방식으로 진화했다. 학급은 인지적 습득을 넘어 다양한 기능을 수행하고 조직하는 하나의 문화 활동으로 자리 잡았다. 학급의 다양한 문화 활동을 포함하여 유기적이고 집단적인 생활 방식을 조직하고 담는 그릇으로 변모했다.

야나기는 시무라 히로아키(Shimura Hiroaki, 1994)의 연구를 인용하여 "1930년대에는 '학급 신문'과 같은 간행물의 등장, '학급 게시판', '학급 서신'과 같은 활동 등 집단의 생활을 돌보는 학급을 중심으로 학급 문화 활동이 어떻게 발전해 왔는지를 보여준다"고 설명한다. 시무라에 따르면, 이러한 의식은 '학급 생일 파티'와 같은 이벤트와 '학급 우체통', '학급 도서관', '학급 박물관', '학급 노래' 제작과 같은 집단 활동의 출현에서도 볼 수 있다"고 말한다. 야나기는 또한 시무라의 말을 인용하여 "이러한 활동을 통해 문화 수준이 낮은 지역에서 자란 아이들에게 '문화 자원'이 교실에 도입되었다"라고 주장한다. 이를 통해 학생들 스스로에 의한, 학생들을 위한 독립적인 학급 문화가 형성되었다"(Yanagi, 2005, p.148). 야나기는 계속해서 전후 일본 학급의 특징을 설명한다.

> 마을 공동체가 생산, 생활, 정치, 의례 등 모든 기능을 포함하는 다층적 존재였던 것처럼, 학급 역시 여러 수준의 다양한 활동을 통합하는 조직이 되었다. 이렇게 해서 "학급"이라는 개념이 생겨났고, 학생들이 전학이나 전출을 거의 하지 않는 학교 내의 작은 공동체로 등장했다. 전학이 잦은 서구의 학교와는 달리 일본 학교에서는 한 교실, 한 담임이 단순히 학습과 형식적인 교육의 공간이 아니라 학생들에게 일종의 영구적인 거주지가 된다. 일본의 교실은 삶의

공간이 되었고, 이에 따라 교실은 학습, 식사, 오락, 레크리에이션, 자치, 작업 등 다양한 기능을 갖춘 다층 구조로 구성되었다(Yanagi, 2005, pp.149-150).

이러한 시작부터 학급이 일본 교육의 핵심 조직 단위라는 생각은 매우 강해져서 궁극적으로 학급은 자명한 공간, 즉 교육적 지도와 다른 교육 활동 사이의 긴밀한 연결을 가능하게 하는 공간으로 인지되었다. 학급이 기능적 학습 단위의 한계를 넘어 집단적 삶의 형태로까지 확장될 정도로 일본 교육의 토양에 깊은 뿌리를 내리고 있었기 때문에 표준화 세계의 기획자들도 학급을 단위 비용 산출의 기준으로 채택하게 된 것이었다.

그리고 4장에서 언급했듯이, 이러한 방식으로 교육 자원 배분을 위한 핵심 비용 단위의 설정에는 암묵적인 가정이 내재되어 있다. 이 가정은 교육 실천의 논리와 연관성을 드러낸다. 이러한 교육 접근 방식은 모든 학생의 개별 학습에 초점을 맞추기보다는 학급이라는 집단성을 전제로 하게 되었다. 교사와 학생 간 상호 작용이 집단으로 이루어지는 "전체 수업"의 기술을 연마하는 데서 나타나든, 한 활동과 같은 소집단을 활용한 생활 지도 확산에서 나타나든,[8] 실제 수업의 다양한 기술은 모두 학급을 기본 단위로 하는 핵심 가정에서 비롯된 것이었다. 매일 교실에 들어오는 학생들을 일시적인 기능적 학습 집단(학생 1인당 세계)으로 바라보던 접근 방식과는 달리, 학급을 하나의 집단으로 보고, 자원 배분의 단위로 접근한 것은 실제 교육 현장의 논리를 확장한 것처럼 보였기 때문에 저항을 피하기 쉬웠다. 이러한 이유로 이후 표준화 세계에서 이루어진 거의 모든 표준화는 학급을 기본 단위로 하는 이 아이디어로 귀결되어 발전되었다. 학급당 학생 수 개선, 즉 교원 정원의 감소가 교사 할당제 측면에서 고려된 점, 교육 자료 표준 설정의 기본 단위가 학급이었던 점, 평균 점수를 높이기 위한 조직 단위도 학급이었던 점 등 이러한 패턴을 증명하는 사례는 무수히 많다. 학급은 공간적 평등이 실현되는 가장 작은 단위가 되었다.

그렇다면 학급이라는 집단 안에서 표준화가 열어준 공통성/차별성의 양면성은 어떤 형태로 드러날까? 이러한 문제가 발생했을 때 교사들은 어떻게 대처할 것인가? 이러한 질문에 대한 해답은 학급 집단이 작동하는 논리를 이해하는 데서 찾을 수 있다.

집단(학급)이 많은 수의 학생으로 구성된 상황에서(처음에는 학급당 학생 수가 50명을 넘었다) 어떻게 효과적인 수업이 이루어지고 질서가 유지될 수 있을까? 이것이 가장 눈에 띄는 질문이었다. 좀 더 정확히 말하자면, 학급이라는 질서 자체의 생성, 즉 학급이 학업뿐 아니라 인생의 교훈을 제공하는 것으로 기대되었을 때 필연적으로 공통성과 차별성이라는 양면성이 나타날 수밖에 없었다. 그 이유는 집단적 가치에 대한 신념이 확고한 집단 내에서는 공통의 잣대를 통해 드러나는 차이가 개별화 원칙을 강하게 고수하는 집단에 비해 더 쉽게 능력 차별로 전환될 수 있기 때문이다. 개별화된 기능적 학습 집단(학생 1인당 세계)과는 달리, 생활 집단으로서의 일본 모델에서는 그 집단의 구성원들을 구성하는 다면적인 연결, 즉 서로 간 유대를 유지한다는 목표가 더 큰 비중을 차지한다. 집단으로서의 응집력은 점점 더 강해졌고, 점점 더 이러한 응집력 자체가 교육의 독립적인 목표로 격상되었다("모두가 함께 일하자!", 나카요쿠 민나!(Nakayoku Minna!)). 게다가 이러한 집단 내에서 드러나는 개인적 차이는 집단 질서에 대한 도전으로 간주하기 쉬웠다. 학급을 일본 기업에서와 같이 일본의 집단주의와 유사한 것으로 생각한다면 이 메커니즘이 어떻게 작동하는지 상상하기 어렵지 않을 것이다.

동시에 이러한 유추를 집단주의와의 유사성으로 강조하는 것도 경계해야 한다. 우리는 불변의 문화적 차이에 뿌리를 둔 일본 고유성 이론과 같은 니혼진론(nihonjinron)식 주장[9]의 함정에 빠질 위험에 처할 수 있다. 그 대신 우리는 4장과 5장에서 이미 제기한 주제, 특히 전쟁 전 극도로 열악한 교육 인프라에 주목해야 한다. 5장([그림 5.5])에서 볼 수 있듯이, 1930년대 일본 초등학교의 교육 여건은 오늘날 우리가 상상하기 어려울 정도로 열악했다. 일부 지역에서는 교사 한 명당 학생 수가 평균 80명에 육박했다는 점을 고려해 보자. 전국 평균은 63.5명에 달했는데, 이는 1960년대 초에 일반적이었던 평균 30명의 두 배가 넘는 수치였다. 1928년의 데이터를 살펴보면, 학급당 학생 수에 대한 전국 평균은 49.6명이었으며, 50명을 초과하는 학급이 7개 현에 고루 분포한 일반적인 현상이었다는 것을 알 수 있다. 앞서 살펴본 바와 같이 교육 재정과 교육 여건 사이에는 퇴행적 관계도 존재했는데, 이는 가장 가난한 지역일수록 학교 환경이 더 나빴다는 것을 의미한다.

게다가 근대화 경쟁에서 후발 주자였던 전쟁 전 학교는 근대화의 교두보로 여겨졌다. 위생, 식생활, 오락 등 다양한 근대 지식과 정보가 학교를 통해 전달되었기 때문이었다. 이러한 이유만으로도 전쟁 전 학교는 다양한 기능을 수행해야 했다.

이렇게 다양하고 중요한 역할을 할 것으로 기대되었지만, 이 모든 것을 뒷받침하는 기반은 조잡하기 짝이 없었다. 전국 평균인 50명 이상의 학생이 한 교실에 밀집해 있어야 하는 상황이었다. 단순히 학교 교육의 질서를 확립하고 선례를 남김으로써 교육이 제도화될 수 있도록 하는 것이 목적이었다고 해도, 50명 이상의 초등학생을 제대로 갖춰지지 않은 교실 한 칸에 수용하는 것이 얼마나 힘들었을지는 상상하기 어렵다. 우리가 강조하고 싶은 것은 이렇게나 다루기 힘든 교실을 교육적 목적으로 이끄는 다양한 기술의 발전 이면에는 극도로 허름하고 조잡한 학교 시설의 역사가 있었다는 것이었다. 물론 군대나 직장과 같은 다른 집단에서 질서를 유지하기 위해 작동하는 유사한 메커니즘이 학교 내부에서도 작동했다는 사실을 완전히 부정할 필요는 없다. 그러나 우리는 학급의 교육 기술을 일본의 본질적인 문화에 뿌리를 둔 것이라기보다는 열악한 환경, 과밀 학교, 역사적 요구라는 더 넓은 맥락에서 학교 질서 유지를 위해 개발된 것으로 보아야 한다는 점을 강조하고 싶다. 즉 학급의 등장과 정착, 그리고 이후 교육 재정 지원 제도와 교육학에 미친 영향은 일본의 압축적 근대화 과정 자체의 결과라고 생각해야 할 것이다.

집단 질서

이러한 현실을 고려할 때, 학급 집단이라는 조직 질서의 변화는 그 자체만으로도 일본 교육 실패의 전조로 여겨지게 되었다(최근의 개혁 시기에도 "학급 붕괴!"라는 외침이 자주 들리는 것과 유사하다). 이런 이유로 다양한 문제에 대한 해결책으로 제시된 여러 가지 치료법들은 모두 학급 전체 교육을 당연시하는, 즉 학급 중심 교육의 지배적인 집단주의에 순응하여 발명된 기술들이었다. 실제로 일본 교육에서 등장하여 확산한 학업 성취도의 개인차를 부각하지 않기 위해 고안된 다양한 기법들은 인상적이다. 각 학생에게 자신의 능동적인 역할을 할 수 있는 특정 장소를 제공하고, 다양한 수업과 내용 중에 어떤 학생을 불러야 할지 세심한 주의를 기울이고, 교사가 다른 학생의 답변에 응답하는 방법에 세심한 주의를 기울이는 등 다양한 기법들이 있다. 모든 기술은 학급을 집단적 삶의 형태로 보존해야 한다는 동일한 근본 가정에서 파생되었다. 그 결과, 때때로 공통점이 드러나더라도 그 과정에서 드러나는 차이를 드러내지 않는 데 더 많은 주의를 기울이는 교육 형태가 등장했다. 여기서 우리는 차별화(개별화) 학습이 금기시된 이유를 발견할 수 있다. 그것은 집단적 질서와 공통성에 관한 주장을 위협할 수 있기 때문이었다. 그러므로 선천적 차이를 전제로 한 개별화 학습이라는 다른 처우를 도입하는 것은 일본에서 오랫동안 시작되지 못했다. 중요한 것은 이러한 실천 논리가 연대감 강화라는 목표와 집단생활의 중요성에 대한 인식을 심어주는 등의 과제에 효율적이라는 점 때문에 진보적인 교육학자들까지 지지하게 되었다는 점이었다(Hara, 2007).

이러한 학급의 논리가 암묵적인 개인차 배제와 강압적인 조정과 함께 비용 계산의 기초가 되어 다른 교육 분야에서 진행되고 있는 교육 표준화와 연결되면 어떤 일이 벌어질까? 여기서 우리는 의심할 여지 없이 그것이 공통성과 획일성을 앞세워 "모두 똑같이!"가 모든 경우에 바람직한 해결책이 되었음을 알 수 있다.

개별 개체 간의 평등 원칙을 전제로 하는 차이 시스템(복수의 차이)과의 대조를 다시 한번 생각해 보자. 평등 수준을 높이기 위한 노력에서 기준의 설정은 차이를 찾아내는 기준점이 되고, 차이는 다르게 취급된다. 교육 평등을 향한 움직임으로 간주하는 것은 바로 이러한 다른 대우이다. "모두를 똑같이 만들자!(Minna Onaji!)"는 주장으로 흐를 위험은 없다.

그러나 개인차를 부정함으로써 교육기회균등을 달성하려는 공간적 평등 접근법은 다른 시선을 낳는다. 차별적 대우라는 개념을 차별적 관행이라는 가혹한 빛으로 조명한다. 차별적 대우를 거부하고 "모두 똑같이!"라는 교육관은 차별을 초월하는 접근법으로 받아들이게 된다(자세한 내용은 Kariya(2013a) 3장 참조). 사실 이 근본적인 점에 있어서는 표면적으로는 교원 평가와 학업성취도 시험을 둘러싸고 치열한 이념 대립을 벌이는 것처럼 보였던 문부성과 일교조 사이에 큰 차이가 없었다. 그 결과 시스템을 완전히 균질화할 기회가 열렸다. 일단 표준이 정해지면 모든 것이 그에 따라 평평해지고 매끄러워질 것이다. 이 모든 것의 밑바탕에는 과거로부터 물려받은 유산인 집단적 삶의 형태로서 학급의 논리가 작동하고 있었으며, 개인의 차이를 가능한 한 배제했다. 교육 획일화에 대한 비판적 담론의 등장은 교육 획일화를 제도 구석구석으로 더욱 깊숙이 밀어 넣는 결과를 낳았다. 이것이 바로 일본식 접근법의 역설이었다.

고교 입시 경쟁

이러한 관점에서 볼 때 일본 교육의 획일화는 중앙 정부의 강압적인 권한 행사의 결과로만 이해해서는 안 된다. 위쪽에서는 표준화의 틀을 만들어 모든 것을 획일화하려는 세력이, 아래쪽에서는 문부성의 요구에 따라 획일화를 끌어들이려는 세력이 양쪽 모두에 영향을 미친 심층적인 논리가 작동하고 있었다.

그러나 역설적으로 개인차를 감추기 위해 큰 노력을 기울였음에도 불구하고 이러한 차이는 쉽게 지워지지 않았다. 획일성이라는 외관에 마침표를 찍을 수 있었던 것은 다름 아닌 의무교육을 마친 모든 이들을 기다리고 있고 피할 수 없는 종착역, 바로 고등학교 입학 시험이었다. 널리 알려진 바와 같이 일본의 고등학교 시스템은 매우 명확하고 눈에 띄게 계층화되어 있다. 하나의 학군 내에서도 고등학교에 대한 대중의 인식과 평판에는 현저한 차이가 있으며, 이는 졸업 후 학생들의 성공에 대한 차이로 뒷받침된다. 그러나 이러한 모든 차이는 고등학교 입학 시험에 의해 결정되는 학업 능력의 차이라는 한 가지 척도에 대응된다.

사실 다른 각도에서 보면, 일본 제도는 의무교육 단계에서 차이의 가시성을 최소화함으로써 공통성과 차별성의 최종적인 해결을 고등학교 입학 이후로 미룬다고 보는 것이 더 정확할지도 모른다. 실제로 의무교육 단계에서 공통성을 중시하는 만큼 고등학교에서는 차별성의 가치를 학생들에게 강요하고, 그것도 아주 갑작스럽게 강요한다! 이런 의미에서 일본 교육은 공통성과 차별성 사이의 필연적인 긴장을 단순히 교실이 아닌 시스템 전체의 조직을 통해 해결하려고 시도해 왔다(Kariya, 2018a; 2018b). 명성과 성취도에 따라 수직적인 위계질서가 뚜렷한 일본 고등학교 서열은 이러한 접근 방식의 표현이자 결과로 이해할 수 있다.

1955년 51.5%, 1960년 57.7%에 머물렀던 고등학교 진학률은 1965년 70.7%로 갑자기 상승했고, 1970년에는 82.1%에 달했다. 1974년에는 마침내 고등학교 진학률이 90%를 넘어섰다. 고등학교 진학률이 급격히 증가한 이 시기는 1960년대 교육 표준화가 급속히 추진되던 시기와도 겹친다. 이 시기는 중학교 졸업생들이 고등학교 진학 여부를 고민하는 것이 아니라 학업 성취도 기준에 따라 어느 고등학교에 진학할지 고민하는 시대였다. 바로 이 시기가 일본 대중교육 사회가 형성된 시기이다.

이 제도의 전개는 어떤 메커니즘으로 진행되었나? 특히 개인차를 최소화하려는 교육 논리가 결국 학생들을 똑같이 취급하는 동질화와 연결되었다는 사실에 주목해야 한다. 그렇게 되면 학업 성취도 평가라는 단일한 잣대를 통해 선발하는 능력주의가 탄생하게 된다. 여기에 역설이 있다. 공간적 평등의 진전은 열악한 교육 여건으로 지적되는 다양한 장애물을 제거하는 데 기여한다. 이를 통해 학업 성취도 측정 중심의 고교 입시 경쟁에 참여할 수 있는 폭을 넓힐 수 있다. 즉 공간적 평등을 추진하면서 "능력주의의 대중화"를 추진한 것이었다(Kariya, 1995; 2013a). 역설적이게도, 이 모든 것의 결과는 평준화가 실제 교육 불평등을 어느 정도 감소시키는 바람직한 결과를 가져왔다고 주장할 수 있지만, 그 과정 자체가 사회 계층 간 교육 불평등을 감지하는 것을 점점 더 어렵게 만들었을 뿐, 불평등은 이전과 마찬가지로 지속되고 있다는 것이다. 교육 불평등을 바라보는 시각의 지속적 약화, 공간적 측면에서 이해되는 불평등을 넘어서는 불평등을 제거하지 못한 점, 평준화가 초래한 공통성과 차별성의 양면성 등 이러한 상처는 일본 교육 곳곳에 숨겨져서 지금까지도 여전히 지속되고 있다.

• Note •

1. 그로부터 얼마 지나지 않아 아마기는 차관으로 승진하게 된다.
2. 홋카이도 아사히카와시의 공립 중학교 교사들이 국가 수준의 시험 시행에 저항하다 체포되어 공무집행방해죄로 기소되었다. 법정에서는 국가 성취도 조사 및 시험 시행의 적법성이 법원의 판결에서 주요 쟁점이 되었다.
3. 아이자와 신이치(Aizawa Shinichi, 2005)에 따르면, 1958년 국가교육과정이 개정된 후 더욱 복잡한 교육과정을 어떻게 가르칠 것인가에 대한 문제에 직면한 JTU 전국교육연구회의는 대안적인 교수법을 다루는 "국가 통제 없는 교육과정 편성" 운동에 착수했다. 이 운동의 배후에는 1958년 개정에 반대하는 정서가 있었지만, 실제 논의 내용은 수업의 효율성을 높이기 위한 것이었다. 여기서 우리는 수업 효과의 개선이 일반적인 정책 방향에서 급진적으로 벗어나려는 것이 아니라 가능한 한 많은 학생이 교실 수업 내용을 이해할 수 있도록 하는 것을 목표로 삼았다는 것을 추측할 수 있다.
4. 부라쿠민은 일본의 봉건적 추방자 집단의 현대적 후손을 의미하지만, "부라쿠(buraku)"라는 단어는 일반적으로 마을을 의미하므로 공간적 의미도 내포하고 있다. 교육과 관련된 간략한 역사는 나베시마(Nabeshima), 2010를 참조하라.
5. 이 자료는 타임즈 커뮤니케이션사(Times Communications Company)에서 발행한 『교육 안팎(Education Inside and Out)』(1421호[1963년], 1513호[1963년])에서 발췌한 것이다.
6. 2001년 문부성과 과학기술청이 통합되어 출범한 문부과학성(the Ministry of Education, Culture, Sports, Science and Technology, 이하 MEXT)이 국가시험을 재개하기로 한 데에는 두 가지 이유가 있다. 2002년부터 시작된 교육과정 개혁으로 교과서 내용이 너무 많이 삭제되어 학생들의 학업 성취도가 떨어질 수 있다는 비판

이 거세게 일었기 때문이었다. MEXT은 이러한 비판을 방어하기 위해 근거를 제시해야 했다. 두 번째 이유는 교육 행정을 분권화하는 새로운 정책 하에서도 교육의 질이 유지될 수 있을지에 대한 의문이 제기되었기 때문이었다.

7. 2007년부터 시작된 국가 시험에서는 일본어와 수학에서 두 가지 유형의 시험이 치러지고 있다. A형 시험은 교과 및 과정 중심의 지식과 기술을 측정하는 전통적인 학업 성취도를 평가하는 시험이고, B형 시험은 지식과 기술을 활용하는 능력을 측정하는 종합형 시험이다.
8. 한(Han)은 학급 내에서 모둠을 4~5명의 학생으로 구성된 소그룹을 지칭한다. 같은 한 모둠은 매일 청소나 점심 배식 등 학업 외의 다양한 활동에도 사용된다. Tsuneyoshi(2001)을 참조하라.
9. 그 자체로 문제가 없는 것은 아니지만, 니혼진론의 주장에 대한 가장 좋은 개요는 데일(Dale, 1986)을 참조하라.

제 7 장

현대 일본의 공간적 평등의 행방

제7장
현대 일본의 공간적 평등의 행방

너무 쉬운 비평 대상

1958년 개정(2장) 이후 약 30년 동안 교육 표준화는 정점에 이르렀다. 그러나 1980년대 후반부터 개혁에 대한 요구가 뚜렷해졌다. 1990년대에 이르러 이러한 비판은 상당한 탄력을 받아 시스템을 변화시키려는 일련의 정책 개혁을 낳았다. 이러한 개혁은 현재까지도 계속되고 있다. 전후 교육에 대한 다양한 비판이 수렴되는 지점은 바로 교육 표준화 문제였다. 중앙 정부의 교육 통제, 문부성의 지배, 권력 집중, 획일성, 선별적 시험, 능력의 계량화, 일차원적 능력 배양, 벼락치기 교육, 개별화에 대한 무시 등 일본 교육에 대한 이러한 비판은 모두 어떤 식으로든 지금까지 설명한 전후 교육 표준화에 대한 구체적인 접근으로 거슬러 올라간다. 이러한 사실만으로도 우리는 이러한 표준화가 전후 일본 교육 시스템의 모든 측면에서 기초가 되었다고 주장할 때 가장 확고한 근거를 확보할 수 있다.

교육 표준화에는 어느 정도의 획일화가 필연적으로 수반될 수밖에 없다. 그러나 획일화를 추진하는 원동력은 표준화 기술에서만 나오는 것이 아니며, 반드시 절대적인 것도 아니다. 일본 교육의 획일화는 한편으로는 집단 학급제의 관행에서 비롯된 논리로 개별화 학습에서 멀어진다. 다른 한편으로는 교육 자원의 배분이라는 구조가 표준화 세계의 논리에 의해 뒷받침되었을 때, 표준화는 쉽게 획일화의 방향으로 나아갈 수 있었다.

그러나 약 30년이 지난 이 논쟁에서 가장 분명한 점은 수많은 논의에서 빠진 부분이 존재한다는 것이다. 즉 근본적인 계획의 더 깊은 구조적 요소까지 현미경으로 들여다보거나 조사하거나 의심한 적이 없다는 것이다. 그 이유는 비판의 대상으로 삼기에는 너무 자명하고 사실적 근거가 너무 많았기 때문이다. 따라서 다양한 비판에도 불구하고 모든 분석은 표면 아래 몇 가지 층만 조사했을 뿐, 전체적인 상황을 파악하려는 시도는 거의 없었다. 그 결과 전후 교육에 대한 수많은 비판이 쏟아졌지만, 그 깊숙한 곳까지 도달하지 못했고, 기껏해야 피상적이거나, 반쪽짜리 생각에 그치거나, 최악의 경우는 오류에 근거한 분석에 머물렀다.

1990년대에 벌어진 논쟁에서 가장 심각한 것은 이러한 비판 대부분이 위에서 제시한 단순적인 사고에 얽매였다는 점이다. 즉 모든 것이 위에서부터 설계된 것이라고 주장하면서 아래로부터의 힘도 작용하여 시스템을 점점 더 낮은 단계의 진보적인 방향으로 확대했다는 사실을 간과했다. 제도는 중앙 정부의 훈령이나 법령보다는 지방 정부의 대응 교육 그 이상으로 발전했다. 이러한 작동 방식은 전국적인 획일주의와 능력주의의 시발점이 되었다. “열악한 교육 여건”을 없애고 그 자리에 균등한 교육 환경을 조성하기 위한 공간적 평등은 원래 긍정적인 평가를 받았고, 각 도도부현은 그 비전을 실현하기 위해 부지런히 노력했다. 이러한 결과는 중앙 정부가 지방을 마구잡이로 휘두른다고 해서 생겨날 수 있는 것이 아니었다.

물론 이 제도의 특징이 부분적으로는 중앙 정부의 통제 장치를 통해 생겨났다는 사실을 부인할 수는 없다. 그런 의미에서 전후 교육 시스템은 외형적인 지형만을 겨냥한 것이었기에 너무 쉽게 이해할 수 있는 비판 대상을 제공했다. 그리고 모든 것을 피상적으로 이해하기 쉬웠기 때문에 이러한 비판은 더 깊은 차원으로 향하는 시선을 굴절시켜 버렸다. 마치 물속에 반쯤 잠긴 물체를 볼 때 물에 잠긴 부분이 아주 가까이 있는 것처럼 보이지만 손을 뻗으면 잡을 수 없는 것처럼 말이다. 이러한 굴절의 결과는 아이러니하게도 다양한 단순 이분법(예: 중앙 집권적 통제인가 분권적 자치인가? 벼락치기 교육인가 아닌가?)에 신기할 정도로 익숙한 표준화된 형태의 교육 비평을 대량 생산해 냈다. 롤랑 바르트가 지적했듯이, "신화는 거짓말도 고백도 아닌 굴절이다"(Barthes, 1967, p.168). 실제로 일본의 교육 현실을 바라보는 우리의 시각을 굴절시키는 강력한 신화가 오랫동안 작용해 왔다.

단순한 이분법에 갇혀 1990년대와 2000년대 진행된 일본 교육에 대한 비판은 곧 일방적인 관점에 근거해 상대방을 공격하는 단순한 반응이 되어버렸다. 일본인들은 이런 식의 교육 비평에 너무 익숙해져서 특정 표면적 현상을 제거하면 자연스럽게 그 자리에 바람직한 대안이 생겨날 것이라는 생각에 빠져 있다. 예를 들어, 일본에서는 다음과 같은 말을 자주 듣는다. "지나치게 중앙 집권적인 교육 시스템을 버리고 교육 분권화로 실질적 전환을 이룰 수 있다면…." 여기에는 분권형 대안이 좋은 교육으로 이어질 것이라는 숨겨진 가정이 숨어 있다. 좀 더 구체적으로 말하자면, 교육 개선을 위한 첫걸음은 「의무교육 학생 수 표준화법」(Law for Standardization of Student Numbers in Compulsory Education)을 근본적으로 개정해 「의무교육비 중앙 정부 분담에 관한 법률」을 폐기하고 재원을 지방으로 완전히 이전하는 것이라는 주장이 자주 등장한다. 여기서 교육 분권은 교육 개선과 자동으로 결합한다. 이 모든 것을 만들어낸, 그리고 이 글에서 주장하듯이 지난 30년간의 일본 교육 비판과 개혁의 윤곽을 만들어낸 것은 기저의 가정, 즉 표준화 세계의 논리를 파악하지 못한 고전적인 오류이다.

표준화 세계 해체?
정책 개혁 1995-2020

이러한 주장은 한편으로는 표면적으로 나타나고 작동하는 교육 실천의 전제와 더 깊은 층위에서 암묵적으로 작동하는 유전자형으로서의 표준화 세계의 논리 사이의 상호 연결성을 포착할 수 있는 현상학적 이론적 틀을 제공한다. 이는 일본 교육 논쟁에서 앞서 언급한 단순한 이분법을 만들어내는 원초적인 메커니즘을 개념화하는 데 도움이 될 수 있다. 이러한 이론적 관점을 통해 최근의 일본 교육 개혁이 왜 표면적인 현상에만 국한하여 실패하거나 본래의 목표에서 왜곡될 수밖에 없는지를 더 포괄적으로 이해할 수 있다. 이를 통해 표준화라는 세계가 오늘날까지 일본 교육의 기본 원칙으로 어떻게 작동해 왔는지도 명확히 알 수 있다.

1990년대의 피상적이고 이분법적인 논쟁은 교육의 획일성을 공격하는 형태를 취했다. 따라서 이후 이어진 개혁은 교육의 획일화라는 표면을 해체하기 위해 노력했다. 개혁안의 기본 토대는 학생 개개인의 개성을 존중하고 그 중요성을 강조하는 교육 개별화 원칙이다. 그러나 개별화 교육의 전제 조건인 획일화의 세계는 최근 교육 개혁을 통해 실제로 어느 정도 해체되었을까? 이 질문을 던질 때 분명해지는 것은 최근 개혁의 전제가 표준화 세계의 원칙에 기반한 공간적 평등 논리와 모순되고 종종 심각하게 충돌한다는 것이다. 따라서 이러한 모순과 갈등을 조사하면 최근의 개혁이 왜 실패할 가능성이 높은지(또는 크게 왜곡되어 나타날 가능성이 높은지), 그럼에도 왜 동일한 개혁의 이상이 반복적으로 제시되는지 이해할 수 있다. 이 장의 나머지 부분에서는 먼저 지난 20년간 가장 두드러진 세 가지 정책 개혁을 살펴보고자 한다. 첫째, 교육과정/교수법, 글로벌 인재 양성, 지방 분권화 등 다양한 주제를 다룬다. 둘째, 우리는 표준화 세계가 작동하는 논리의 기저와 최근 교육 개혁에 내재한 전제 사이의 상황과 모순이 어떻게 개혁을 실패로 이끌고 결과적으로 의도하지 않은 결과를 낳는지에 대해 논증한다. 셋째, 의도하지 않은 결과가 교육 불평등의 형태로 나타나고, 이것이 다시 공간적 평등을 약화해 전후 일본 교육의 능력주의적 특성을 변화하게 하는 이유를 보여주고자 한다.

교육과정 및 교육방법(1992-현재)

1980년대 후반부터 문부성(2001년부터 MEXT으로 명칭 변경)은 일본 교육을 전후 지속된 현상 유지에서 벗어나 세계화의 도전에 대응하는 "후기 근대성 추격"으로 전환하기 위해 일련의 교과과정 및 교수법 개혁을 추진했다(Kariya, 2016; 2018; 2018b; 2019; 예정). 1990년대와 2000년대에는 교육과정과 교육방법을 대상으로 한두 가지 주요 개혁, 즉 1992년 "학업 성취와 능력에 대한 새로운 개념"(Atarashii Gakuryokukan)을 채택한 개혁과 2002년 여유 교육(Yutori Kyoiku)을 시작한 개혁이 설계되고 실행되었다. 두 개혁 모두 단순한 지식 암기보다는 학생들의 자기 주도적 학습의 중요성을 강조했다.

이러한 개혁을 자세히 살펴보면, 두 개혁 모두 표준화 세계의 심층적인 논리를 파악하지 못해 잘못된 개혁으로 이어졌다는 사실이 분명해진다. 실제 개혁에 앞서 진행된 개혁 논의는 교육의 표면적 획일성을 해체하는 데 지나치게 집중되었다. 이를 근거로 개혁론자들은 일본 교육을 개별화 학습으로 전환해야 한다고 주장했다. 구체적으로 시험 위주의 교육과 전체 수업 방식은 일방적인 지식 암기식 교육을 조장하는 주요 요인으로 단순하게 오해되어 공격받았으며, 이는 교육의 개별화를 막는 구시대적 발상인 동시에 장애물로 여겨지게 되었다.

1992년 개혁과 관련하여 문부성은 공립 초등학교 교사들에게 새로운 학업 성취도 및 역량 개념이 실제 교실 현장에서 어떤 의미를 갖는지 설명하는 가이드북을 발간하여 배포했다.

> 교사는 이제부터라도 아이들이 스스로를 발전시키고 더 나은 삶을 추구하고자 하는 욕구가 있으며, 개인으로서 고유한 장점과 잠재력을 가지고 있다고 보는 것이 중요하다. 아이들의 개별적인 자산을 최대한 활용하기 위해서는 학생들의 자기 주도적 학습 활동이 존중되는 것이 필연적이고 필수적이다. 이를 위해서는 학습 관련 활동을 지원하고 동기를 부여하는 내재적 학습 동기가 바탕이 되어야 한다는 것을 우리는 잘 알고 있다(문부성, 1993, p.14).

앞서 살펴본 바와 같이, 교육 개혁은 교사 중심이 아닌 학생 위주의 자기 주도적 학습을 강조하는 학습자 중심의 이상적인 접근을 목표로 한다. 교육 개혁을 위해 교사는 일본의 전통적인 교육 관행에 따라 지식을 전달하는 역할이 아니라 "학생의 자기 주도적 학습 활동"을 촉진하는 조력자가 될 것으로 기대된다. 외재적 동기보다 내재적 학습 동기가 더 존중되고 중요하게 여겨지는데, 외재적 동기는 전형적인 시험 위주의 교육 시스템에 적합한 동기 부여 형태로 여겨진다. 즉 개혁의 언어가 가르치는 것에서 배우는 것으로 바뀌었다(Biesta, 2006).

2000년대 초반의 여유 교육 개혁은 1992년 교육 개혁이 도입한 이상을 실현하기 위해 교육과정과 수업에 더욱 과감한 변화를 추구했다. 2002년 개혁에서는 학생들에게 더 많은 유토리(여유, yutori)를 제공하기 위해 토요일을 모두 쉬게 함으로써 연간 수업 일수를 줄이고, 교과서 내용의 약 30%를 축소했으며, 통합 수업(sogoteki na gakushu no jikan) 형태의 체험 학습을 도입했다.

개혁의 전제를 확인하는 전형적인 정치적 담론은 1999년 문부성 백서에서 찾을 수 있는데, 이 백서의 첫 페이지에는 왜 지금 교육 개혁이 필요한지에 대한 질문이 등장한다.

> 입시 경쟁이 심화되면서 학교 교육은 학생들에게 일방적으로 지식을 주입하는 형태로 전락했고, 그 결과 사고력, 창의력, 인성을 함양하는 교육 활동은 소홀해졌다. 실제로 교육기회균등만 지나치게 강조하다 보니 아이들 개개인의 개성과 능력에 따른 교육이라는 본래의 교육 개념이 충분히 고려되지 못하고 있는 것이 현실이다. 이러한 점은 우리가 반성해야 할 부분이다(문부성, 1999).

백서에서 알 수 있듯이, 개혁가들은 기존 교육 방식이 시험 경쟁 때문에 주도되고, 교사로부터 학생에 이르기까지 한 방향으로 지식을 주입하는 방식으로 이루어졌다고 간주한다. 이에 따라 개혁가들은 기존 교육 관행이 "사고력, 창의력, 인간성을 함양하는 교육과 활동을 소홀히 하는 결과를 초래했다"고 주장했다. 후자의 특성을 향상하기 위해서는 교육이 "모든 아동의 개성과 능력에 따라" 이루어져야 한다고 주장한다. 이는 다시 학생의 개성을 강조하는 것이다. 이 백서는 또한 개혁가들이 "교육기회균등을 지나치게 강조하는 것"을 "모든 아동의 개성과 능력"을 키우는 데 방해가 되는 또 다른 위험 요소로 간주하고 있음을 보여준다. 이것은 공간적 평등에 대한 전형적이고 부정적인 특징이다. 다시 말해, 2002년 개혁은 전후 일본 교육의 현주소로 여겨지던 평준화 논리를 명확히 들춰낸 것이기도 했다.

처음에는 이러한 개혁이 대중의 환영을 받으며 널리 통용되었다. 그러나 2002년 개혁은 얼마 지나지 않아 내재한 낙관주의에 대한 비판과 함께 확실한 경험적 근거가 부족하다는 혹독한 비판에 직면하게 되었다. 비판의 대부분은 수학과 과학 교과서 내용이 지나치게 축소되었다는 점에 집중되었다. 비평가들은 또한 충분한 준비와 자원 없이 대담한 개혁이 시행되었다고 경고했다. 실제로 개혁을 시행하기 위한 충분한 자원의 투자가 부족했다. 개별화 학습은 교사가 학생 개개인에게 세심한 주의를 기울이고 학생 개개인의 다양한 요구에 더 많은 관심을 기울일 수 있도록 학급 규모를 훨씬 더 작게 만들어야 했지만, 대규모 학급은 학급당 학생 수가 40명으로 그대로 유지되어 자원 할당 규칙이 개혁을 지원하는 방식으로 바뀌지 않았음을 시사한다. 정부의 투자는 학교의 교사를 늘리기에는 여전히 불충분했다.

따라서 개별화 학습을 위한 인력 부족으로 인해 교사들은 학생 개개인에게 세심한 주의를 기울일 수 있는 충분한 시간과 공간을 확보하지 못했다. 또한 충분한 인적 자원의 부족으로 인해 교사들이 개별화 학습을 위한 학생의 학습 촉진자로서 새로운 교수 기술을 개발하기 위해 적절한 교육을 받을 수 있는 시간도 부족했다. 새로운 교수법은 매우 까다로워서 교사들을 이전보다 더 바쁘게 만들기도 했다(MEXT, 2006). 이러한 상황에서 교사들은 개혁이 요구하는 교수법을 개발하는 데 실패했다. 이러한 개혁은 학업 성취도가 낮고 사회경제적으로 취약한 학생들에 대한 관심을 줄어들게 만들어, 학습 불평등이 오히려 심화되는 의도치 않은 결과를 낳기도 했다. 즉 사회 경제적 배경이 취약한 학생들, 예컨대 가정환경을 보완하기 위해 교사의 더 세심하고 명확한 지도가 필요한 학생들이 새로운 통합 수업과 같은 자기 주도적 학습에 실패할 가능성이 더 높았던 것이다(Kariya 2013a).

이러한 개혁의 실패는 주로 공간적 평등 논리와 교육 관행 사이의 긴밀한 상호 연관성에 대한 잘못된 인식과 오해에서 비롯되었다. 새로운 교수법에 적합한 인적 자원을 할당하는 규칙을 바꾸지 않으면 학습과 교수의 개별화라는 개혁가들의 이상은 제대로 구현되지 않을 수밖에 없다. 근시안적으로 교육 관행에만 초점을 맞춘 정책 입안자들은 대규모 학급을 거의 그대로 둔 채 교사들에게 학생들의 학습을 개별화하는 방식으로 대규모 학급을 관리할 것을 요구했고, 그 결과 교사들은 학급당 학생 수에 변화가 없는 상태에서 갑자기 교사 중심의 교수자가 아닌 학습자 중심의 조력자가 되었다. 앞서 언급했듯이 교사들은 새로운 수업 기술이나 학급 운영에 대한 접근 방식을 개발할 충분한 시간과 기회가 주어지지 않았다.

이러한 비판에 대응하고 완화된 교육과정을 시행하는 데 어려움을 겪자 문부과학성은 2008년 국가교육과정을 개정하여 2002년 개혁에서 제외되었던 교과서 내용을 다시 도입하기로 했다. 그럼에도 학습의 개별화라는 기본 전제는 변함없이 유지되었다. 정부는 수업 일수 정책도 완화했다. 이제 학교는 새로운 국가 수료 교육과정에서 제시된 교과서 내용을 다루는 데 필요한 경우 연간 수업 일수를 늘릴 수 있었다. 이러한 새로운 정책을 통해 정부는 기존의 학업 성취도뿐만 아니라 국제화된 21세기 지식 경제 사회에 필요한 새로운 역량의 중요성을 강조했다.

일본 민주당은 짧은 집권 기간(2009~2012년) 동안 학급 규모를 줄이는 정책을 부분적으로 시행하였다. 그러나 이는 초등학교 1학년 학생에게만 적용되었고 자민당이 정권을 되찾은 후 곧 중단되었다. 새로운 국가 수준 교육과정의 새로운 개별화 접근법에 대한 요구와 마찬가지로 인력 부족 상황은 대부분 그대로 유지되었다.[1] 그 결과 교사들은 더 많은 업무를 처리하느라 훨씬 더 바빠졌고, 개별화 교육을 시행하기는 더욱 어려워졌다(MEXT, 2016).

2020년에 새로운 교육과정 및 교수법 개혁이 이뤄졌다. 이러한 개혁 역시 학습의 개별화라는 동일한 이념에 기반을 두고 있다. 최신 국가교육과정 개혁은 모든 과목에서 학습의 개별화를 촉진하기 위해 능동적 학습(Akutyibu Raningu)의 도입을 제안하고 있다. 이러한 모든 교육과정 및 교수법 개혁은 표준화의 세계에서 파생된 획일성을 해체하려고 시도했지만, 교육의 아주 피상적인 관행의 층위만 긁어내어 자원 배분의 논리는 거의 변하지 않았다. 그러나 충분한 자원이 투여되지 않는 한, 개별화 원칙을 중심으로 한 이상주의적 교육과정과 교수법은 다시 한번 실패하거나 심하게 왜곡될 수밖에 없다.[2]

글로벌 인재 양성(2011-현재)

최근 교육 개혁 정책의 두 번째 축은 글로벌 인재 양성(Gurobaru Jinzai)을 위한 개혁에서 찾을 수 있다. 2000년대 초반부터 일본 정부는 글로벌 인재 부족을 국제 경쟁력을 약화하는 주요 요인 중 하나로 간주해 왔다. 일본 정부는 이러한 인력 부족을 일본 경제 장기 침체의 잠재적 원인인 동시에 미래의 위험 요소로 보고 있다. 이는 부분적으로는 중국, 대만, 싱가포르, 한국 등 아시아의 강력한 경제 경쟁자들이 등장하면서 일본 정책 입안자들이 글로벌 맥락에서 일본의 경쟁력이 위협받고 있다고 느끼게 된 데에 따른 것이다. 특히 일본 정책 입안자들은 이러한 경쟁국들이 교육을 국제화하고 글로벌 인재를 양성하는 데 더 성공적인 행보를 나타내고 있다고 평가한다. 예를 들어, 최근의 한 제안에 따르면 다음과 같다.

> 중국과 인도 등 급격한 경제 성장을 경험하고 있는 국가에서도 해외로 유학하는 학생이 많이 증가하고 있다. 인구가 일본의 절반 정도인 한국의 해외 유학자 수가 일본의 유학자 수를 넘어섰고, 그 격차는 시간이 지날수록 더 벌어지고 있다는 점에 주목해야 한다(Council on Promotion of Human Resource for Globalization Development, 2011).

아시아 경쟁국과의 경쟁이 치열해지면서 일본 정부는 일본 교육을 더욱 세계화하기 위한 개혁을 추진하고 있다. 정부 정책 보고서는 일본이 아시아 경쟁국들을 따라잡기 위해서라도 일본 교육을 보다 신속하고 실질적으로 국제화하여 글로벌 인재를 양성해야 한다고 경고하고 있다. 같은 정책 문서에서 글로벌 인재는 유창한 외국어(특히 영어)를 포함한 의사소통능력, 독립성, 창의성, 도전 정신, 협동심, 책임감, 명확한 사명감, 일본 국민으로서의 문화적 정체성을 갖춘 사람으로 정의하고 있다(Council on Promotion of Human Resource for Globalization Development, 2011). 이러한 글로벌 인재의 특성 중 상당수는 이미 살펴본 2000년대 교육과정 및 교수법 개혁의 목표와 거의 같다.

이러한 정부 차원의 제안에 부응하여 일본 교육의 세계화를 위해 "슈퍼 글로벌 고등학교" 지원과 "슈퍼 글로벌 대학" 설립이라는 두 가지 구체적인 정책이 채택되어 시행되고 있다.[3] 전자의 경우, 고등학교를 선정하여 슈퍼 글로벌 고등학교로 지정하고, 이 학교에서는 학생들의 영어 실력 향상을 위해 노력할 뿐만 아니라 주제별 프로젝트 학습을 도입하고 있다.[4] 이러한 고등학교에서는 학생들의 연구 프로젝트 결과를 영어로 토론하고 발표하는 수업이 많이 이루어질 것으로 예상된다. 주제별 학습은 종종 2002년 개혁에서 도입된 통합 수업과 유사한 학제간 학습의 한 형태로 이루어진다. 여기서도 학생들은 "독립성, 창의성, 도전 정신, 협동심, 책임감, 명확한 사명감, 일본 국민으로서의 문화적 정체성"을 키우는 것을 목표로 스스로 학습에 참여하도록 권장된다. 슈퍼 글로벌 고등학교의 지정 수는 2014년 56개교에서 2015년 112개교, 2016년 123개교로 증가했다. 이들 학교는 영어 교육 세션을 추가로 개설하고 주제별 연구 프로젝트를 지원할 수 있는 추가 재정을 지원받는다.

정책 입안자들이 보기에, 교육의 국제화가 늦어지는 것은 과거 일본 교육의 특성, 즉 교육 표준화 논리에 기반한 교육에 기인한다는 점에 주목할 필요가 있다. 예를 들어, 정책 입안자들은 영어 학습에서 암기만을 강조하는 시험 위주의 교육, 사소한 문법 규칙 암기, 영어와 일본어 사이의 문장을 번역하는 비실용적인 연습을 하는 것 등이 실용 영어 능력의 수준을 하향시킨 원인으로 보았다. 의사소통능력의 결여, 문제 발견 및 해결 능력의 부족은 학습에서 개인의 욕구에 거의 관심을 기울이지 않고 개성과 창의성을 무시한 채 일방적으로 지식을 주입하는 교육 방식에 기인한다고 평가한다. 따라서 정책 입안자들은 일본 교육의 국제화 지연이 전후 한정된 자원 아래에서 효율성과 평등을 우선시한 교육의 획일화(및 표준화)로 인해 희생된 것으로 보고 있다. 최근 세계 경제의 급격한 변화로 인해 정책 입안자들은 위협을 느끼고 있다. 따라서 일본이 점점 더 경쟁이 치열해지는 세계 경제에 적응하기 위해서, 전후 교육의 전통적인 접근 방식은 더 이상 유지될 수 없는 불가피한 장애물로 여겨진다.

탈중앙화(2004-현재)

교육과정과 교수법에 이어 최근 개혁의 세 번째 기둥은 교육 구조이다. 일본 정부는 국가 경쟁력을 회복하기 위해 규제 완화를 목표로 하는 여러 신자유주의 개혁, 즉 국가의 통제를 줄이는 정책을 채택했다. 교육 분야에서 이러한 신자유주의 개혁은 중앙 집권적이고 획일적인 교육 시스템을 겨냥했다. 개혁 패키지 중 의무교육에 대한 재정 분권화가 가장 급진적이었다. 이는 2000년대 초 고이즈미 준이치로 총리의 구조 개혁 계획의 일환으로 시행되었다. 즉 정부는 2004년 회계연도부터 3조 엔에 달하는 세금 징수 권한을 지방 정부에 이양하고 같은 액수의 보조금을 삭감하여 세수 손실을 상쇄하기로 했다. 3조 엔 중 문부과학성의 초중등 교원 급여 보조금 약 0.85조 엔이 이양 대상이었다.

문부과학성은 이 정책에 적극적으로 반대했지만, 결국 2005년 의무교육 교원 급여에 대한 중앙 정부의 지원 비율을 50%에서 33%로 낮추는 방식으로 이 금액을 지방 정부에 이양하기로 결정했다(Kariya, 2013b). 전체적인 변화는 보조금 총액을 줄이는 형태로 이루어졌지만, 국가가 보조하는 교사 급여의 33%를 배분하는 기본 체계는 거의 그대로 유지되어 가장 급진적인 개혁조차도 공간적 평등 논리의 표면만 건드렸다는 것을 시사했다.[5]

이 정책은 지방 정부에 의무교육비를 얼마를 지급할지 결정할 수 있는 재량권을 부여한다는 명분으로 정당화되었다. 즉 이 정책은 과거의 중앙 집중식 교육에서 벗어났다는 인식에서 많은 추진력을 얻었다. 그러나 실제로는 예산 부족에 직면한 재정적으로 열악한 지역에서는 교사 급여 예산을 삭감해야 하는 예상치 못한 결과를 낳았다(Seno, 2010). 재정적으로 열악한 도도부현은 정규직 교사를 기간제 교사나 시간 강사로 대체함으로써 정규직 교사의 수를 줄여야 했다(Yamazaki 2010). 의무교육에 대한 이러한 최근의 자원 배분 변화는 의심할 여지없이 공간적 평등 원칙에 도전하고 심지어 해체할 수도 있다. 그러나 지방 정부에 교육 행정에 대한 재량권을 부여하면 지방 교육 재정 재량권이 확대될 수 있지만, 전체 교육 예산의 축소로 이어질 수도 있다. 그 결과 기존의 의무교육에 대한 평등주의적 보조금 제도가 모두 사라질 위기에 처할 가능성이 크다.

공간적 평등과 개별화된 학습을 위한 개혁의 대립

이전 논의에서 설명한 개혁은 일본 교육에 대한 전통적인 접근 방식이 만들어 낸 것으로 여겨지는 교육 문제를 해결했다. 이 전통적인 접근 방식은 전후에 빠르게 발전하고 효율적으로 운영되었으며, 표준화 세계에 기반을 두고 일본 교육에서 어느 정도의 획일성을 만들어 냈다. 일본 교육이 가장 깊은 층위에서 표준화 세계의 논리와 복잡하고 긴밀하게 얽혀 있다는 점을 고려할 때, 이러한 문제를 해결하기 위해 노력하는 최근의 교육 개혁은 교육의 획일성을 공격하고 해체하면서 표준화 및 공간적 평등의 논리와 필연적으로 충돌할 수밖에 없다. 달리 말하면, 학습자 중심의 학습을 통한 교육 개별화와 교육 행정의 분권화로 나타나는 최근의 개혁을 고무하고 추진하는 이념은 효율적인(즉 더 적은 자원이 있어야 하는) 교육 운영을 우선시하는 공간적 평등이라는 전제와, 동시에 교육의 거대하고 가시적인 지역 불평등을 해소한다는 것과는 모순된다. 학습의 개별화는 필연적으로 중앙 정부와 지방 정부 모두에게 부담이 될 수밖에 없다. 두 전제 사이의 명백한 대립이 정책 개혁 논의를 어떻게 왜곡해 왔을까? 그 결과 어떻게 잘못된 개혁으로 이어져 실패하거나 예상치 못한 결과(특히 교육 불평등의 확대)를 초래했을까? 이러한 질문에 답하기 위해서는 표면적으로는 실질적인 개혁의 외관을 갖추고 있음에도 불구하고 평준화와 공간적 평등의 논리가 어떻게 계속 작동하고 있는지 더 깊이 들여다봐야 한다.

일방적 지식 주입 교육에 대한 이미지 구축

일본의 의무교육에서 교수-학습의 표준화는 국가교육과정으로 교육 내용의 기준을 정하고, 각 학년에서 과목별로 가르칠 표준 수업 시수를 결정하는 교육의 획일화 형태를 취하고 있다. 또한 문부과학성은 학교 교과서의 내용이 국가교육과정에 따라 작성되었는지를 모니터링한다. 따라서 표준화 세계가 주도하는 획일성은 중앙 통제, 국가 주도의 교육 시스템이라는 분명한 이미지를 심어주고 있음을 부인할 수 없다.

교육의 획일성은 교육 행정을 효율적으로 만들었지만, 동시에 유연성과 다양성이 부족하다는 단점도 있었다. 따라서 개혁가들은 교육의 획일성을 해체하는 정책을 채택하게 되었고, 이러한 개혁이 일본 교육의 경직성과 비유연성을 자동으로 제거할 수 있다고 믿었다. 그러나 개혁은 획일성이라는 표면적인 현상만 제거하는 수준에서 멈췄다. 즉 개혁은 더 깊은 층위에서 작동하는 논리를 건드리지 못하고 멈췄다.

교수법 및 교육과정 영역에서는 첫째, 획일화된 교육이 학생들에게 일방적으로 지식을 주입하는 지배적인 교수법으로 인식되고 문제시되었으며, 둘째, 이로 인해 학습이 지식의 암기라는 형태로 이루어졌다고 평가됐다. 이러한 교수 학습 방식은 개별화된 학습을 방해하는 것으로 여겨져 학생의 개성과 창의성을 키우는 데 적합하지 않다고 생각했다.

이렇게 문제를 단순하게 바라본 데는 여러 이유가 있다. 물적, 인적 자원이 제한적인 상황에서 일본 교사들은 교사와 학생이 개별적으로 상호 작용하는 것이 아니라 집단으로 상호 작용하는 전체 단위 수업의 기술을 연마했다. 그러나 전체 단위 수업은 주로 교사가 주도적으로 진행하기 때문에 일방적으로 지식을 주입하는 방식으로 잘못 인식되는 경우가 많았다. 이는 교사 중심의 하향식 교육 방법으로 오해받기 쉽다. 그러나 이 방법을 숙지한 숙련된 교사는 모둠 역학을 활용하여 학습 과정에서 학생들 간의 상호 작용을 장려하고 활성화할 수 있다. 그런 의미에서 일방적으로 지식을 주입하는 것과는 확연히 다르다. 이는 암기식 교육을 조장하지 않으며, 학생들의 이해도를 바탕으로 한 지식 전달을 우선시한다(Kubo, 2005; Stevenson & Stigler, 1992; Stigler & Hiebert, 1999). 이러한 모둠 수업 방식은 제한된 자원으로 인해 필연적으로 발생하는 대규모 학급에 적합할 수 있다. 그러나 이 방식은 모든 학생의 개별적인 요구를 충족시키는 것을 목표로 하는 개별화된 학습자 중심 학습 방식은 아니다. 교사가 모든 학생에게 세심하고 충분한 주의를 기울이기 위해서는 훨씬 적은 학급 규모를 위해 더 많은 인적,

물적 자원이 필요하다. 또한 모둠 수업은 학생들의 능력과 성취도에 따른 급격한 차이를 드러내지 않을 수 있다는 점에서 일본 교사들이 선호했으며, 능력을 기반으로 한 차별에서 벗어나고자 노력하는 일본 교사들 사이에서 널리 받아들여지고 있는 방식이다.

두 번째 이유는 학생의 성과를 평가하는 방법과 관련이 있다. 50명에 가까운 대규모 학급이라는 교육 여건을 고려할 때, 학생의 학습 성과를 평가하려면 교사의 노력은 최소화해야 했다. 또한 학생 개개인의 생각과 의견을 중시하는 것보다 지식 습득과 이해에 더 큰 가치를 두는 교육에서는 논술형 시험보다 객관화된 지필 시험이 선호됐다. 시험을 준비할 때 학생들은 보통 시험 전에 배운 내용을 복습하는 방식으로 사실과 지식을 암기한다. 따라서 학습에서 암기는 학습과 시험에 대한 고정된 이미지로 쉽게 두드러지고 과장되지만, 지식을 이해하는 부분은 그 고정 관념 속에서 무시되거나 평가절하되는 경향이 있다. 따라서 이러한 평가 방식은 일방적으로 지식을 주입한다는 이미지를 획일적인 교육에 대한 고정 관념으로 어느 정도 귀결시켰다고 볼 수 있다.

지난 30년 동안 교육과정 및 교수법 개혁을 통해 이러한 획일적인 교수–학습 관행을 해체하려는 시도에서 개혁가들은 공간적 평등 논리에 따라 개발된 교수법을 반복적으로 잘못 인식했다. 즉 개혁가들은 일방적으로 지식을 주입하는 교수법으로 잘못 인식된 전체 수업이 (1) 근본적인 자원의 제약에서 비롯된 것이며, (2) 학생들의 학습 결과와 능력의 차이가 교실에서 급격하게 나타나지 않도록 하는 공간적 평등의 조건에서 고안되었다는 점을 간파하지 못했다. 따라서 개혁은 교사의 역할을 교수자에서 촉진자로 바꾸고, 교사의 교수법에 초점을 맞추기보다는 학습, 특히 개별화된 학습을 강조했다.

그러나 최근 초등학교와 중학교 교사를 대상으로 한 설문 조사에 따르면 개혁에 대한 모순된 결과가 드러난다. [그림 7.1]에서 볼 수 있듯이 초등학교 교사 중 “수업에서 개별화 학습을 의도적으로 도입한다”라는 응답자의 비율은 1998년 34%에서 2016년 24%로 감소했지만, 중학교 교사의 경우 1998년 20.8%, 2016년 20.2%로 거의 비슷한 수준을 유지했다. 흥미로운 점은 초등학교 교사의 경우 “학습 시 학생 간 모둠 활동을 의도적으로 도입한다”라는 응답이 1998년 43.5%에서 2016년 49.9%로 소폭 증가했지만, 중학교는 [그림 7.2]에서 보듯이 1998년 28.2%에서 2016년 47.5%로 다소 큰 폭으로 증가했다는 것이다(Benesse Education Research and Development Institute, 2016). 이러한 경향은 학습의 개별화 개혁이 진정한 개별화 학습과 교수를 지향하는 것이 아니라 왜곡된 모둠 중심 학습으로 나타나고 있음을 시사한다(Cave, 2016). 즉 지난 30년간의 교육 개혁을 통해 개별화라는 개혁의 기치아래 학습 단위의 규모는 이전의 전체 수업에 비해 작아졌지만, 일본의 교사들은 여전히 개별화 학습보다는 모둠 학습에 집착하고 있다는 것이다.

이 설문 조사 보고서는 이러한 변화의 이유를 설명하지는 않지만, 일본 학교의 상대적으로 큰 학급 규모가 진정한 개별화 교수법(individualistic pedagogy)에서 공간 기반 또는 모둠 기반 교수법으로의 개혁을 왜곡할 수 있다고 가정한다. 후자의 교육적 접근 방식은 일본 교사들에게 더 익숙할 뿐만 아니라 개별 학생의 학업 성취도 차이를 드러내는 데 따르는 위험을 최소화하고 교사가 능력 차별을 피할 방법으로 학생 간의 협업을 강화할 수 있는 접근 방식이기도 하다. 그렇다면 개별화 교육 개혁이라는 구호에도 불구하고 공간적 평등의 논리는 그대로 남아 더 깊은 층위에서 작동하고 있는 셈이다.

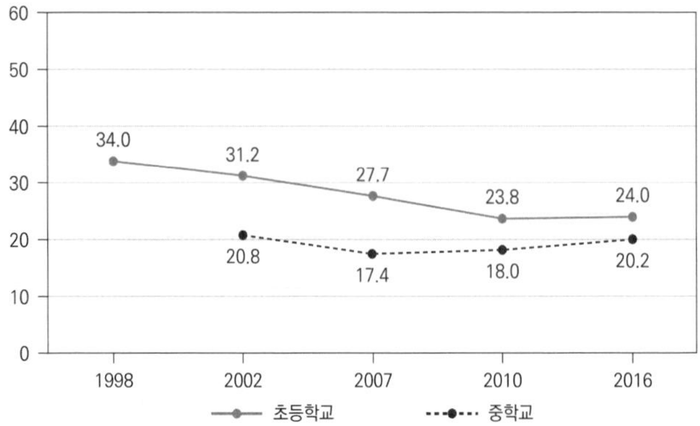

| 그림 7.1 | 수업에서 개별화 학습을 의도적으로 도입한 교사 비율(%)

출처: [그림 2-2] of Benesse Education Research and Development Institute (2016) https://berd.benesse.jp/shotouchutou/research/detail1.php?id=5080

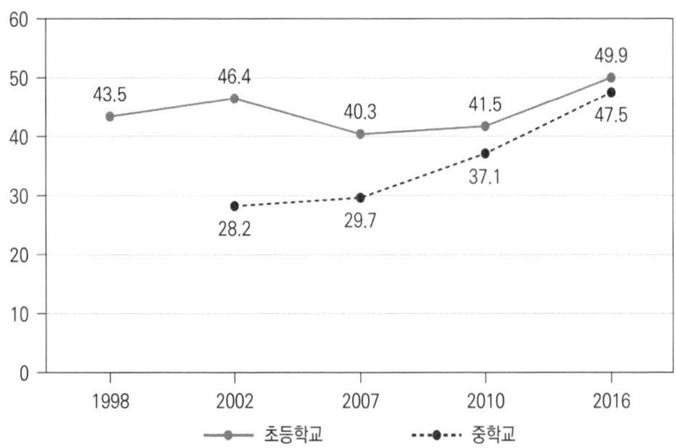

| 그림 7.2 | 수업 중 모둠 활동을 의도적으로 채택하는 교사 비율(%)

출처: [그림 2-2] of Benesse Education Research and Development Institute (2016)

중앙 통제식 교육에 대한 고정 관념: 교육 행정의 획일성

이전 절에서 논의한 바와 같이, 중앙 집권적이고 획일적인 교육은 이제 개별화된 학습과 독립적이고 창의적인 글로벌 인재 양성을 막는 걸림돌로 여겨지고 있다. 교육의 획일성은 새로운 특성과 기술을 키우는 데 필요조건으로 여겨지는 교육의 다양성과 유연성을 감소시키는 것으로 여겨진다. 따라서 지방 분권화 개혁은 중앙 집권적이고 획일적인 시스템의 약화를 가속하여 교육의 획일성을 해체하는 것을 목표로 하고 있다.

앞서 설명한 고이즈미 시대(2001~2006년)의 재정 개편 중 의무교육에 대한 자원 배분 구조를 가장 과감하게 바꾼 개혁이 이루어졌다. 이 개혁은 초중고 공립 학교 교사에게 지급되는 국가 보조금의 약 5분의 1을 지방 세입을 보전하기 위해 지방으로 이전하는 것으로 마무리되었다. 이렇게 막대한 양의 재정 보조금이 지방 정부로 이전되었지만 놀랍게도 고이즈미 개혁조차도 공간적 평등이라는 가장 기본적인 논리는 다루지 않았다. 즉 재정적 재량권은 이전했지만, 같은 공식에 따라 보조금을 계상하는 실제 방정식은 그대로 둔 것이었다. 이는 교원 급여에 대한 중앙정부의 보조금 총액이 절반에서 3분의 1로 줄었음에도 마찬가지였다. 결국 재원을 배분하는 기본적인 방식은 거의 동일하게 유지되고 있었다. 지방 정부에 실질적인 재량권이 더 많이 부여되었지만, 이러한 자율성, 즉 지방 정부가 의무교육 지출을 처리할 수 있게 된 것은 당초 기대했던 것보다 더 큰 유연성이 아니라, 특히 재정적으로 빈곤한 지역의 경우는 더 적은 유연성을 지닌다는 것을 의미한다. 지방 분권화 개혁으로 인해 행정 및 실무와 같은 다른 교육 분야의 유연성이 높아진 것도 아니었다.

이러한 실패는 공간적 평등에 기반한 자원 배분의 논리에 대한 일반적인 잘못된 인식과 오해에서 비롯된 것이었다. 가장 큰 오해는 교육 행정과 재정 지원의 획일성에 대한 고정 관념에서 비롯되었다. 이러한 이미지는 국가에 의한 중앙 집권적 하향식 통제라는 고정 관념에 기반을 두고 있다. 이는 지방의 상향식 정책 추진이라는 차원을 무시한 것이다. 문부과학성이 지역교육위원회에서 운영하는 공교육의 행정과 재정의 큰 틀을 규정하고 있는 것은 부인할 수 없는 사실이다. 그러나 적어도 지방 공립 학교에 대한 교원 배정의 경우, 6장에서 살펴본 바와 같이 도도부현마다 교원 배치 방식에 있어 다양성이 존재함을 알 수 있다. 교육 행정의 다른 영역에서도 지방 학교뿐만 아니라 지방 자치 단체 교육위원회에서 볼 때, 고이즈미 정권 아래에서 국가가 지방에 광범위한 재량권을 부여했음에도 불구하고 통제와 감시를 위한 세부적인 결정권을 가진 것은 해당 도도부현 교육위원회가 아니라 문부과학성였다.

고이즈미 개혁을 지지하는 사람들은 지방교육 재정교부금을 폐지하고 문부과학성에서 지방 정부로 이관하면 지방 교육 행정의 자율성이 여러모로 확대될 것이라고 주장했다. 한때 이 제도로 인해 전국 교육 여건의 평준화에 성공했지만, 지방 교육 운영의 사소한 부분까지 통제하기 위한 암묵적 장치로 사용됐다고 주장했다. 교육 행정의 획일성에 대한 고정 관념이 너무 당연하고 자명하게 받아들여져 개혁을 주장하는 사람들은 보조금 제도와 문부과학성의 지방 교육 행정 통제 사이의 분리된 관계를 잘못 인식하고 있었다. 그들은 문부과학성의 힘을 과대평가하고, 역사를 잘못 읽었으며, 도도부현의 상당한 상향식 개입이 강력하다는 것을 인식하지 못했다(Kariya, Hori, & Uchida, 2011).

또한 지방교육 재정교부금 제도를 없애면 문부과학성보다 더 강력하고 세밀한 권한을 가진 도도부현 교육위원회의 개입이 없어져 지역교육위원회의 자율성이 자동으로 강화될 것이라는 단순한 기대감을 불러일으킨다. 이는 비판이 단순한 이분법처럼 특정 표면적 현상(예: 교육 행정의 획일성)을 제거하면 그 자리에 자연스럽게 바람직한 대안,

즉 지나치게 중앙 집권적인 교육 시스템을 포기하고 지방 정부에 교육 운영의 재량권을 더 많이 부여하면 될 것이라는 생각에 빠지는 또 다른 사례이다. 여기에는 분권화된 대안이 좋은 교육으로 이어질 것이라는 가정이 숨어 있다. 그러나 고이즈미 재정 개혁의 결과는 앞서 논의한 바와 같이 지역 학교의 교원 채용에 있어 부유한 지역과 가난한 지역 간의 불평등을 확대함으로써 교육 재정의 재량권을 확대하는 긍정적인 방향이 아니라 오히려 부정적인 방향으로 나아갔다.

굴절된 관점: 개별화와 개인주의의 착시 효과

공간적 평등 원칙은 표준화와 자원 배분을 통해 개인 간의 실제 차이를 간접적, 공간적으로 줄이려는 접근 방식을 의미한다. 이는 상대적으로 자원이 적고 개인 간의 차이를 경시하는 맥락에서 생겨난 접근 방식이다. 교육 표준화는 학급의 논리와 연계되어 공통성을 적극적으로 만들어 냈다. 그러므로 표준화 제도는 쉽게 비판의 대상이 될 수밖에 없었다. 실제로 앞서 설명한 것처럼 교육 표준화는 획일화라는 비판에 휩싸였다. 이 과정에서 다양성과 개성을 존중하는 교육은 그 반대의 개념으로 단순하게 설정되게 되었다.[6]

이러한 비판은 교육이 독립적인 개인을 "육성"할 수 있는 장소를 제공할 수 있다는 전후 지식인들의 오랜 희망과 결합하여 큰 공감을 불러일으켰다. 전후 일본에서는 교육계에서 활동하는 지식인들을 포함한 대다수의 진보적 지식인이 일본 사회의 후진성과 전근대성을 한탄했다.[7] 그들은 서유럽의 노선을 따라 진정한 근대 사회로 뒤늦게라도 변화하기 위해서는 독립적인 개인의 형성이 중요한 전제 조건이라고 생각했다(Kariya, 2019; Rappleye, 2018). 따라서 앞서 논의한 바와 같이, 특히 교육에 대한 논의에서 그들은 만장일치로 독립성을 갖춘 개인, 즉 홀로 설 수 있는 개인을 육성하는 데 압도적인 비중을 두었다. 이들은 이러한 비전을 실현하는 데 걸림돌이 되는 것으로 중앙 정부의 교육 통제와 교사 중심의 획일적인 구시대적 교육 방식을 꼽았다. 일본에서 강하고 독립적인 개인을 육성하기 위해서는 지난 30년간의 교육 과정 및 교육 개혁을 통해 제안되고 실행된 것처럼 자유로운 교육 환경이 중요한 전제 조건이라는 것이 이들의 생각이었다.[8]

근대적 개념으로 전환된 개별화의 이상을 실현하고자 했던 이들의 비전은 획일성에 대한 비판의 유형을 형성하는 동시에 개별화의 두 가지 구체적인 의미와도 공명했다. 근대적 개념으로 전환된 개별화의 이상에 더해, 다른 두 가지 의미는 더 큰 개성을 추구하는 개인과 신자유주의적 의미에서 주관적인 개인이 독립적이면서 합리적인 선택을 하는 주체로서 성장하도록 요구하는 개별화이다. 분류를 시도한다면 첫 번째 근대적 개별화는 정치적 개별화, 두 번째 개별화는 심리적 개별화, 세 번째 개별화는 경제적 개별화라고 말할 수 있다. 이처럼 개성을 추구하는 개별화는 여유(유토리, yutori) 위주의 교육 정책으로 대표된다. 신자유주의적 의미의 개별화는 글로벌 인재 양성을 목표로 하는 교육 개혁과 학교 선택권 정책에서 나타난다.

이러한 비판과 개별화에 대한 요구는 교육 분야에서 가장 강력하게 제기되는데, 이는 교육이 청소년의 사회화(즉 어린이를 성인처럼 행동하게 만드는 것)에 전념하는 곳이라는 오랜 관점과 관련이 있기 때문이다. 교육은 오랫동안 성인이 되는 과정에 대한 인가된 개입으로 여겨져 왔고, 학교는 그러한 개입을 체계화하는 장소로 여겨졌기 때문에, 사회적 관심은 필연적으로 학교를 사회적, 정치적 현미경 아래에 놓을 수밖에 없었다. 특히 전후 진보적 지식인들에게 지배적인 사상의 형성은 미완성된 근대성 프로젝트(그리고 최근에는 2차 세계대전 패전으로 인한 빈곤)가 가져온 일련의 부정적인 결과였다. 이러한 사상을 배경으로 개별화에 대한 숭배를 뒷받침하는 것은 "근대"를 건설하기 위한 확고한 기반에 대한 더 큰 갈망이었다. 동시에 전후 직후에 숭배하게 된 개별화의 원형적 형태 안에서 그들이 상상한 것은 전적으로 정치적이지도, 심리적이지도 않은, 그저 혼합된 개인주의였다. 전체주의를 "모든 개인"에 대한 존중으로 대체한다는 생각은 명백한 원칙일 뿐만 아니라, 전후 새로운 일본 민주주의의 조직을 위한 유일한 기본 원칙으로 여겨졌다(Kariya, 2019). 지배적인 사회화 패턴을 바꾸고 독립적인 개인을 육성하고자 하는 이러한 희망은 오늘날의 비판에도 불구하고 변함없이 유지되고 있다. 이러한 관점은 이미 교육 개혁 논쟁에서 항상 전제됐다.

최근의 개혁 논쟁이 문제가 되는 것은 이러한 탐욕스러운 개인주의와 정반대되는 것으로 여겨지는 전후 체제를 얼마나 빨리 해체할 준비가 되어 있느냐는 것이다. 좀 더 구체적으로 말하자면, 현재의 논쟁은 전체 논쟁을 뒷받침하는 세 가지 다른 형태의 개별화와 개인주의의 본질적 요구를 명확하게 구분하지 못하기 때문에 결실을 보지 못하고 있다. 따라서 이들은 위험 사회에서 나타나는 개인화 형태, 즉 신자유주의 경제 개혁을 추종하고 정당화하는 개인주의 형태에 쉽게 유혹되어 왔다(Beck, 1992; Beck & Grande, 2010). 이는 최근 신자유주의가 주도하는 개인주의적 교육 형태의 주요 부작용으로, 교육 불평등을 심화시키는 형태로 나타나고 있다. 그리고 이 지경에 이르게 된 것은 앞서 살펴본 바와 같이 전후 일본 교육 시스템의 특정 표현형, 즉 단순히 획일적인 교육(또는 벼락치기 교육, 시험 지옥 등)으로 너무 쉽게 오해되는 교육 시스템에 기인한 것이다.

지금까지 이 책에서 보여주고자 했던 것은 전후 일본의 교육 시스템과 평등에 대한 일본의 접근 방식(표현형으로서의 평등)이 어떻게 이분화되어 평론가에게 비판의 대상으로써 너무 쉽게 제시되었는지를 보여주려고 했다.

6장에서는 공간적 평등에 따라 나타나는 공통성/차별성의 양면성을 자세히 살펴보았다. 다시 돌아와서, 일본 전후 교육에서 발생한 공통성과 차별성의 양면성은 교육기회균등이라는 중심 축을 중심으로 성장하고 회전하는 것이었다는 점을 상기할 필요가 있다. 6장에서는 이미 이 제도가 실질적인 의미에서 결과의 평등을 가져다주지 못한다는 것을 보여주었다(즉 모든 학생이 만점을 받는 제도가 아니었다는 점). 더 깊이 들어가면, 이 제도는 처음부터 이미 차이를 만들어 내고 있었다. 이것이 바로 그러한 곡예적인 기술이 필요했던 이유이다. 즉 섬세한 춤이었다. 제도 안에서 차이나 불평등을 계속 볼 수 있게 하면서도, 동시에 그 차이를 줄이고 제도를 통해 보이지 않게 하려고 노력했다. 공간의 평등화는 이러한 곡예를 성공시키기 위해 일본이 채택한 정책적 해결책이었다. 따라서 이 제도는 공통성과 차별성 사이의 긴장으로 가득 찬 복수(複數)의 가치를 구현하게 되었다. 한편, 이 제도가 적어도 어느 정도는 차이를 줄이는 데 이바지했다는 사실을 부정할 수는 없었다.

그러나 이러한 내재된 양면성은 쉽게 이차원적인 대립으로 변질되었다. 표면적으로 드러난 현상만 보면 공통성을 추구하는 것이 획일성을 추구하는 것과 똑같다고 주장하기 쉬웠고, 이는 결국 중앙 정부의 통제에서 비롯된 것이라고 주장하기 쉬웠다. 즉 차별화 또한 동시에 생성된다는 것은 간과하고 공통성 측면에만 초점을 맞춘 비판은 교육의 획일성에 대한 진부한 주장을 되풀이하는 것에 불과했다. 게다가 이분법적 대립의 어느 한쪽에서 나온 제안은 결국 모순과 긴장이 가득한 형태여서, 이 제도가 실현하고자 했던 교육기회균등이라는 가치를 충분히 이해하지 못했다. 비평가들은 총체적인 관점 대신 이상적인 시스템에 대한 일련의 가정을 따라 너무 빠르고 급진적으로 나아갔다.

이러한 이유로 논쟁이 이차원적인 대립에 빠져들면서 공통점이 제거되고 모든 것이 느슨해지면 어떤 종류의 차이가 문제가 될 것인지에 대해서는 점점 더 관심을 기울이지 않았다. 신자유주의가 옹호하는 개인화 유형에 대한 전 세계적인 논의에 비추어 보더라도, 일본 내에서 기존 체제의 해체가 오히려 차이를 확대할 수 있다는 가능성에 대해 진지한 공개 토론이 이루어진 적은 없었다. 마찬가지로 앞서 논의한 바와 같이, 지방 분권에 대한 논의가 진행되는 동안 그러한 제도가 지역 간 차이를 악화시킬 수 있다는 이야기는 거의 없었다. 더 큰 개성을 키우려는 개별화 자체에 대한 논의 속에서도 모든 차이를 사회 계층 격차의 표현이 아니라 개성의 측면으로 보아야 한다는 관점이 지배적이었다(Saito, 2000). 이 모든 논의는 획일성과의 결정적인 단절을 목표로 했지만, 모든 공통점을 허물고 부수고 불태운다고 해도 자율적인 개인이 잿더미에서 살아난다는 보장이 없다는 사실을 깨닫지 못한 듯하다. 학력 중심, 시험 중심 능력주의의 한 증상이라고 할 수 있는 일본의 시험 중심 교육에 대한 논쟁과 비판의 경우에는 조금 더 복잡한 양상을 보이는데, 적어도 공통성/차별성의 양면성이 낳은 결과의 범위가 비판의 대상이 되었다는 점이다. 그러나 여기서도 "결과의 평등"(즉 누구나 만점을 받을 수 있다는)을 옹호함으로써, 그 논의는 공간적 평등을 기회의 평등에 반하는 것으로 여겼다. 즉 불가능한 제도 개혁을 애초부터 세운 것이다. 모든 사람이 만점을 받을 수 있다는 실현 불가능한 목표를 내세우기 전에, 개인이 진정한 자율적 주체라는 정책적 이상을 현실이 얼마나 뒷받침하는지를 이해하는 데에 더 많은 에너지를 쏟았어야 했다.

하지만 최근의 교육 개혁은 이 장에서 살펴보고 논의한 바와 같이 더 깊은 층위에서 작동하는 공간적 평등의 논리를 건드리지 않고 표면적인 현상만 다루고 있다. 이러한 논리를 바꾸지 않고 이상주의적 개별화를 꿈꾸면 개혁이 실패하거나 왜곡될 가능성이 커지며, 종종 신자유주의적 교육에서의 개인주의를 더욱 부추겨 교육 불평등을 심화시키는 등 의도하지 않은 결과를 낳을 수 있다(Kariya, 2017). 마지막 장에서는 일본 개혁과 글로벌 신자유주의의 접점에 대해 더 깊이 성찰해 보고자 한다.

• Note •

1. OECD 통계에 따르면 일본의 한 학급 평균 학생 수는 초등학교 27명, 중학교 32명이지만, OECD 평균은 각각 21명, 24명으로 이보다 낮다(OECD, 2015).
2. 2010년에 초등학교와 중학교 교장 및 교사를 대상으로 실시한 설문 조사에 따르면, 2012년부터 시행되는 개정교육과정의 시행과 관련하여 초등학교 교장의 88%, 중학교 교장의 89%가 개정교육과정으로 인해 교사들이 더욱 바빠질 것이라고 우려를 표명했다. 초등학교 교장의 71%와 중학교 교장의 77%는 교원 부족으로 인해 개정교육과정 시행에 차질이 생길 것이라고 우려했으며, 초등학교 교장의 48%는 교사들이 개정교육과정을 시행할 만한 수업 능력이 부족하다고 걱정했다(Bennesse, 2010).
3. 대학교육을 위해 정부는 국립 및 사립 37개 대학을 슈퍼 글로벌 대학으로 선정했다. 현재 일본 정부는 선정된 대학이 국제화를 추진할 수 있도록 재정적으로 지원하고 있다. 정책 입안자들은 일본 대학의 주요 약점(즉 낮은 점수의 원인)이 세계 대학 순위 종합 지표(국제 전망 지수)와 관련된 것이라 지적한다. 예를 들어, 도쿄대학은 2014/15 평가에서 국제 전망 지수에서 32.4점을 받아 23위를 차지했다. 국제 전망 지수를 개선하기 위해 일본 대학에서는 영어 원어민 교사를 더 많이 채용하거나 해외에서 공부하는 일본인 교사에게 더 많은 기회를 제공함으로써 영어를 교육 매체로 사용하도록 장려하는 데 예산 일부가 사용된다. 초 글로벌 대학 실현을 위한 정책의 표면적인 특징에 대한 자세한 내용은 Kariya(2015)를 참조하라.
4. 2020학년도 교육과정에서는 일본 학생들의 실용 영어 능력 향상을 목표로 초등학교 5, 6학년에 영어 교육을 도입하기로 했다. 문제는 대부분의 초등학교 교사가 영어를 과목으로 가르치는 연수나 관련 교사 자격증이 없다는 것이다. 초등학교 교사를 대상으로 한 설문 조사 결과에 따르면 80%의 교사가 영어를 정식 수업의 일부로 가르치는 데 자신이 없다고 답했다(Benesse, 2016). 원하는 개혁, 또는 지나치게 야심찬 개

혁을 시행할 때 충분한 자원이 할당되지 않은 상태에서 시행되는 것이 일반적이다. 이는 개혁이 심층적인 평등 논리를 건드리지 않고 표면적으로만 작동한다는 우리의 주장을 뒷받침한다. 부족한 교육 여건은 부모의 지원을 받아 개인 과외를 받을 수 있는 학생과 그렇지 않은 학생 간의 학습 불평등을 확대할 것이다.

5. 문부과학성은 2003년 회계연도부터 지방교육 재정교부금 배분에 있어 "소카쿠 사료세이(Sogaku Sairyo sei)"라는 보다 유연한 제도를 도입했다. 이번 개정으로 도도부현 교육위원회는 교원 급여뿐만 아니라 교원 수당에 대해서도 보조금을 배정할 수 있는 재량권을 더 많이 갖게 되었다. 이를 위해 교부금 지출에 대한 세부 항목을 폐지했다.
6. 비슷한 맥락의 비판은 벼락치기 교육 "대" 여유 교육과 능동적 학습(아쿠티부 라닌구, Akutyibu Raningu)의 대립이 계속되고 있다는 것이다.
7. 마루야마 마사오(Maruyama Masao), 오오츠카 히사오(Otsuka Hisao), 가와시마 다케요시(Kawashima Takeyoshi) 등 저명한 지식인들이 이편에 서서 전후 이상적인 개인주의에 대한 논의를 주도했다. 더 자세한 논의는 Kariya(2019)를 참조하라.
8. 이 문제의 근저에는 근대성이 낳은 자유와 평등 사이의 양면성이 있다. 현대 사회가 어느 정도의 평등을 추구한다면 어떤 사람들은 자유를 포기해야 한다. 동시에 평등에 대한 강조가 개인의 자유를 희생시킨다는 비판도 있다. 자유와 평등 사이의 더 깊은 양면성에 대해 더 자세히 다루려면 "세기의 교육"(Education Century, Kariya, 2004)을 참조하라. 마지막 장에서도 이 문제를 다룰 것이다.

제8장

결론

제8장

결론

글로벌 시대에서의 시사점

이 책은 마이클 영의 디스토피아가 이후 수십 년 동안 미국과 영국 정책 입안자 사이에서 유토피아로 변모하는 과정을 추적하면서 새롭게 부상하는 글로벌 능력주의의 모습을 엿보는 것으로 시작되었다. 그런 다음 우리는 그 논의에서 일본의 상황을 살펴보기로 했다. 우리는 1980년대 내내 일본이 능력주의의 경계에 서 있는 체제로 여겨졌지만, 40년이 지난 오늘날 일본은 거의 잊힌 대상이 되었다고 주장했다. 마지막 장에서는 앞선 장에서 살펴본 일본의 능력주의에 대해 다시 한번 더 폭넓은 논의로 돌아가 더 큰 틀 안에서 살펴보고자 한다. 이를 통해 일본의 경험이 디스토피아/유토피아의 궤적 바깥에 있는 세 번째 가능성, 즉 깊은 양면성을 어떻게 드러내는지 보여줄 것이다. 이 정의를 바탕으로 우리는 일본이 여전히 능력주의의 경계에 서 있는지, 불평등 문제를 전면에 내세우고 있는지에 대한 질문을 던진다. 마지막으로, 신자유주의의 출현과 전 세계적 확산 이후 지난 40년 동안의 교육과 평등에 대해 전반적으로 논평한다. 이를 위해 다시 근본적인 질문을 출발점으로 삼아 일본이 결국 글로벌 능력주의의 이상에 끌려갈 것인지에 대해 고찰하고자 한다.

디스토피아도 유토피아도 아닌 것: 마이클 영의 비전 다시 돌아보기

마이클 영의 획기적인 저서 『능력주의의 부상(The Rise of Meritocracy)』이 출간한 1958년이 전후 일본의 표준화 세계가 시작된 해와 같다는 것은 순전히 우연의 일치였다. 이 해에 출범한 일본의 평등주의 교육 시스템은 널리 알려진 바와 같이 서구 국가들보다 더 광범위하고 포괄적으로 발전한 일본의 교육 기반 능력주의의 토대가 되었다. 즉 1958년 제도(제2장)는 불평등의 확대를 완화했을 뿐만 아니라 심지어 불평등을 감소시키는 데까지 성공한 대중적 능력주의(Kariya, 1995)를 만들어냈다.

이것은 전후 일본이 영의 디스토피아적 비전을 반증한다는 것을 의미할까? 또는 능력주의에 대한 미국의 재평가를 유토피아로 지지하는 것일까?

다행히도 일본은 이 두 가지 설명에 모두 해당하지 않아 마이클 영의 비전을 비판적으로 재검토할 수 있는 원동력을 제공했다. 중간 장에서 살펴본 바와 같이, 일본의 능력주의는 표준화의 세계에서 탄생했다. 영이 이 문제를 직접적으로 깊이 있게 다루지는 않았지만, 그의 비전은 분명 학생 1인당 능력주의의 세계에 가까운 논리를 기반으로 하고 있었다. 그 이유는 1950년대 영국에서 글을 썼던 영은 과학적 관리 원칙, 학습의 개별화, IQ 테스트의 부상 등 미국인들과 동일한 가정을 광범위하게 받아들였기 때문이다. 3장에서는 미국에서 처음 두 가지 가정 사이에 형성된 연결고리를 논의했다. 그러나 영의 주요한 논점의 특징인 IQ 테스트에 대해서는 다루지 않았다. 최근의 한 재평가에서 지적했듯이, "영의 디스토피아에서는 지능 검사가 지배적이고 의심의 여지가 없는 것으로 묘사되어 있다"(Allen, 2011, p.372). 영이 기고문을 쓴 이후 몇 년 동안 IQ 테스트에 대한 태도는 분명히 달라졌지만, 여기서 중요한 점은 영이 개인을 능력주의 시스템의 기본 단위로 간주했다는 것이다. 만약 그 핵심 가정이 더는 유효하지 않다면 디스토피아는 여전히 존재할까?

1970년 영국 교육 사회학자 줄리아 에벳츠(Julia Evetts)는 영국 사회학 저널에 발표한 논문에서 당시 논의되고 있던 교육기회균등에 대한 접근 방식의 유형론을 제시했다(Evetts, 1970). 오늘날과는 달리 당시에는 시민권 운동과 존슨 대통령의 위대한 사회, 그리고 교육기회균등에 대한 강력한 반발 등 교육기회균등 문제가 주요 이슈였다는 점을 상기해야 한다(예: Herrnstein, 1971; Herrnstein, 1973). 에벳츠의 유형화에 따르면, 교육기회균등에 대한 세 가지 지배적인 유형이 있으며, 각 유형은 서로 다른 교육 모델로 이어진다.

첫 번째 유형은 타고난 능력과 관계없이 모든 학생에게 동일한 교육 자원을 제공해야 한다는 것이다. 따라서 모든 학교는 표준화된 단일 교육과정/양식을 제공받을 권리가 있다고 주장한다. “첫째, 교육기회균등은 각 개인의 ‘잠재적 능력’에 관계없이 교육 자원을 동등하게 분배받아야 하며, 모든 학교 교육은 표준화된 형태여야 한다는 것을 의미한다”(Evetts, 1970, p.427).

두 번째 유형은 환경적 요인을 고려하지 않은 거의 동일한 수준의 능력을 갖춘 학생들은 동등하게 대우받아야 한다는 것이다. 이 두 번째 개념은 트래킹(tracking) 및 스트리밍(streaming)과 같은 조치를 뒷받침하는 “평등하지만 다른” 정책으로 이어진다.

세 번째 유형은 동일한 유형의 교육을 제공하지 않으며, 측정된 능력에 따라 명백하게 구분하지도 않는다. 대신 차이를 인정하고 교육적 약자, 주로 학교 밖의 불평등한 사회 경제적 환경으로 인해 불이익을 받는 사람들을 위해 노력한다. 세 번째 모델은 학교 밖의 환경적 불이

익 자체에 대응하기 위해 학교 내에서 적극적 또는 "긍정적" 차별을 수행하고자 한다. 에베츠는 세 번째 유형의 한 예로 헤드 스타트(Head Start)와 소수 집단 우대 조치(affirmative action)와 같은 미국의 교육 프로그램을 제시한다.

에베츠의 단순 유형론에 따르면 일본의 접근 방식은 변형된 형태이긴 하지만 첫 번째 유형을 명확하게 나타낸다. 마이클 영이 스케치한 비전은 두 번째 유형에 해당된다. 세 번째 유형은 1960년대 미국이 성취한 유토피아적 능력주의와 반전과 유사성이 있다. 일본은 평등 제공을 실현하는 데 필요한 교육 자원의 표준화를 거쳤기 때문에 첫 번째 유형의 변형으로 인식해야 한다고 강조한다. 앞서 살펴본 바와 같이 일본의 접근 방식은 무대, 대본, 배우뿐만 아니라 실제 교육에 사용되는 작은 소품까지 균일화했다. 게다가 전체 시스템은 의도하지는 않았지만, 재정적, 경제적으로 가장 취약한 지역이 더 많은 재원을 확보할 수 있도록 하는 정책적 메커니즘에 의해 뒷받침되었다.

일본의 경우 공간적, 시간적 축을 따라 동질성을 확보함으로써 자원 배분의 기초를 "평등"으로 간주했고, 이러한 접근 방식은 기존의 교육 현실에 교육기회균등이라는 이상을 적용하는 것으로 여겼다. 이것이 바로 공간적 평등, 즉 균질한 시간과 공간을 마련하고 그 공간에서 이루어지는 학습의 양과 질을 동등하게 제공하는 것을 목표로 하는 접근 방식이다. 이런 의미에서 공간적 평등은 "보편성, 포괄성, 일반성에 기초한 획일적 공간"으로서 "근대 사회에서 특정한 단일 공간을 상정"한 것이다(Tonooka, 2004, p.144). 이 개념이 제도의 더 깊은 층위로 연속적으로 확장하게 된 것은 전후 일본 교육의 표준화 과정이었다. 즉 교육 표준화의 점진적 추진은 전국 공립 초중등학교에서 "보편성, 포괄성, 일반성에 기초한 획일적 공간"이 점진적으로 개방되는 것과 같은 맥락에서 이루어졌다.

앞 장에서 살펴본 바와 같이, 이러한 동질적 공간의 조성은 중앙 정부의 일방적인 결정에 의한 것이 아니라 각 도도부현이 각자의 관할권 내에서 동질적 공간을 조성하려는 조치들이 중첩되어 나타난 결과였다. 여기서 말하는 메커니즘은 마이클 영의 비전과는 상당히 다르다. 영에게 능력주의는 국가가 능력의 (재)분배를 다양한 직업의 필요에 맞게 조정하고, 전체 시스템이 개인의 IQ 점수의 권위를 의심 없이 받아들일 때 생겨났다. 영의 시스템은 불평등이 능력과 완벽하게 일치하여 최근 한 학자가 "불평등이 정의롭게 불균등한 사회(a society where inequalities are justly unequal)"라고 부르는 것을 낳았기 때문에 디스토피아적인 것이 되었다(Allen, 2011, p.371).

그러나 일본에서는 능력주의가 그런 식으로 전개되지 않았다. 일본 중앙 정부가 적극적으로 관여하고 필요한 자원을 제공한 것은 분명했지만, 전후 의무교육은, 적어도 명목상으로는 지방 분권화에 전념했다. 따라서 전국적으로 균질화된 공간을 조성하기 위해서는 도도부현이 이러한 정책을 도입해야 했다. 다시 말해, 공간의 균질화를 적극적으로 주도하고 전국 평균에 비해 "보편성, 포괄성, 일반성이 확보된 획일적 공간"을 구상한 도도부현의 강력한 의지와 추진력이 없었다면 일본의 표준화는 이만큼 발전할 수 없었을 것이다.

일본 중앙 정부의 정책에서 독창적인 점은 다양한 교육 표준화 계획을 시행할 때 처음부터 전액을 지원하지 않았다는 점이다. 대신 중앙 정부는 각 도도부현이 일정 부분의 비용을 부담하도록 요구했다. 이를 통해 이 계획은 재정적 투자를 통해 도도부현의 주도적인 참여와 지지를 끌어냈다. 중앙 정부의 이러한 유도와 도도부현의 호응은 상호 보완적으로 작용하여 표준화 추진 동력을 강화하는 데 이바지했다. 따라서 일본의 능력주의는 중앙 정부가 각 도도부현의 구석구석까지 교육 표준화를 적극적이고 철저하게 추진하기 위해 강압적이고 하향식으로 추진한 것만은 아니었다. 그 대신, 위로부터 만들어진 표준화된 틀에 대한 그들의 행동을 참고하면서 공통성을 향한 원동력이 아래로부터 올라오게 되었다. 이러한 융합이 동질적인 공간을 만들어 낸 것이었다.

그러나 영의 비전과 관련하여 여기서 중요한 점은 일본의 능력주의는 타고난 능력과 관계없이 모든 아동에게 동일한 교육 자원을 제공해야 한다는 가정에서 출발한 것이지, 능력(IQ)의 정규 분포가 있을 것이라는 가정에서 출발한 것이 아니라는 점이다. 일본의 능력주의는 개인에 대한 지능 검사를 근거로 삼은 것이 아니라(Kariya, 1995; Kariya, 2013a, 특히 pp.56-76), 교육 정상화에 의해 만들어진 표준화된 제도를 의심 없이 받아들인 것이다. 즉 우리가 이 책을 통해 보여주려고 노력한 것처럼, 그것은 개인을 분류하는 것에서 시작된 것이 아니라 공간을 표준화하는 것에서 시작되었다. 따라서 일본의 완벽한 능력주의는 불평등이 능력과 일치하는 사회, 즉 영의 디스토피아가 아니라 실제 교육 자원이 균등하게 배분되어 교육의 구석구석까지 동일하게 배분되는 사회가 될 것이다. 흥미로운 점은 이런 맥락에서 능력의 초점이 매우 다르게 이해되었다는 점이다. 영에게 보상(merit)은 주로 능력(ability)에서 비롯되었으며, IQ 테스트를 통해 뒷받침될 때 능력은 평생 변하지 않고 결정된 것처럼 보였다. 반면, 일본에서는 공간의 평등을 강조하면서 타고난 능력에 의한 차이의 결정을 암묵적으로 부정했다. 여기서 보상의 기준은 학생들이 교육에 기울이는 노력의 정도에 따라 달라졌고, 최선을 다하고(간바루, ganbaru) 어려움을 견뎌내는(가맨, gaman) 것이었다. 1장에서 언급했듯이, 일본의 능력주의를 찬양한 미국 사회학자들은 노력이 타고난 능력보다 우위에 있다는 것에 찬사를 아끼지 않았다(예: Stigler & Stevenson, 1992).

표준화의 역설

하지만 이 시스템을 유토피아라고 부를 수 있을까? 일본이 영의 뒤를 이어 글을 쓴 미국인들이 상상했던 유토피아적 반전에 가까워졌을까? 여기서도 우리의 대답은 부정적이다. 의심할 여지 없이 일본 체제는 교육을 통해 사회적 불평등을 해소했다. 그러나 영과 그 이후의 미국인들이 자동으로 가정하는 것처럼 보이는 개인주의가 희생양이 될 수 있다. 부지런하고 신중하며 철저하게 표준화된 교육을 향한 꾸준한 움직임으로 특징지어지는 일본의 능력주의는 오히려 또 다른 문제를 낳았다. 그 문제는 공통성과 차별성이 동시에 작동하는 양면성이라는 긴장감이었다. 그리고 그 양면성은 디스토피아나 유토피아로 분류할 수 있는 것이 아닌 완전히 다른 개념이었다.

이러한 양면성을 제대로 이해하기 위해서는 먼저 전후 일본의 교육 표준화 추진이 공통성 추진을 전제로 했다는 점을 인식할 필요가 있다. 예를 들면, 국가교육과정의 표준성을 점진적으로 강화하고, 그 내용을 점진적으로 더욱 세분화하며, 학업 성취도 조사 등을 통해 이를 어느 정도 달성했는지를 평가하는 것 등이 있다. 초기에는 어떤 문제를 해결해야 할지에 대한 가정에서 출발한 범주 간의 불평등을 가시화하는 이러한 종류의 표준화는 분명히 문제를 더 쉽게 해결할 수 있게 해주었다. 예를 들어, 지역 간의 명백한 불평등에서 파생된 도서 벽지와 비도서 벽지 지역 범주의 구분은 도서 벽지 학교에 대한 조치를 더 쉽게 지시할 수 있게 해주었다. 이러한 차이와 편차의 근본적인 원인을 찾기 위해 공통의 잣대를 적용했다. 이후 이 과정을 통해 진단된 교육 여건의 차이를 제거하는 방법이 교육 표준화였고, 이를 통해 동질화를 한 단계 더 진전시켰다(예: 교과서/교구의 기준 및 규격 설정, 지역 인적 자원 확충). 즉 표준화의 논리 자체가 차이점을 집중 조명하는 것을 전제로 하고 있으며, 이는 다시 표준화 자체의 진전으로 이어진 것이었다.

그러나 차이를 가시화하는 것은 필연적으로 공통점을 만드는 것보다 선행되어야 했다. 이 접근법의 문제점은 수많은 차이점 중 어떤 차이를 가시화해야 하는지에 대한 질문에 직면하게 된다는 것이다. 어떤 차이를 전면에 내세워야 할까? 아니면 이 질문을 뒤집어 어떤 종류의 차이를 가시화하지 않고 그대로 두어야 할까?

교육기회균등에 대한 에베츠의 두 번째와 세 번째 유형화를 다시 한번 생각해 보자. 이 유형들은 개인 능력의 차이가 초기 조건에 통합되는 개별화된 학습을 전제로 한다. 여기서 우리는 공통성을 추구하는 과정에서 표면으로 드러나는 개인차가 바로 정책 수단이 개선하고자 하는 대상이 된다는 것을 알 수 있다. 이러한 개인차를 파악하는 것은 후속 정책 수립의 방향을 설정하고 평등으로 연결하기 위해 필수적인 단계이며, 명백하게 개인의 능력과 성취 격차에 대응한다는 이상에 기반한 학습의 개별화를 발전시키는 것이 교육 평등으로 가는 길로 여겨진다. 능력 집단의 공식화에 맞서 싸운 에베츠의 세 번째 유형화, 즉 적극적 우대 조치와 같은 진보적 프로그램을 뒷받침하게 된 교육기회균등에 대한 관점에서도 개인을 개인차로 보는 시각은 동일하다. 이러한 모델에서는 교육 표준화의 진전으로 인해 드러난 개인 간의 차이를 개별화된 학습 계획을 통해 해결(및 교정)하게 된다. 이 모든 것의 토대는 개별화된 학습 접근 방식을 가능하게 하는 교육 자원 할당 체계에 있다. 이 계획의 좋은 예는 학습자가 한 명만 더 늘어나면 교육 노동의 총량이 증가한다는 개념인 학생 시간이다.

이와는 대조적으로 전후 일본은 다른 모습을 보여주는데, 이 모습은 양면성으로 구체화한다. 일본에서는 공통성을 추구하는 과정에서 드러나는 무수한 차이에 직면했을 때, 이러한 차이를 강조하고 해결하기보다는 침묵이 지배적이며 개인 간의 차이에 대해 논의하는 것은 금기시된다. 특히 의무교육 수준에서, 일본의 상황은 개인의 능력과 학교 성적의 차이를 공개하거나 가시화하는 것에 대한 강한 혐오감으로 특징지어져 왔다. 다른 글에서 자세히 설명했듯이(Kariya, 1995; 2013a), 일본에서 개인차를 공개하는 것은 곧바로 능력주의적 차별에 대한 비판을 불러일으킨다. 이는 일본 특유의 개념으로, 에베츠의 다른 두 유형을 뒷받침하는 동일한 가정 아래서 연구하는 외국인 독자들에게는 매우 이상하게 여겨질 수 있다.

불평등 감소에 기여한 능력주의적 차별과 업적

과도한 경쟁과 지나치게 획일적인 교육 제공에 대한 비판은 여기서 논의한 공통성/차별성의 양면성에서 비롯된다. 능력과 성취에 대한 단일한 기준을 설정하고, 그 기준에 따라 개인을 판단한 후 서열을 매기는 것은 일본 제도에 대한 비판이자 근본적인 병폐의 근원이라는 인식이 오랫동안 일본 교육 관련 논쟁의 핵심이었다(Kariya, 1995; 2013a). 그러나 우리는 이러한 사고방식이 일교조와 같은 목소리를 내는 소수들이 종종 묘사하는 것처럼 단순히 왜곡으로 치부할 수 없는, 깊이 뿌리내린 공유된 믿음이라는 점을 강조하고 싶다. 오늘날까지 의무교육 단계에서 개인 간의 차이는 가능한 한 보이지 않아야 하는 것으로 널리 여겨지고 있다. 일본 학교에서 분절적 시스템을 도입하려는 노력이 번번이 실패한 것이 그 증거이다. 이러한 저항의 기저에는 능력주의적 차별에 대한 일본의 관념이 자리 잡고 있으며, 표준화 과정을 통해 가시화된 차이는 차별적 관행으로 쉽게 전환될 수 있다는 두려움이 존재한다.

외국 독자들을 위해 1974년 일교조 교육조사위원회(Committee for Investigating Education)가 전후의 새로운 교육 시스템을 비판하며 만든 유명한 팸플릿을 인용하고자 한다.

> 이 제도는 아이들을 "성적"에 따라 분류하고, 그 "능력"에 따라 서열을 만들고, 진학할 아이들과 그렇지 않은 아이들을 걸러내어 일반계 고등학교나 실업계 고등학교에 배정하는데, 이 분류와 선별 과정에서 남학생과 여학생을 차별하고 일류 학교와 "나머지" 학교 간의 불평등을 조장한다. 게다가 아이들 사이에서도 냉혹하고 치열한 경쟁 의식이 팽배해 있다. 이런 식으로 일본의 학력 중시 경향은 앞으로 더욱 강화될 것이며, 학교는 학력 전쟁이라는 살육의 현장이 될 것이다. 그러나 오늘날 일부 교육계에서는 이러한 일반적인 성향을 "능력주의"라고 칭송하는 것 같다(일교조 교육조사위원회, 1974, p.54).
>
> 현재 교육 파탄의 주범이자 일본 교육에서 무수한 악의 근원으로 간주되어야 하는 것은 바로 능력주의이다(일교조 교육조사위원회, 1974, p.82).

우리는 이러한 종류의 비판은 공통성과 차별성의 상호 발생으로 형성된다고 주장한다. 개인을 개인으로 바라보는 것이 자칫 능력주의적 차별로 변질될 수 있다는 우려와 달리, 일본의 정책 접근 방식은 부라쿠민 지역, 광산 지역이 공장 지역으로 변모하는 등 산업 구조조정이 진행 중인 지역 등 지리적 공간 단위의 차이를 찾아내는 것이었다. 이러한 방향을 적극적으로 채택하고 발전시켜 나갔다. 동일한 집단적 잣대를 적용하여 주목받게 된 열등한 교육 여건을 뿌리 뽑음으로써 교정 대상이 된 것은 개인을 둘러싸고 있는 공간을 형성하는 교육 여건이었다. 개인으로서의 개인에 대한 개입이 아니었다. 다시 말해, 공간적 평등은 열악한 교육 환경에 갇힌 불우한 개인에게 구제를 확대하는 간접적인 전략을 의미하며, 동시에 개인의 차이 자체를 은폐하고 잘 다듬어진 평등의 표면을 뚫고 차이가 발생하는 차별적 대우를 피하고자 노력하는 것을 의미한다.

교육 표준화가 심화되고 공통점/차이점에서 발생하는 양면성을 발생시키는 공간적 평등 자체의 지배적인 논리에 따라, 다양한 문제들이 수면 아래로 가라앉게 되었다. 그러나 동시에 공간적 평등은 실질적인 성과를 보여주었기 때문에 대중의 광범위한 지지를 얻었고 일반적으로 받아들여졌다. 즉 개인 간의 차이를 드러내거나 차별적 대우를 하지 않고도 어느 정도의 평등을 실현할 수 있었기 때문이었다. 또한 공간적 평등의 기본 단위인 학급이라는 공간은 개인별 능력과 성취도의 차이를 추적하지 않고 그 차이를 최소화함으로써, 초기 단계에서 교육열이 식는 것을 방지했다. 이는 미국과 영국에서 특히 1960~1970년대에 능력별 우열에 기반한 학급 운영으로 인해 능력이 저조한 학생들의 교육열이 식어 장기적으로 불평등을 악화시킨 사례와 대조된다(Kariya & Rosenbaum, 1987). 이러한 개인주의에 기반한 선택권이 박탈된 일본에서는 공간적 평등화를 통해 대신 훨씬 더 많은 학령 인구가 혜택을 받았으며, 능력이 저조한 학생들의 교육열이 빨리 식지 않았기 때문에 고등 교육에 대한 수요를 자극하기도 했다. 이런 의미에서도 이 제도는 교육 평등화에 성공했다. 전반적으로 전후 일본 교육은 어느 정도 교육의 평등을 실현할 가능성을 내포하고 있었지만, 이는 개인을 둘러싼 공간의 평등화, 즉 공간적 평등을 통해서만 실현될 수 있었다.

전후 일본의 교육 정책과 실천이 공간적 평등 접근법을 통해 개인 간 차이를 줄이는 데 어느 정도 기여한 것은 사실이지만, 이것이 일본 교육의 불평등 문제가 해결되었음을 의미하지 않는다. 학생의 사회 계층적 배경과 학업 성적 사이의 모든 연관성이 사라졌다는 의미는 아니었다(Kariya, 1995; 2013; Matsuoka, 2019). 의심할 여지 없이 교육 결과의 불평등, 즉 지필 시험을 통해 드러나는 학업 성취도와 학교 성적의 불평등은 예전과 거의 같은 방식으로 지속되었다. 하지만 우리가 여기서 강조하고 싶은 점은 방금 분석한 정책의 실제 결과인 불평등이 어느 정도 감소했다는 것이다.

일본의 접근 방식은 동일한 교육 조건과 학습 환경을 제공하고자 했으며, 이러한 과정을 통해 평등한 교육 제공이 이루어지면 결국 학업 성취도와 같은 교육 여건도 평등해질 것이라는 견해를 가지고 있었다. 동질성이 단순히 교수법 또는 교육과정적 용어가 아닌 재정적 용어로 표현되었다는 것은 정부 재정을 통한 자원의 재분배가 실질적이고 가시적인 재정적 용어로 표현되었다는 것을 의미했다. 따라서 동질화의 대상으로 지목된 교육 여건은 점점 더 확산하고 세부적으로 규명되었다. 다시 말해, 교육 여건의 공통성은 더욱 명확하고 세부적인 형태로 포장되어 차이를 더욱 가시화하면서 지속해서 계획, 기획, 확장되었다. 이러한 방식으로 진행된 교육 표준화는 일본의 모든 사람이 동일한 출발선에 서 있다는 인상을 주었고, 지금도 이러한 인상은 지속되고 있다. 이는 교육에서 선발 과정의 공정성, 즉 학교에서의 성취 차이가 유일한 결과라는 이미지를 투영했다.[1] 의무교육 단계에서 교육 표준화는 교육기회균등이 실제로 보장되고 있다는 관점을 더욱 공고히 한 것으로 평가받아야 한다. 이 제도는 전국 방방곡곡의 인적 자본을 능력주의적 시스템에 대규모로 참여하도록 유도했다. 당시 교육 불평등이 제한적으로나마 완화되는 데 성공했지만, 계급 및 계층화 문제와 연계된 뜨거운 쟁점이 되지는 못했던 이유는 공간적 평등이 여건을 마련하고 능력주의가 모든 것을 정상화하는 기능을 했기 때문이었다.

이러한 관점에서 보면, 전후 일본 교육의 목을 무겁게 짓누르던 공통성과 차이의 양면성은 교육 조건의 동질성을 공통의 잣대로 삼은 데서 비롯된 것이었다. 그 이면에는 이 모든 것의 근본적인 가치 지향점인 교육의 평등을 실현하려는 고상한 의도가 깔려 있었다. 그러나 역설적으로 공간적 평등화는 그 여파로 더 많은 차별화를 불러일으킬 뿐이었다. 이 모든 것은 양가적인 것, 즉 어떻게든 그 차이를 가시화함으로써 차이(또는 불평등)를 계속 자체 생성하면서도 그 차이를 줄이고 보이지 않게 만들려는 시도를 스스로 했다는 것이다.

이러한 관점에서 개인은 일본의 교육 평등을 향한 여정에서 희생양이 되었다. 특정 공간 단위 내에서 평등은 자원을 동등하게 분배받는 것으로 이해되었다. 에베츠는 이것이 "부분적으로는 개인의 유전적 잠재력이 다르고, 부분적으로는 학교가 실제 아동의 양육과 발달에 있어 큰 영향 중 하나에 불과하므로"(Evetts, 1970, p.427) 동등한 결과를 보장하지 못한다는 사실을 깨달았다. 그럼에도 평등의 진전은 시야에서 개인 간의 차이를 없애는 것과 함께 진행되었다. 개인의 차이를 노골적으로 드러내거나 능력의 차이에 따라 특별한 대우를 하는 것은 차별적인 것으로 간주하였다. 이는 사실상 능력이 뛰어나거나 유리한 환경에서 자란 개인이 인정받지 못하고, 능력이 떨어지거나 불리한 환경에서 자란 개인도 인정받지 못한다는 것을 의미했다. 이것은 또 다른 차원의 양면성이었다. 평등한 대우가 보장되었지만, 개인의 차이는 부정되었다. 개인의 능력에 따라 보상이 주어질 것으로 생각하는 사람들에게는 일본의 시스템이 디스토피아적으로 보였지만, 평등을 가장 중요시하는 사람들에게는 유토피아적으로 보였다.

우리의 주장은 일본 체제가 디스토피아도 유토피아도 아니었다는 것이다. 양면성이 있었다. 영에게 학력에 기반한 능력주의는 현실 세계의 불평등과 계급적 차이를 심화시키며, 개인의 능력이 무작위로 분배되어 상류층에 집중되는 결과를 초래할 것으로 생각했다. 미국의 이상주의자들에게 교육에 기반한 능력주의는 불평등을 완화하고 가장 뛰어난 능력을 지닌 개인에게 보상을 주는 결과를 가져올 것이다. 그러나 이러한 대립은 근대성의 한 축인 형평성을 검토해야만 가능했다. 즉 능력주의에 대한 논쟁은 교육을 평등의 전달자 또는 기존 불평등을 재생산하는 장치로 보는 논쟁과 밀접한 관련이 있다. 그러나 또 다른 축이 있는데, 바로 개인의 자유이다. 능력주의에 대한 논쟁은 일본의 사례에 비추어 볼 때 너무 단순해 보인다. 더 복잡한 논쟁은 사회적 평등의 실현과 개인적 차이의 발현을 위한 자유라는 두 가지 축을 살펴보는 것이다. 일본의 능력주의 모델은 실질적으로 어느 정도의 사회적 평등을 달성했기 때문에 디스토피아적일 수는 없다. 그러나 개인차에 관한 관심을 제거했거나 최소한 제약했기 때문에 유토피아적이라고 할 수도 없다. 따라서 능력주의는 양가적이다.

이 지점은 일본을 넘어선 것이다. 양면성 자체는 근대성에 내재해 있다. 자유와 평등은 결코 만족스럽게 해결된 적이 없다. 두 이상 사이의 화해 형태는 근대가 생겨난 구체적이고 역사적인 경로에 따라 달라진다(Kariya, 2019). 따라서 우리는 교육기회균등을 추구하면서 우리에게 남겨진 양면성을 쉽게 해결할 수 있다는 희망을 버릴 수 없다. 대신, 우리는 그것을 실현하는 것으로 끝내지 말고 이 지점에서부터 다시 시작해야 한다. 즉 우리는 이 해결되지 않는 양면성에 대한 인식 속에서 우리 자신을 바로 세우고, 이에 비추어 교육에 대한 새로운 사고와 논의 방식을 전개해야 한다.

세계적인 대화 속의 일본: 여전히 능력주의의 경계에 있는 일본?

능력주의 개념에 관한 변화를 살펴보는 것은 오늘날 일본이 여전히 능력주의의 경계에 서 있는지를 이해하기 위한 전제 조건이 된다. 첫 장에서는 1970~1980년대 많은 외국(주로 서구) 관찰자들이 일본을 능력주의 제도에 가장 근접한 나라로 보았는지에 대해 간략하게 설명했다. 그러나 이러한 선언은 영의 디스토피아 또는 미국식 유토피아에 가까운 능력주의의 정의를 암묵적으로 활용했다. 우리의 분석에 따르면 일본은 다소 다르게 개념화되기는 했지만, 능력주의의 경계에 서 있었다. 현재 일본을 재고찰 해야 하는 것은 그 대안적 능력주의 경계선과의 거리일 것이다. 이 책에서 설명하는 시스템이 오늘날에도 지속되고 있는가? 아니면 마지막 장에서 설명한 최근의 정책 개혁이 이 시스템에 실질적인 영향을 미쳤다는 징후가 있는가? 일본은 능력주의라는 대안적 개념을 포기할 위기에 처해 있을까? 이러한 질문에 답하기 위해 우리는 불평등의 변화와 개인의 행방이라는 두 가지 측면에만 초점을 맞춘다. 하지만 더 중요한 점은 일본을 글로벌 대화의 장으로 다시 끌어들이기 위해서는 일본을 기존의 정의에 꿰맞추는 것이 아니라 능력주의라는 범주 자체를 확대해야 한다는 것이다.

불평등의 변화

1980년대에 글을 쓴 일본 외의 사회학자들(대부분 미국인)은 일본 학생들의 높은 학업 성취도와 특정 연령 집단에서 최소 격차를 달성한 것에 대해 종종 찬사를 보냈다. 일본은 수월성과 형평성이라는 두 마리 토끼를 모두 잡은 것처럼 보였다. 그러나 능력주의를 달성하는 다른 모델이 그 밑바탕에 깔려 있다는 사실을 알지 못한 채, 높은 수준의 형평성은 정부의 통제, 사회 문화적 규범, 때로는 민족적 동질성 등 다양한 다른 요인에 기인한 것으로 간주했다. 그러나 이전 장에서 살펴본 바와 같이 1990년대 초반부터 시작된 일본의 교육 개혁은 공간적 평등 해소를 중심으로 이루어졌다. 그렇다면 형평성에 미친 영향은 무엇일까?

경험적 데이터는 지난 30년 동안 학생들의 학업 성취도 격차가 사회경제적 배경에 따라 확대되었다는 생각을 부분적으로 뒷받침한다. 예를 들어, 카리야와 시미즈(Kariya and Shimizu, 2004)는 문화적 자본이 많은 가정의 5학년과 10학년 학생들이 문화적 자본이 적은 가정의 학생들보다 수학과 일본어 시험에서 더 높은 점수를 받을 가능성이 높다는 사실을 밝혀냈다. 가족의 문화적 자본에 대한 대리 척도를 사용하여 1989년부터 2001년까지 가족 자본의 영향이 강화되었다는 사실도 발견했다. 1장에서 우리는 일본 표준화 제도의 기원을 잘못 인식하고 있지만, 중등 수준에서 불평등이 어떻게 나타나고 있는지를 설명한 OECD를 인용했다(OECD, 2012). 니프라스(Knipprath, 2010)는 일본의 수학 점수에 대한 학생의 사회 경제적 지위의 영향이 다른 많은 OECD 국가보다 더 크다는 것을 보여주면서 동일한 내용을 통계적으로 자세히 보여주었다. 도비시마(Tobishima, 2016)도 일본의 PISA 2009 데이터를 분석한 결과, 언어 시험에서 더 많은 사고력을 요구하는 영역의 점수가 기본적인 읽기 능력 점수보다 학생의 가정 배경에 더 큰 영향을 받는다는 사실을 발견했다. 이는 기존의 학업 성취도를 통제한 후에도 가족 내 문화적 자본이 많은 학생이 교육 개혁으로 도입된 자기 주도적 학습에 더 많이 참여하는 경향이 있다는 카리야(Kariya, 2009)의 초기 연구 결과를 뒷받침한다. 또한 개별화된 학습을 목표로 한 개혁이 이전의 노력에 기반한 능력주의를 개인주의에 기반한 능력주의로 대체하려고 시도하면서 개혁 기간 동안 노력에 기반한 불평등이 어떻게 확대되었는지를 보여주는 최근 주장을 뒷받침한다(Kariya, 2013a; Matsuoka, 2019).

이러한 결과가 시사하는 바는 1990년 이후 교육 개혁에서 강조된 새로운 역량 능력이 학업 성취도와 학생의 사회 경제적 배경 사이에 더 강한 비례 관계가 있다는 것이다. 일본 사회 전반을 거쳐 사회 계층화와 소득 격차가 커지고 있고, 이전 장에서 설명한 최근의 중앙-지방 간 재정 지원 변화의 맥락에서 볼 때 일본 교육의 불평등이 커지고 있는 것으로 보인다. 이는 일본 교육이 전체적으로 능력주의 경계에서 한 발짝 물러났다는 것을 시사한다.

이 결론은 어떤 의미에서는 맞지만, 다른 의미에서는 오해의 소지가 있다. 1980년대의 일본과 비교했을 때 일본 교육의 불평등이 커졌다는 의미에서는 맞다. 그러나 이러한 주장의 문제점은 그 관계가 어느 방향으로 진행되고 있는지 명확하지 않다는 점이다. 2000년대 초반에 일본 학생들의 학업 성취도 저하를 둘러싼 논쟁(Tsuneyoshi, 2004)은 2004~2005년에 불평등 문제를 정책 아젠다에 올려놓는 데 기여했다(예: Terawaki & Kariya, 1999). 2009년 집권한 일본 민주당은 육아 보조금 인상, 실업 보험 적용 범위 확대, 시간제 및 계약직 축소, 고등학교 무상교육 제공 등의 불평등을 완화하기 위한 개혁 패키지를 추진했다. 2012년 민주당이 정권을 잃었지만, 불평등에 대한 대중의 관심은 여전했고 자민당은 현재 인기 있는 정책 중 상당수를 계속 추진했다. 이러한 정책이 실제로 증가하는 사회적, 교육적 불평등을 축소할지를 말하기에는 아직 이르지만, 그럴 수 있다는 초기 징후가 있다. 적어도 일본의 사회적, 교육적 불평등의 끝없는 증폭에 대한 단순한 그림을 복잡하게 만들고 있다. 당분간은 1980년대에 비해 일본이 형평성 측면에서 어느 정도 불평등이 확대되었을지는 모르지만, 이 책을 발표하는 시점에서 이러한 상황이 지속될지는 확실하지 않다는 결론을 내리는 것이 최선이다. 즉 불평등을 유발하는 요인은 의심할 여지 없이 커졌지만, 불평등 문제에 대한 대중의 인식과 불평등을 억제하려는 정책 수단의 범위도 커졌기 때문이다.

개인의 상태

그러나 이전 장에서 강조했듯이 평등만이 능력주의의 유일한 척도는 아니다. 개인주의, 또는 적어도 개인차에 대한 개방성은 능력주의의 또 다른 차원이다. 그렇다면 현대 일본 교육에서 개인은 어떤 존재일까?

언뜻 보기에 개인이 훨씬 더 중요해진 것처럼 보인다. 이전 장에서 설명한 여유 교육 개혁과 2020년에 예정된 이른바 능동적 학습 개혁은 개인의 특성과 집단 내 차이를 존중하는 것을 강조하는 것으로 보인다. 이러한 주목할 만한 교육 개혁은 이미 2000년 정부 위원회 보고서(Commission Report)에서 일본 사회 개혁의 핵심은 강건한 개인(strong individual)을 육성하는 것이라고 제안한 내용을 반영하고 있다.

> 21세기에는... 일본인은 개인으로서 자신을 주장하고 확고한 개성을 가질 것을 요구받게 될 것이다. 이 시대에 요구되는 개인은 무엇보다도 책임감을 느끼고 자유롭게 행동하며 자신을 지탱할 수 있는 사람이다. 이러한 “강건하면서도 유연한 개인”은 스스로 위험을 감수하고 개척자 정신으로 개인 목표를 달성하기 위해 도전한다(일본미래위원회, 2000).

그러나 이러한 정책적 선언과 교육적 우선순위를 근본적인 변화로 보는 것은 실수이다. 이러한 정책과 교육은 능력주의 구조를 실질적으로 변화시키는 것이 아니라 불가능한 이상을 실현하기 위한 잘못된 시도일 뿐이다.

이 책에서 살펴본 바와 같이 일본의 능력주의 구조는 공간적 평등이라는 청사진과 공간적 단위로 표준화된 재정의 토대에서 출발한다. 평등이라는 전제나 표준화된 재정의 세계를 바꾸지 않고서는 강건한 개인의 출현은 기대하기 어렵다. 에베츠의 유형론을 떠올리면, 일본의 변형은 잠재적 능력과 관계없이 동일한 교육 자원을 제공하는 것을 평등으로 간주한다. 하지만 잠재적 능력과 타고난 차이의 배양에 거의 관심을 기울이지 않는 교육 시스템에서 어떻게 강한 개인이 나올 수 있을까? 개인차가 인정되고 장려되는 것은 오직 학생 1인당 교육비 세계에서만 가능하다. 실제로 학생들을 분절화하지 않고 어떻게 강건한 개성이 발현될 수 있을까? 다양한 종류의 교육이 제공되지 않는다면 어떻게 학생들이 각자의 재능을 추구하며 자유롭게 행동할 수 있을까?

재정 지원 메커니즘을 바꾸지 않고서는 정책적 호소와 개인주의, 개성을 지향하는 교육적 실험은 성공할 수 없다. 이는 계속해서 불협화음을 일으킬 뿐이다. 개성을 장려하는 것을 교육기회균등에 반하는 것으로 여기는 학교에서 자란 일본인은 사회에 나가서 어떻게든 강건한 개인으로 살아가기를 기대한다. 설령 그들이 강건한 개인이 될 수 있는 능력이 있다고 해도, 그런 모습은 불평등을 부각하는 것으로 보지 않을까? 여기서 요점은 표면적으로는 개인주의에 굴복하고 있지만, 공간적 평등에 대한 재정 구조와 정신이 계속 유지된다면 일본의 개인주의는 다른 곳(특히 서유럽과 북미 국가)과 같지 않을 것이라는 점이다. 이전 장에서 살펴본 바와 같이, 최근의 데이터는 이미 모둠 기반 교육으로 회귀하고 있음을 보여준다. 이런 의미에서 능력주의의 축에는 아무런 움직임이 없다. 개인에 대한 일본의 근본적인 접근 방식은 1980년대 이후 크게 변하지 않았다. 개인주의는 제도적으로 깊이 뿌리내리고 교육 재정과 수반되는 관행을 통해 적극적으로 육성되기보다는 피상적인 것으로만 오해된다. 따라서 개인주의는 실천적 측면에서 실현되기 어려운 것으로 남아 있다.

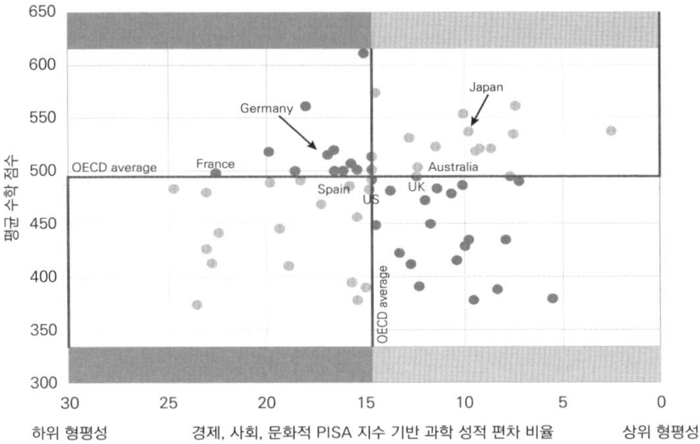

| 그림 8.1 | 경제, 사회, 문화적 PISA 지수 기반 수학 성적 편차 비율

일본이 여전히 능력주의의 경계에 서 있는지를 묻는 것의 문제점은 일본이 직면한 더 큰 도전을 모호하게 만든다는 것이다. 위에서 살펴본 바와 같이, 외부 관찰자들은 일본의 평등이 어떤 측면에서는 다소 후퇴했으며 개성에 대한 일본의 실질적인 노력은 크게 변하지 않았다고 주장할 수 있다. 그러나 이러한 결론은 1980년대 일본의 상황, 즉 국내 상황의 통시적인 변화에 근거하여 내릴 수 있는 결론이다. 그러나 국제 비교 관점에서 대답한다면, 오늘날 일본이 미국이나 영국과 비교하여 어느 정도 위치에 있는지를 새롭게 고찰할 수 있다. 이 관점에서 보면, OECD의 PISA 2012 결과에 따라 널리 알려진 [그림 8.1]과 [그림 8.2]에서 볼 수 있듯이, 일본은 이 두 나라와 비교할 때 여전히 상대적으로 우수하고 공평해 보인다. 「형평성 내 수월성 보고서」(Excellence in Equity report)(OECD, 2013)에서도 확인할 수 있다. 이런 의미에서 일본의 위치는 1980년대 이후 크게 변하지 않았다. 수월성과 형평성의 결

합은 여전히 능력주의를 실현하고자 하는 국가들이 참고할 만한 제도이다.

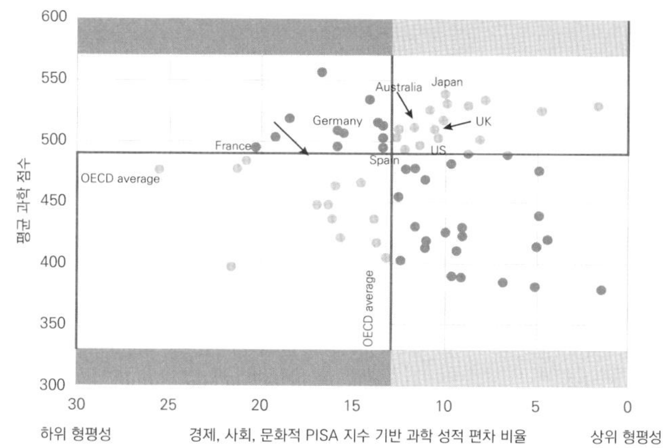

| 그림 8.2 | 경제, 사회, 문화적 PISA 지수 기반 과학 성적 편차 비율

하지만 이런 식으로 질문에 답하는 것은 일본의 능력주의가 처음부터 전후 서유럽과 북미 사회학자들이 상상한 능력주의와는 달랐다는 사실을 모호하게 만든다. 차이를 강조하지 않는 일본의 독특한 특성에 대한 고려 없이 이 질문에 답하는 것은 일본을 적합하지 않은 분석 범주에 포함하는 것이다. 구체적으로는 지금까지의 능력주의 논쟁이 암묵적으로 개인주의를 전제로 하는 에베츠의 두 가지 능력주의 개념을 중심으로 전개됐음을 알 수 있다. 또한 디스토피아/유토피아 사이의 양극화를 중심으로 전개되었다. 일본의 표준화 세계는 능력주의에 대한 다른 경로와 정의를 보여주는데, 이는 에베츠의 첫 번째 정의에 근접한 것이다. 경험적으로 볼 때, 이 다른 경로는 디스토피아도 유토피아도 아닌 양면성을 낳는다. 또한 능력주의에 대해 글을 쓰는 서구 사회학자

들은 서구식 개인주의에 대한 보편적인 기반을 가정하고 있으므로 개인에 대해 매우 다른 개념을 만들어 낸다.

일본을 능력주의에 관한 글로벌 담론에 다시 초대하려면 단순히 경험적 현실을 업데이트하거나 측정할 수 있는 형평성 지표를 단순 비교하는 것이 아니라, 분석 범주 자체의 변화가 필요하다(Kariya, 2019; Rappleye, 2020). 이것이 바로 글로벌 담론에서 일본을 소생시키는 데 있어 어려운 측면이면서도 가능성을 열어두는 것이다. 어렵다는 측면은 일본이 능력주의의 표면적 특징이 해체되기 시작했고, 최근의 정책 담론을 보면 외부 관찰자들은 일본 능력주의의 기적이 끝났다고 생각할 수 있다는 점이다. 지난 10년 동안 불평등의 증가가 모두 명확하게 드러나지는 않았지만, 일본이 불평등 담론에 제공할 것이 거의 없다는 것을 입증하는 것이다. 마지막으로, 많은 연구자 사이에서 발견되는 서구적 개인에 기반한 담론 형성은 당연한 것으로 받아들여지는 가운데, 일본 모델은 처음부터 많은 이에게 규범적으로 받아들이기 어려운 것일 수 있다.

그러나 일본의 능력주의는 여전히 서구와는 다른 재정 지원 제도와 그에 따른 공간적 평등 정신에 뿌리를 두고 있으며, 최근의 교육 개혁과 정치적 수사에도 불구하고 크게 변하지 않은 것으로 볼 수 있다는 점은 희망적이다. 또한 개인주의로 이해되는 평등과 자유라는 두 가지 축을 가진 능력주의에 대한 보다 확장된 관점에 뿌리를 두고 있다. 능력주의에 대한 우리의 관점이 디스토피아적 위험이나 유토피아적 이상이라는 단순한 이미지에서 근대성 자체의 양면성을 보여주는 축소판으로 전환될 수 있는 것은 이 두 축이 모두 시야에 들어올 때만 가능하다. 즉 능력주의라는 분석 범주를, 근대성을 이끄는 두 가지 상호 용해되지 않는 가치의 상충적 요소로 보기 전까지는 여전히 능력주의 논쟁은 디스토피아에 반대하거나(예: 영), 능력주의를 유토피아로 옹호하는(예:

현재 글로벌 능력주의에 대한 논의) 양극단으로만 지속될 것이다. 능력주의의 원동력인 보상을 보장하는 책임이 개인과 국가 중 어느 쪽에 있는지를 물음으로써 이 넓은 정의의 의미를 더 살릴 수 있다. 신자유주의 논평가들은 당연히 개인이 책임을 져야 한다고 주장하는 반면, 복지국가를 지지하는 사람들은 일차적인 책임은 국가가 져야 한다고 주장한다. 그러나 이러한 구분은 평등과 자유 사이의 양면성으로 되돌아가기도 한다. 이런 식으로 일본을 소생시키기 위해서는 근대성에 참여하면서 모두가 동의한 약속의 균형을 맞추는 방법에 대한 깊은 성찰이 전제되어야 한다. 즉 평등과 자유의 충돌이 첨예했던 일본에서 두드러지고 실체화되는 양면성의 렌즈를 통해 우리는 신자유주의적 접근이라는 모호한 초대로 상쇄된 양면성을 (재)발견할 수 있다.

신자유주의 30년, 교육과 평등

여기서 제기되는 흥미로운 결론적 질문은 일본이 새롭게 부상하는 글로벌 능력주의에 편입될 것인지이다. 첫 장에서 인류 역사상 처음으로 개인이 더 이상 출생의 우연적 환경에 얽매이지 않고 어디서든 경쟁할 수 있게 되었다는 새로운 이상에 관해 설명했음을 상기해 보자(Friedman 2005). 세계화의 도래는 인류 역사상 처음으로 타고난 특성에서 성취된 지위로 전환을 가져왔다. 국경에 얽매인 능력주의가 아닌 글로벌 능력주의가 만들어지고 있다. 비전도 마찬가지이다. 처음부터 다른 능력주의 모델을 가지고 있던 일본이 이 새로운 세계에 통합될 수 있을까? 아니면 일본만의 독특한 능력주의 모델이 지속될까?

초기 징후를 보면 일본이 글로벌 능력주의 이상에 편입되고 있음을 알 수 있다. 제도적으로 일본 문부과학성은 이전 장에서 설명한 야심찬 슈퍼 글로벌 대학 프로그램에 착수했으며, 이 프로그램은 일본의 엘리트 대학을 국제화하여 글로벌 인재를 양성(gurobaru jinzai)하는 것을 명시적으로 추구하고 있다. 이는 슈퍼 글로벌 고등학교 프로젝트(2014년 발표)와 200개 일본 학교에서 국제 바칼로레아(IB) 교육과정 시범 운영(2012년 발표)으로 이어졌다. 초등학교까지 의무적으로 영어 수업이 확대된 것도 이러한 광범위한 추세의 일환이다. 일본 교육의 새로운 비전은 "앞으로 나아가는 능력(행동력)", "잘 생각하는 능력(사고력)", "팀으로 일하는 능력(팀워크)"을 포함한 새로운 "일꾼의 기본 역량"을 기르는 것이다(Yonezawa, 2014). 이러한 정책이 성공을 거둔다면 20~30년 이내에 일본의 유능한 인재들이 더 이상 일본 사회에 얽매이지 않고 어디에서든 성공할 수 있을 것으로 기대할 수 있다.

일본이 글로벌 통합을 목표로 정책을 추진하게 된 데에는 여러 가지 외부 요인이 복합적으로 작용했는데, 그중에서도 급격한 고령화와 장기적인 경기 침체에 대처할 방법을 찾아야 한다는 시급성이 가장 큰 요인으로 작용했다. 그러나 정책의 세부 사항에서 특히 눈에 띄는 것은 이전 장에서 설명한 일본의 능력주의에 대한 비판을 얼마나 많이 반복하고 있는가 하는 점이다. 즉 능력주의의 해체와 새로운 글로벌 세계에서 성공하는 데 필요한 역량 사이에 공감이 있다는 인식이다. 한 가지 예로, 야마모토 외(Yamamoto et al, 2016)는 IB 교육과정이 문부과학성 관계자들에게 매력적이었다고 설명하는데, 그 이유는 "교육과정이 삶에 대한 열정을 키우고(ikiru chikara), 청소년들에게 높은 수준의 비판적 사고력, 문제를 파악하고 해결하는 능력을 포함한 학습자 자율성을 개발한다는 문부과학성의 오랜 목표와 잘 부합하기 때문"(Yamamoto et al., 2016, p.11)이라고 한다. 여기서 정책은 IB 교육과정이 무엇인지에 대한 깊은 이해보다는 획일적인 교육을 단절시킬 것이라는 인식이 더 큰 특징이다. 21세기 일본 미래 위원회(Commission for the Design of 21st Century Japan, 2000)의 최종 보고서에서도 비슷한 패턴을 발견할 수 있다. 이 비전은 "개인의 역량 강화"가 21세기 글로벌 통합과 성공의 열쇠라고 주장했다. 그러나 IB 교육과정 채택과 마찬가지로 21세기가 시작되기도 전에 공표된 이 비전은 미래가 어떻게 될지에 대한 이해보다는 과거와의 단절과 관련이 더 깊다.

이러한 개념적 구분은 매우 중요하며 지금까지 논의한 모든 내용을 통합할 수 있게 해준다. 1980년대 이후 일본의 정책 개혁은 학력 및 시험 중심의 능력주의가 가져온 부정적인 영향에서 벗어나고자 하는 열망 때문에 추진되었다. 이를 위해 개혁은 능력주의의 외형적 징후, 특히 개인주의 억압을 뿌리 뽑는 것을 목표로 삼았다. 바로 이러한 맥락에서 신자유주의에서 파생된 새로운 글로벌 담론이 매우 매력적으로 다가오고 있다. 새로운 글로벌 지식 경제에서 성공의 열쇠는 강건한 개인이다. 즉 새로운 글로벌 능력주의 이상(Brown & Tannock, 2009)의 저류를 형성하고 개인의 경쟁력과 창의성을 해방할 수 있는 신자유주의식 개혁이 일본에서 매력적인 이유는 일본인들이 신자유주의의 가치에 동의하기 때문이 아니라 기존의 교육 및 사회 모델에서 벗어나는 데 유용하다는 인식 때문이었다. 간단히 말해, 일본 능력주의의 부정적 측면, 특히 개성을 가리는 것에 대한 혐오가 지난 10년간 신자유주의식 개혁을 불러왔다는 것이다(Kariya, 2019).

여기에는 두 가지 아이러니가 있다. 첫째, 이러한 개혁이 목표로 하는 구체적인 성과는 거의 없지만 동시에 실제 불평등을 확대하는 데 기여한다는 것은 아이러니하다. 실제로 기존 체제의 해체를 목표로 한 개혁의 의도하지 않은 결과 중 하나는 신자유주의 경제 개혁(Suzuki et al., 2010) 이후 위험 사회(Beck, 1992) 하에서 부상한 개인주의 세력(Han & Shim, 2010)과 끌어당기는 요인으로서의 개별성 강화가 결합하는 것이다. 세계화 시대의 지배적 이데올로기인 개별화는 사회 프로그램의 해체에 기여하고 개인의 학습 실패를 개인의 책임만으로 정당화한다. 이러한 요인들이 합쳐지면 교육 불평등을 악화시키고 기존 능력주의 체제가 달성한 실질적 평등에 부정적인 영향을 미칠 수 있다.

두 번째 아이러니는 재정 지원 메커니즘을 계속 무시하면서 표준화 세계의 표면적인 현상만 다루면 개인차가 나타날 가능성이 거의 없다는 것이다. 사실상 학생들은 고도로 표준화된 환경에서 학습하면서도 강건한 개인주의를 발휘하라는 훈계를 받는 부조화에 직면하게 된다. 에베츠의 개념으로 다시 이해하면, 모든 실제 학교 교육은 재정 지원 메커니즘이 보장하는 표준화된 형태가 되지만, 학생들은 마치 15년 동안 의무교육에서 개성을 키운 것처럼 갑자기 행동하도록 훈육받게 된다. 실제로 일본의 능력주의와 새로운 글로벌 능력주의의 만남은 서로 다른 형태의 능력주의가 첨예하게 충돌하는 것을 나타낸다. 이러한 충돌은 눈에 잘 띄지는 않지만, 개인주의 중심의 교육 시스템에도 분명히 존재하며, 일본 능력주의의 양면성을 인식할 때 이러한 관점이 드러날 것으로 예상된다. 일본 모델의 부정적인 측면이 신자유주의적 글로벌 능력주의 모델을 끌어들인 것은 사실이지만, 그것이 전부는 아니다. 표준화된 재정 조달 메커니즘이 여전히 유지되고 있는 상황에서 글로벌 능력주의 이념은 일본에 깊숙이 침투할 수밖에 없다. 즉 새로운 정책 담론과 기존 재정 조달 메커니즘이 모순되는 상황에서 피상적으로만 이해되고 실행될 수밖에 없다. 이 충돌에서 진짜 피해자는 모순이 전혀 없는 것처럼 행동하도록 요구받는 현세대 청소년들일 수 있다. 신자유주의는 정책적 차원의 모순을 개념적 모순으로 인식하기보다는 개인의 책임만으로 해결할 수 있는 문제인 것처럼 제시할 것이 분명하다.

보다 일반적으로, 신자유주의가 등장한 지 30년이 지난 지금 교육과 평등의 관계는 어떤 모습일까? 이 책은 오늘날에도 여전히 큰 반향을 불러일으키고 있는 마이클 영이 남긴 마지막 경고에 대한 검토로 시작됐다.

> 새로운 사회 환경에서 부유한 자와 권력자들은 자신들의 이익을 위해 고군분투해 왔다. 이러한 결과, 이들은 오랫동안 지속된 여러 유형의 비판으로부터 자유로워졌다… 더 많은 능력주의자가 점점 더 자신의 성공이 본인 능력에서 비롯되었다고 믿게 된다면, 그들은 자신이 얻을 수 있는 무엇이든 얻을 자격이 있다고 느낄 것이다… 이 양극화된 능력주의 사회에서 우리는 무엇을 할 수 있을까?(Young, 2001)

여기서 영은 당시 토니 블레어 총리에게 "새로운 계급이 스스로를 재생산할 수 있는 수단을 손에 쥐고 있고, 대부분 통제 하에 있는" 능력주의의 단점을 인식해 달라고 직접 호소했다(Young, 2001). 어떤 의미에서 영은 신자유주의에 내재한 이상주의에서 능력주의라는 용어를 되찾으려 했던 것이다. 그 후 20년 동안의 변화는 그가 실패했음을 시사한다. 능력주의는 여전히 전적으로 긍정적인 용어로 남아 있다. 더욱이, 능력주의 신화는 너무 확고해져서 실제로 불평등에 대한 인식을 차단하고 심지어 불평등 확대를 지지할 수도 있다고 라이히(Reich, 2015)는 주장한다. 테멜리스(Themelis, 2008)는 "경쟁적이고 양극화되어 있으며 본질적으로 불평등한 보상 및 사회적 서열 시스템의 목적에 맞추기 위해 이 용어의 실제 의미가 근본적으로 왜곡되었지만, 이상적인 형태의 능력주의 정신은 승리한 것처럼 보인다"라고 지적한다(Themelis, 2008, p.437).

이러한 배경에서 일본이 실제로 어떤 변화를 수반하는지 거의 인식하지 못한 채 일본을 소환하는 것은 유감스러운 일이다. 일본이라는 체제 자체를 잃거나 영의 원래 능력주의 개념에 대한 이상주의적 반전에 대한 범주적 대척점에 있는 일본을 고려하지 않는다면 현재의 정책 추세에서 벗어날 방법을 찾을 가능성이 줄어들 것이다. 여기서 중요한 점은 1980년대 미국 사회학자들이 주장한 것처럼 일본이 능력주의가 작동하는 방법을 제시한다는 것이 아니다. 그 대신 일본은 능력주의 자체에 내재한 긴장, 즉 한편으로는 평등과 다른 한편으로는 (개인의) 자유 사이의 긴장에 대한 통찰을 제공한다. 신자유주의와 글로벌 능력주의의 문제는 실제로 불평등의 심화라는 측면도 있지만, 더 깊은 차원에서는 평등과 자유(개인주의)를 동시에 달성할 수 있다는 이상주의의 승리라는 문제이기도 하다. 이러한 더 깊은 긴장, 즉 근대성 전체를 뒷받침하는 규범적 책무를 인식할 때 비로소 신자유주의 이후를 진지하게 논의하기 시작할 수 있다. 능력주의에 헌신했지만, 다른 모델을 구현한 일본은 이러한 긴장을 드러내는 데 매우 중요하다. 따라서 일본을 글로벌 대화의 장으로 다시 끌어들이는 것은 지난 30년간의 지배적인 정책 담론을 넘어서는 것으로 볼 수 있으며, 이는 그 어느 때보다 시급한 과제이다.

• Note •

1. 이러한 믿음은 능력, 즉 고정된 능력이 능력주의의 기초로 여겨지는 사회(영의 비전)와는 달리, 노력의 결과가 능력주의의 기초가 되는 사회(일본)에서 더 의미가 있다는 점에 주목한다.

찾아보기

ㄱ

가쿠테 토소 197
강건한 개인 24
개별 평등 19
개별성 22
개별화 학습 102, 240
개성 239
개인 16
개인(strong individual) 280
개인주의 16
개인차 103, 279
개정교육과정 258
개정안 35
격차 13
결과의 평등 256, 257
경제기획국 197
경제적 개별화 254
경험주의적 44
계급 13
고이즈미 준이치로 244
고정 관념 2, 17
공간 평등 19
공간의 평등화 256
공간적 평등 20, 126, 257
공공 투자 163
공동화 183
공립 학교 188
공식교육과정 40
공통성 226
공평 13
광역화 지역 인재 182
광역화 지역 인재 육성 177, 186
광역화 지역 인재 제도 204
교과서 240
교구 207
교사 1인당 학생 수 153
교사 급여 51, 147
교사 할당제 147
교사당 학생 수 153
교수법 240
교원 성과 평가 199
교원 성과 평가 제도 185
교원자격증 75
교육 5
교육 개혁 239
교육 방법 202

교육 보조금 92
교육 분권 183, 186, 235
교육 불평등 217
교육 비평 235
교육 시설 192
교육 여건의 표준화 120
교육 자료 206
교육 자원 265
교육 자원 배분 20
교육 재정 77
교육 정상화 268
교육 제도 25
교육 표준화 36
교육과학연구회 185
교육기본법(FLE) 87
교육기회균등 55, 87
교육법 시행에 관한 조례 35
교육비 142
교육사회학 13
교육사회학자 20
교육열 273
교육위원회 173
구조적 234
국가교육과정 35, 38, 241
국립교육정책연구소 173
국제 경쟁력 242
국제 바칼로레아(IB) 교육과정 286
굴절 235
균질화 142
글로벌 능력주의 263
글로벌 인재 243
글로벌 인재 양성 242
급여 86
기초 자치 단체 175
기회균등 8

ㄴ

나가오카 준 174
나이토 114
나이토 다카사부로 113
나카요쿠 미나 223
낙관주의 7
내재적 학습 동기 238
노력 14
능동적 학습 242
능력주의 3
니프라스 278
니혼기 미노루 203
니혼진론 25, 224

ㄷ

다나카 도쿠지 49
다니엘 벨 8
다중 회귀 214
단위 비용 94
담론 284
대본 266
대중교육사회 36, 228
대중적 능력주의 264
대처 교육 개혁 9
도덕교육 44
도도부현 142

도비시마 278
도서 벽지 54, 269
도서 벽지 교육 진흥에 관한 법률 166
도서 벽지 교육 진흥에 관한 법률 시행에 관한 규칙 170
디스토피아 263

ㄹ

로널드 도어 14
로버트 헤이그 91
롤랑 바르트 27, 235
리처드 라이히 10
린든 존슨 6

ㅁ

마루야마 마사오 25
마이클 영 3
만하임 26
메리토크라시 5
메이지 유신 36
메커니즘 281
모둠 수업 247
모둠 역학 247
무대 266
무상의무교육 114
문부성 16
문화 16
미셸 푸코 27
민권법 6
민주 교육 47
민주 사회 114
민주당 279

ㅂ

바르트 27
반비례 관계 147
배우 266
버거와 럭만 26
베이비붐 세대 132
벨 곡선 8
벼락치기 255
보상(merit) 268
보조 교사 53
보편성 266
복지 국가 285
복지 보급률 211
부라쿠민 205
부모-자녀 센터 7
부조화 288
분권화 246
분산 계수 142
불평등 7
브라운 대 교육위원회 6
비례 관계 79

ㅅ

사토 미카토로 123
사토(Sato) 127
사회 복지 211
산악 지대 180
상관 관계 192
상호 작용 222

새교육 47, 162
설문 조사 248
세 가지 기준 163
세계화 18, 237
수업 시수 41
수업 일수 55
수월성 277
슈퍼 글로벌 고등학교 243
슈퍼 글로벌 대학 243
스즈키 겐이치 183
스즈키 치카라 197
스탠리 홀 101
스트리밍 265
승진 182
시무라 히로아키 221
시험 지옥 255
신자유주의 244
신자유주의적 9
신화 10, 235
심리적 개별화 254

ㅇ

아동 중심 100
아동 중심주의 100
아마기 이사오 85, 191
아베 시게타카 77
아사히카와 사건 200
안토니오 그람시 27
야나기 221
양면성 31, 223
업워드 바운드 7
엘우드 커벌 91
여유 교육 237
여유(relaxed) 교육 22
역량 238
역사 15
역사-재정적 관점 20
연간 수업 일수 238
영어 243
오가와 마사토 132
오리가사 요시로 180
외재적 동기 238
우메네 사토루 42
위대한 사회 265
위험 사회 255
윌리엄 킬패트릭 101
유토피아 263
유형론 265
육성 253
의무교육 20
의무교육 중앙정부 보조금법 85, 86
의무교육 표준화법 141
의무교육비 85
의무교육비 국고 분담에 관한 법률 및 국립특수학교 특별조치법에 근거한 교육용 교재에 대한 국고 재정 활용 206
의무교육비 중앙정부 분담에 관한 법률 122, 132, 141
의무교육표준화법 36
이데올로기 8
이부제 수업 49

이부카 유지 76
이분법 22, 235
이토 이치로 178
이토 카즈에 142
인사 이동 204
인사 제도 186
인식론적 관점주의 28
인재 육성 정책 165
인적 자원 배분 173
인종 13
일교조 40
일반성 266
일본 13
일본 미래 위원회 286
일본교직원조합(일교조) 40
일제고사 14
입시 경쟁 239

▌ㅈ
자기 주도적 학습 237
자민당 241
자유 276
재생산 275
재정 건전성 149
재정 지수 147
전국학업 성취도조사 166
전국학업 성취도평가 31
전근대성 253
전보 182
전수 조사 199
전체 단위 수업 247
전체주의 255
정규 분포 268
정부 위원회 보고서 280
정치적 개별화 254
조지 스트레이어 91
존 듀이 101
존슨 265
주정부 87
준교사 75
줄리아 에벳츠 265
중앙 집권식 22
중앙교육위원회 164
중학교 학업 성취도 전국 조사 보고서 191
지방 교육 행정 176
지방 교육 행정법 176
지방 분권화 237
지방 자치 단체 252
지방 자치적 22
지방교육 재정교부금 147
지방교육 재정교부금 제도 118
지식사회학 25
지역 간 불평등 57
지역 사회 87
지역교육위원회 173
지필 시험 248
진보 교육 운동 102
집단 16
집단문화적 관점 20
집단주의 16, 223

ㅊ

청소년의 사회화 254
초등학생 1인당 교육비 147
최소 교육비 119
최소 기준 118

ㅋ

카리야 278
카리야와 시미즈 277
칼 만하임 26
커벌리 91
콜먼 보고서 8

ㅌ

탈중앙화 244
테크노크라트 9
통합 수업 239
트래킹 265
특별수당 167
특수교육 206

ㅍ

팔로우 스루 7
평등 10, 266
평등성 22
평등화 8
포괄성 266
포스트모더니즘 27
표준화 31
프레드릭 테일러 94
프로젝트 방법 101
프로젝트 학습 243
프리드리히 니체 27

ㅎ

학교 단위 163
학교 시스템 18
학교교육과정 45
학급 160
학급 게시판 221
학급 규모 241
학급 노래 221
학급 단위 163
학급 도서관 221
학급 박물관 221
학급 붕괴 225
학급 생일 파티 221
학급 신문 221
학급 우체통 221
학급당 교사 할당제 141
학력 13
학력사회 15
학력주의 15
학사일정 93
학생 1인당 교육비 21, 125, 144
학생 1인당 세계 161, 222
학생 시간 96
학습 개별화 100
학습 촉진자 240
학습자 중심 238
학업 성취도 13

학업 성취와 능력에 대한 새로운 개념 237
헤드 스타트 7, 266
형평성 10
형평성 내 수월성 보고서 282
혼합된 개인주의 255
획일성 226
획일적 공간 266
획일화 31
후기 근대성 237
후진성 253
흑백 논리 22
히라하라 하루요시 185

I

IB 교육과정 286
IQ 8

M

MEXT 237

N

NIEPR 173

O

OECD 258

P

PISA 282
PTR 133, 153

1

1956년 조사 50
1958년 개정 38
1959년 규칙 171
1963년 조사 보고서 191

6

6–3 체제 48

참고문헌

본 QR코드를 스캔하시면

이 책의 참고문헌을 확인하실 수 있습니다.

저자 약력

다케히코 카리야(Takehiko Kariya)

도쿄대학 교육학부의 교수를 거쳐, 이후 16년(2008~2024년) 동안 옥스퍼드대학교 생안토니칼리지 및 니산일본연구원의 교수였고, 지금은 명예교수이다. 교육사회학 분야의 연구자로, 사회계층 및 사회이동, 사회변화, 전후 일본의 교육, 비판적 교육개혁론 등에 관심을 기울여 연구해왔다. 대표적으로 『Education Reform and Social Class in Japan』(Routledge; 2013), 『The State and Higher Education』(Symposium Books, 2013), 『Challenges to Japanese Education: Economics, Reforms, and Human Rights』(Teachers College Press, 2010; co−editor) 등의 저서가 있다.

제러미 래플라이(Jeremy Rappleye)

일본 교토대학 교수를 거쳐, 현재 홍콩대학교의 교육학과 교수이다. 주요 관심사는 세계화와 교육정책차용, 국제비교교육, 지식생산의 탈식민성, 동아시아교육이론, 기후환경 및 지속가능성 등이다. 『Educational Policy Transfer in an Era of Globalization』(Peterlang, 2012), 『日本の教育はダメじゃないー国際比較データで問いなおす』(Chikuma, 2021), 『An Interdependent Approach to Happiness and Well−Being』(Palgrave Macmillan, 2023) 등의 저서가 있다.

역자 약력

유성상

미국 캘리포니아대학교(UCLA)에서 국제비교교육학으로 박사를 취득하고 한국교육개발원 부연구위원, 한국외국어대학교 부교수를 거쳐 서울대학교 교육학과 교수로 일하고 있다. 최근 연구 관심 분야는 사회정의교육, 교육역사사회학, 21세기 교육발전론, 개발도상국의 교육, 토대역량으로서의 교육 등이다. 저서로는 『배움의 조건』, 『인권과 학교교육』, 『모두를 위한 양질의 교육』(공저) 등이 있고, 역서로는 『PRIZE』, 『골리앗 무찌르기』, 『비난받는 교사』(공역) 등이 있다.

하승천

서울대학교 교육학과 박사과정을 수료하였으며, 주요 연구 관심 분야는 교육역사사회학, 21세기 교육발전론, 초등교육, 시민교육 등이다. 현직 초등학교 교사로서 오늘날 우리가 서 있는 교육 현장을 '역사'의 관점에서 이해하고자 꾸준히 탐구하고 있다.

일본 능력주의의 탄생: 공정한 교육을 향한 표준화 교육개혁

초판발행 2025년 11월 10일

지은이 Takehiko Kariya · Jeremy Rappleye
옮긴이 유성상 · 하승천
펴낸이 노 현

편 집 이혜미
기획/마케팅 이선경
표지디자인 권아린
제 작 고철민 · 김원표

펴낸곳 ㈜ 피와이메이트
서울특별시 금천구 가산디지털2로 53, 210호(가산동, 한라시그마밸리)
등록 2014. 2. 12. 제2018-000080호
전 화 02)733-6771
f a x 02)736-4818
e-mail pys@pybook.co.kr
homepage www.pybook.co.kr
ISBN 979-11-7279-016-5 93370

정 가 18,000원

박영스토리는 박영사와 함께하는 브랜드입니다.